方法应用版

青少年
逻辑思维能力
训练·方法应用版

主　编　常征　于雷
执行主编　于雷

中央编译出版社
Central Compilation & Translation Press

图书在版编目（CIP）数据

青少年逻辑思维能力训练：方法应用版/常征，于雷主编．—北京：中央编译出版社，2008.12
ISBN 978-7-80211-815-7

Ⅰ．青… Ⅱ．①常…②于… Ⅲ．青少年–逻辑思维–能力培养 Ⅳ．B80

中国版本图书馆 CIP 数据核字（2008）第 198394 号

青少年逻辑思维能力训练：方法应用版

出版发行：中央编译出版社
地　　址：北京市西单西斜街 36 号（100032）
电　　话：(010) 66509360　　66509246（编辑部）
　　　　　66509364（发行部）　66509618（读者服务部）
h t t p：//www.cctpbook.com
E – mail：edit@cctpbook.com
经　　销：新华书店
印　　刷：北京明月印务有限责任公司
开　　本：787×1092 毫米　1/16
字　　数：320 千字
印　　张：22.875
版　　次：2009 年 1 月第 1 版第 1 次印刷
定　　价：39.90 元

测测你是不是天才

智商的计算公式为：

智商（IQ）＝（智力年龄/生理年龄）×100

比如你的智力年龄是12，生理年龄是10，智商＝（12÷10）×100＝120。

在少年当中，智商140以上称奇才，占人口0.5％。130～140为十分优秀，占人口3％。120～130为优秀，占人口7％。

世界名人的智商

意大利文艺复兴时期艺术家达·芬奇：200以上

英国物理学家牛顿：190

意大利物理学家伽利略：180以上

奥地利音乐家莫扎特：165

微软创始人比尔·盖茨：160以上

德国科学家爱因斯坦：160左右

英国理论物理学家斯蒂芬·霍金：140

想要了解自己是否具有成为天才的潜能，首先要测一测自己的智商。虽然智商测验并不一定准确，但是坚持定期测验，定期做一些智力题，能够让你不断保持前进的状态。下面，我们来测一测吧，看看你是不是天才……

下面有33道题，请你在30分钟内把它们解答出来。其中1～8题每题6分，其余的每题5分。对照参考答案，这个最后得分就是你的智商。下面开始吧！

第1～8题：请从理论或逻辑的角度在后面的空格中填入后续字母或数字。

1. A, D, G, J, _____
2. 1, 3, 6, 10, _____
3. 1, 1, 2, 3, 5, _____
4. 21, 20, 18, 15, 11, _____
5. 8, 6, 7, 5, 6, 4, _____
6. 65536, 256, 16, _____
7. 1, 0, －1, 0, _____

8. 3968，63，8，3，_____

第9～15题：请从下面的图形中选择一个正确的（a，b，c，d）填入上面的空白处。

9. （ ）

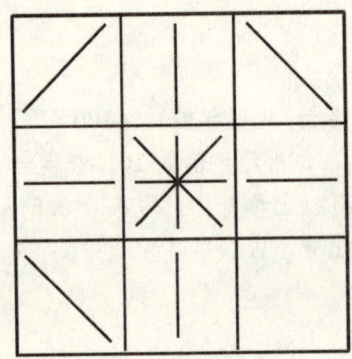

10. （ ）

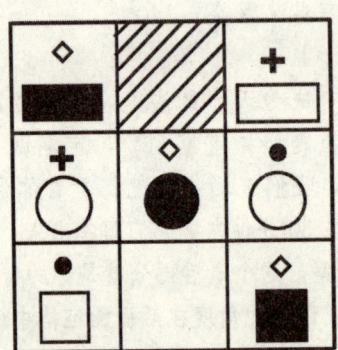

11. (　)

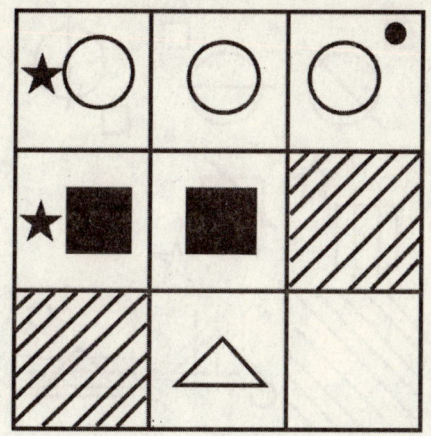

　　a　　　　b　　　　c　　　　d

12. (　)

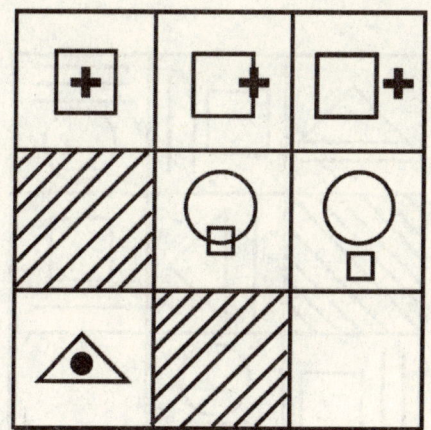

　　a　　　　b　　　　c　　　　d

13. (　)

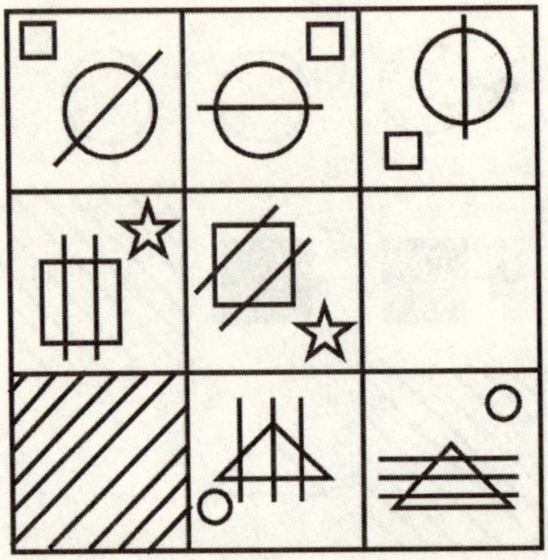

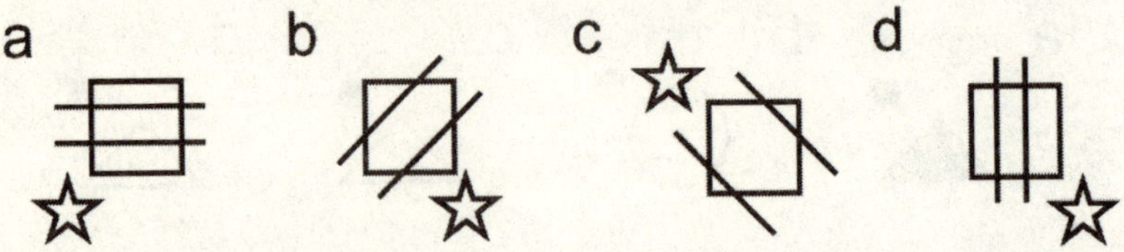

14. (　)

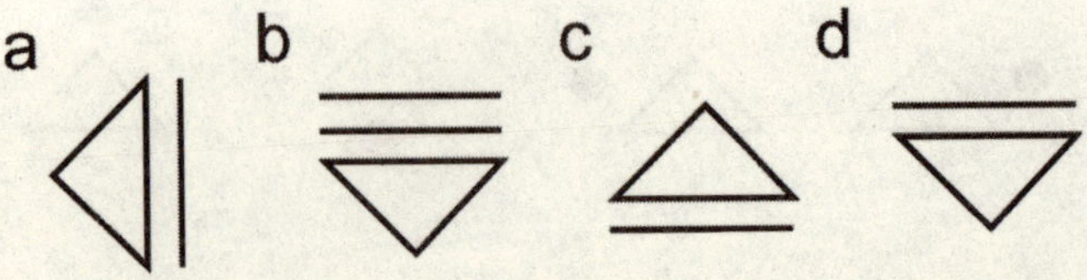

15. (   )

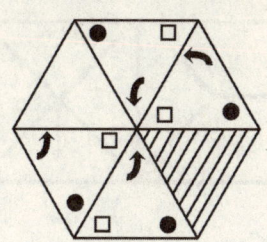

a   b   c   d

 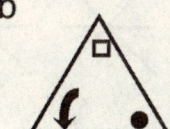  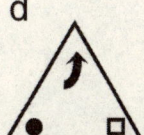

第16~25题：从下边的四个选项中选择一个图形，使它符合上面三个图形的逻辑规律。

16. (   )

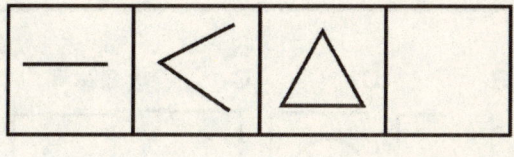

a   b   c   d

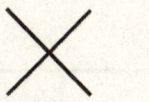

17. (   )

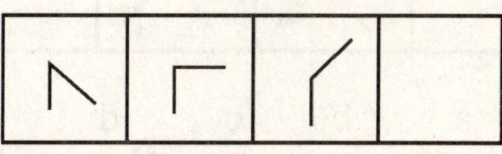

a   b   c   d

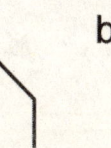 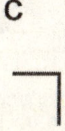

18. (　)

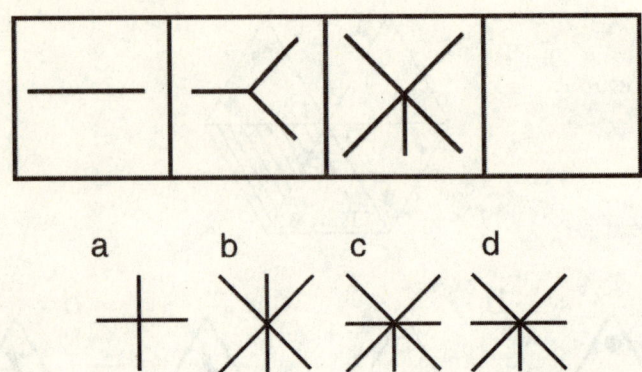

19. (　)

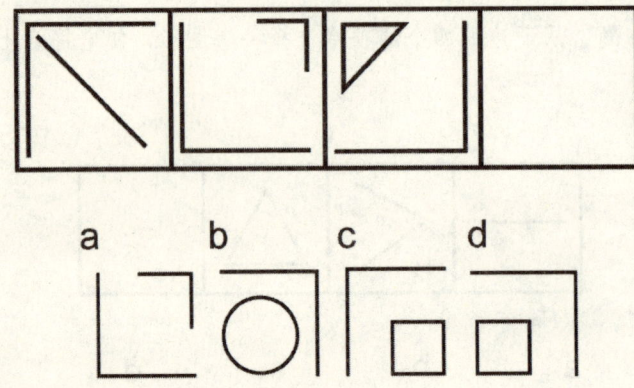

20. (　)

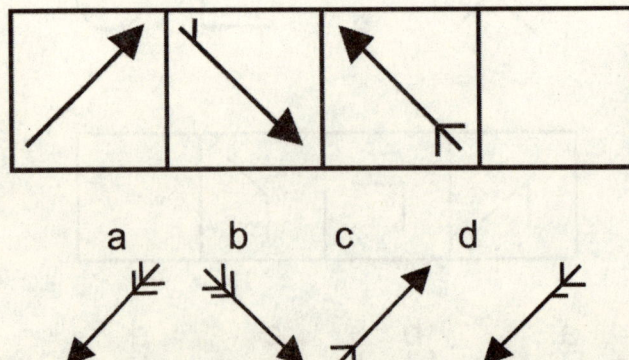

测测你是不是天才

21. （ ）

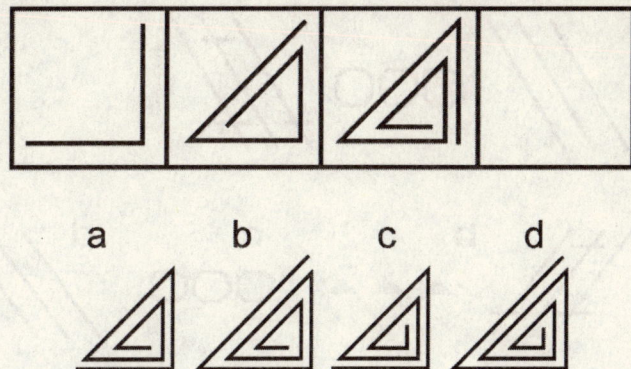

22. （ ）

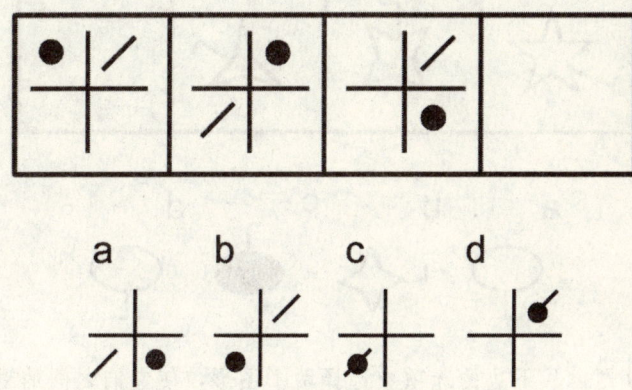

23. （ ）

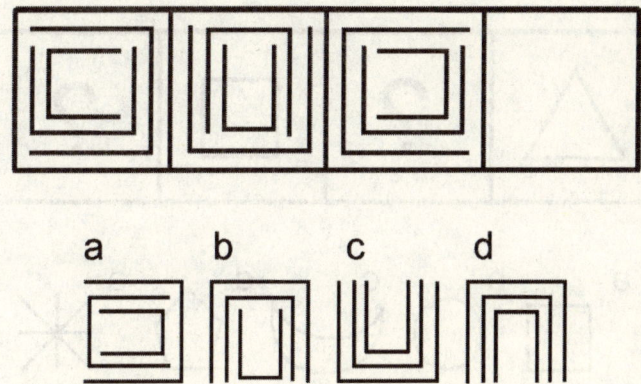

24. (　)

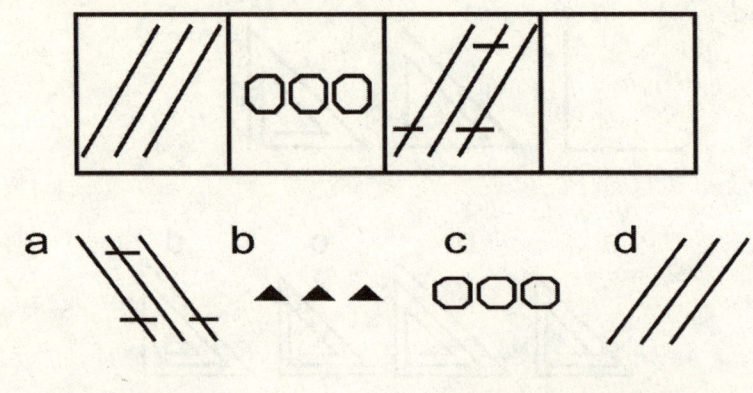

25. (　)

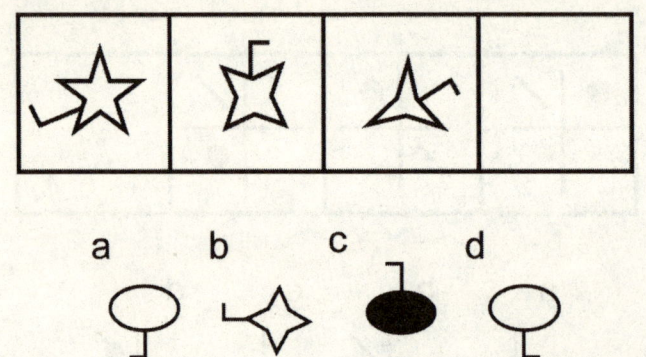

第26～29题：从下边的选项中选择两个图形，使它们之间的逻辑规律和上面的两个图形一致。

26. (　)

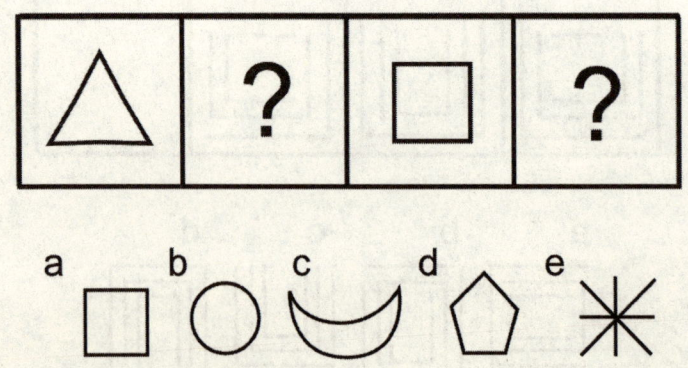

27. (   )

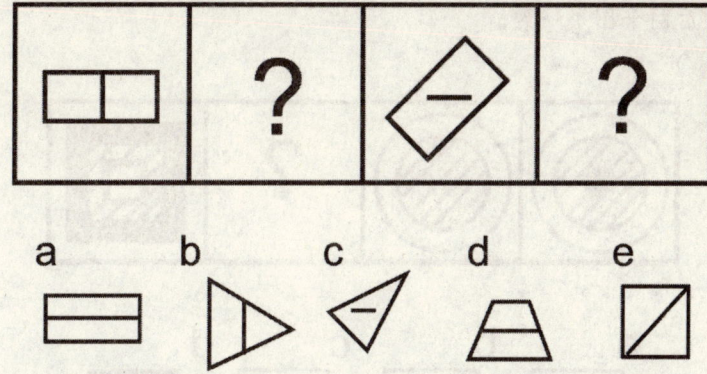

28. (   )

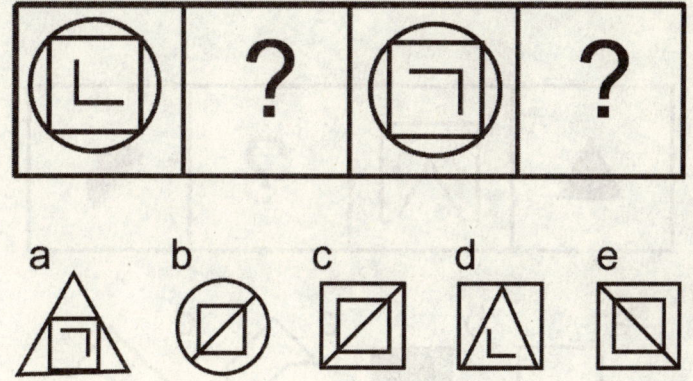

29. (   )

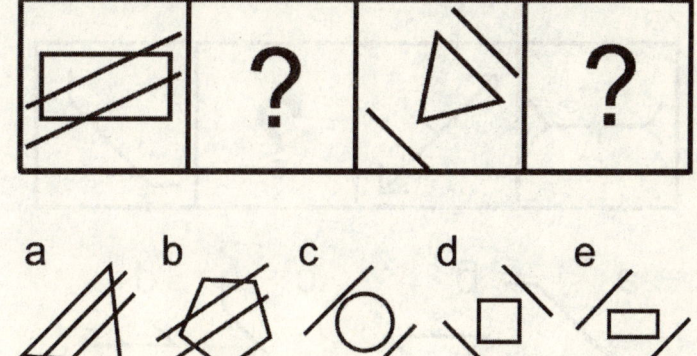

第30～33题：从下边的选项中选择一个图形填入问号处，使前两个图形的逻辑规律和后两个图形一致。

30. （　）

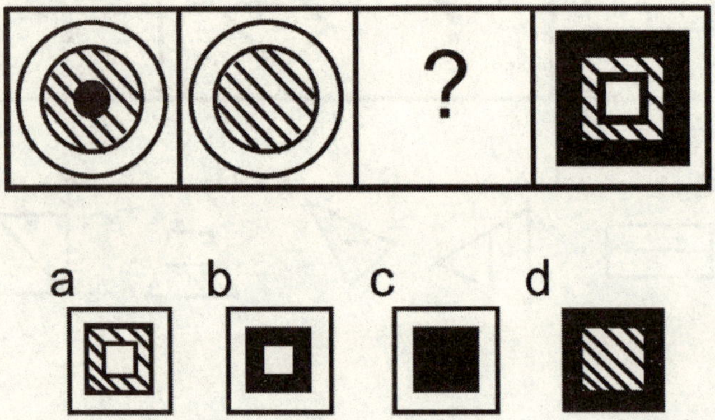

31. （　）

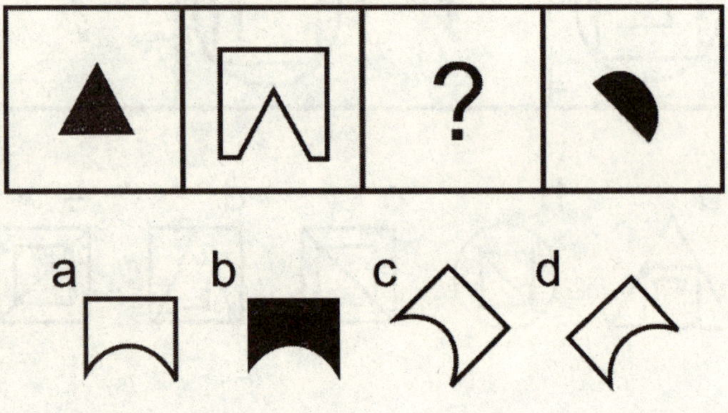

32. （　）

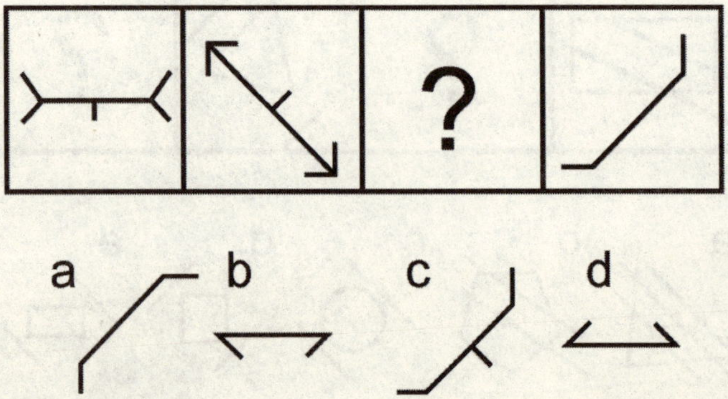

测测你是不是天才

33. (　)

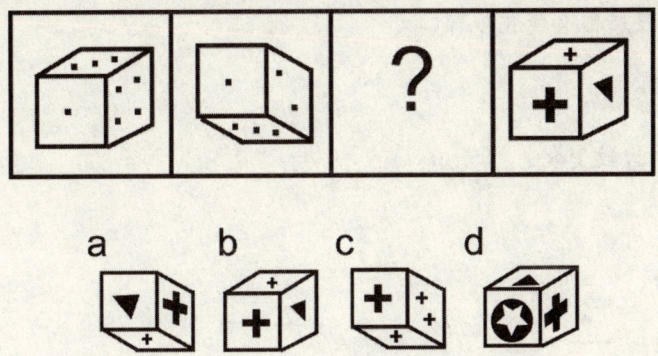

参考答案:

1. M。每两个字母间的间隔是2。

2. 15。间隔依次加1。

3. 8。前两个数相加等于第三个数。

4. 6。间隔以此减1。

5. 5。奇数位和偶数位分别是等差数列。

6. 4。平方根。

7. 1。奇数位1,—1交替。偶数位为0。

8. 2。第一个数加1开方等于第二个数。

9. b。对称。

10. d。每一横行的变化是有规律的。

11. c。

12. a。外面的黑点依次旋转90度。

13. c。

14. d。

15. c。

16. c。边数增加1。

17. b。角度增加45度。

18. c。边数增加2。

19. d。外框变换角度,里面的图形增加边数。

20. d。箭头角度变换,箭尾增加1。

21. c。分别延伸。

22. c。圆点移动90度，斜线上下变换。
23. d。三层都有变化规律。
24. b。
25. a。
26. ad。边数变化。
27. bc。
28. ad。
29. bd。
30. d。
31. c。
32. b。
33. c。

70—	弱智
70～89	智力低下
90～99	智力中等
100～109	智力中上
110～119	智力优秀
120～129	智力非常优秀
130～139	智力非常非常优秀
140+	天才

怎么样？你对自己的智商水平满意吗？

天才不一样的行为特点：

1. 思维敏捷，思路流畅。

天才往往想问题反应迅速，思路流畅，容易抓住事物的关键与本质，善于通过分析、综合、比较、归纳和推理使目标清晰可见。

2. 记忆力强，学识广博。

天才习惯在理解的基础上记忆，记忆速度快，效果好。而且他们知识广博，拥有很多方面的知识、经验和技巧，并善于综合运用它们来解决所遇到的问题。

3. 想象力活跃，创造力强。

天才一般都富于幻想，喜欢异想天开。他们在思考问题时能够打破框架，

想出与众不同的解决方法。

4. 感知敏锐，观察细致。

天才的感觉敏锐，辨析能力强，观察能力突出，善于发现一些细节，并善于对遇到的问题进行辨别和分析。

5. 兴趣广泛，求知欲强。

天才往往兴趣广泛，对外界的事物有强烈的好奇心，求知欲强，凡事都喜欢问为什么，而且对于心中的问题善于通过自己的努力寻求答案。

6. 注意力集中，专注性强。

天才的注意力集中，特别是对自己比较感兴趣的事物，可以保持长时间的关注。做事认真专注，能够排除外界干扰，自我控制能力强。

7. 自信心强，意志坚强。

天才自信心十足，不达目的决不罢休。意志坚强，不怕人家议论，决定走自己的路，不屈不挠，勇往直前。

如果你同时具备上述七大特征中的绝大部分，而不是只是其中的一两项，毫无疑问，你是一个具有"超常"潜质的天才。

传统观念认为，逻辑思维能力强是智商高的表现。善于逻辑思维的人，会使看似复杂的内容变得简单；也会使看似枯燥的内容变得有趣。

逻辑学是一门思维科学，它的研究对象是人们的思维形式及规律。本书从概念、命题、推理、逻辑基本规律等方面，通过通俗而有趣的故事，向读者介绍逻辑基本知识及其应用，展现逻辑的魅力，培养广大读者学习逻辑的兴趣，帮助读者打开逻辑知识宝库的大门，锤炼读者驾驭逻辑工具的能力。

本书在体例上，采用理论和实践相结合的方式，讲述基本逻辑知识，再配以大量的逻辑思维训练题目。每个练习题都有一个规定的完成时间，这个时间是根据大多数人计算的平均时间，如果你完成的时间少于这个规定时间，那么恭喜你，你的智商一定是超常的！习题的难度分为三等：有点难、非常难、超级难。为什么都是"难"呢？因为这些题目都是作者精挑细选的，有难度、有内容的经典题目，所以难度可想而知。笔者尽量着眼于实用、有趣进行选题，希望能对青少年朋友的学习和运用逻辑知识有所帮助。

"讲理"就得讲逻辑

"讲理"就得讲逻辑

很多人标榜自己是"讲理"的，但"讲理"就必须讲逻辑，而我们的"讲理"中却很少包含逻辑。

传统观念认为，逻辑思维能力强是智商高的表现。逻辑是所有学科的基础，是每个人所必须具备的基本能力。无论你学习哪一门专业，想要学得好、学得快，就必须具有较强的逻辑思维能力。成为现代社会所需要的人才，其基本条件之一就是要具有独立思考的能力和勇于创新的精神。

当今社会，逻辑思维能力越来越被人看重，不仅考 MBA 有逻辑题，而且公务员考试也开始增加逻辑测试题，在一些跨国公司的招聘面试中，这类逻辑训练题更是经常出现。它对考察一个人的思维方式及思维转变能力有着极其明显的作用，而据一些研究显示，这样的能力往往也和工作中的应变与创新能力息息相关。

中国人并不缺乏研究逻辑的能力，事实上中国先秦时期墨家的逻辑学成就与亚里士多德相比也无大逊色。可是现在很多人丧失了对逻辑的兴趣与追求。他们知道令中国人感到骄傲的四大发明，可是炸药为什么会爆炸，他们讲不出原因；指南针为什么会指南北，他们照样说不出道理。他们从不问为什么。为什么他们不问为什么呢？因为他们不讲逻辑！要讲逻辑的话，就得问为什么。

逻辑作为思维的方法、工具、理论、规律，能够开发民智。没有逻辑，也就没有哲学，甚至不会懂得逻辑对于人自身的价值所在，所以不讲逻辑的人注定说不出笛卡儿的名言"我思故我在"。

比较而言，学习理工科的人，较之只接受文科教育的人，在自觉关注逻辑知识方面要强一些。这是因为自然科学理论本身就是逻辑理论知识的演化和具

体化。牛顿力学三大定律实际也是形式逻辑规律的具体化,后来的相对论、量子理论,乃至近期的基因结构理论、基本粒子超弦理论等也一样。理解不到这一点,很难成为一位卓越的科学技术专家。所以,凡有所觉悟的学生,都会自动地去钻研逻辑思维方法,关注新的逻辑工具、理论、规律的出现,甚至会去主动地发现、发明、创造新的逻辑方法、工具和理论。

正因为如此,我们才着手编著本书。我们的目的不是教你学会多少专业的逻辑学理论,而是通过一些我们常用的思考问题的方法,在潜意识中逐步提高逻辑思维能力。本书收录了大量的逻辑思维训练题,尽量着眼于实用、有趣,但是对逻辑思维方面要求较高,希望能对青少年朋友学习和运用逻辑知识有所帮助。

当回答这些问题时,我们必须冲破思维定势,试着从不同的角度考虑问题,进行逆向思维,换位思考,并且把问题与自己熟悉的场景联系起来,这样才能得到突破和提高。

"授人以鱼,不如授人以渔",只要大家学会了这些常用的方法和技巧,以后再遇到类似的逻辑思维问题时,就可以迎刃而解了。能够通过这数百个逻辑思维训练题,切实地提高广大读者的逻辑思维能力,这就是笔者编写本书的目的。

目 录

演绎思维法
按部就班，从已知推导未知

【定义】………………………(2)
【方法应用】…………………(2)
【生活实践】…………………(2)
【思维训练场】………………(5)
01. 三人的职位【有点难】……(5)
02. 店里是卖什么的
    【有点难】…………………(5)
03. 巧付工资【有点难】………(5)
04. 分米【有点难】……………(6)
05. 龟兔赛跑【有点难】………(6)
06. 哪个士兵说了谎
    【非常难】…………………(6)
07. 分面粉【非常难】…………(7)
08. 卖梨【非常难】……………(7)
09. 沙漠中迷路的人
    【非常难】…………………(7)
10. 烧香计时【非常难】………(7)
11. 送邮件【非常难】…………(8)
12. 教授有几个孩子
    【非常难】…………………(8)
13. 聚会上的孩子
    【非常难】…………………(8)
14. 夫妻吃猪肉【超级难】……(9)
15. 骰子赌局【超级难】………(9)
16. 十人旅游【超级难】………(10)
17. 有趣的赌博【超级难】……(10)
18. 飞机加油【超级难】………(10)
19. 玻璃球游戏【超级难】……(11)
20. 巧辨坏球【超级难】………(11)
参考答案…………………(12)

归纳思维法
由个别前提到一般结论

【定义】………………………(22)
【方法应用】…………………(22)
【生活实践】…………………(22)
【思维训练场】………………(23)

Fang Fa Ying Yong Ban

01. 填数字（1）【有点难】……（23）
02. 填数字（2）【有点难】……（23）
03. 求数字【有点难】…………（24）
04. 猜数字【有点难】…………（24）
05. 猜字母【有点难】…………（24）
06. 填字母【有点难】…………（25）
07. 复杂的表格（1）
    【有点难】………………（25）
08. 复杂的表格（2）
    【有点难】………………（25）
09. 对应数【有点难】…………（26）
10. 罗盘推数【有点难】………（26）
11. 数字之谜【有点难】………（26）
12. 字母逻辑【非常难】………（27）
13. 有名的数列【非常难】……（27）
14. 第1000根手指
    【非常难】………………（27）
15. 倒金字塔【超级难】………（27）
16. 数字填空【超级难】………（28）
17. 数字金字塔【超级难】……（28）
18. 测测你的IQ【超级难】……（29）
19. 数学天才测验14题
    【超级难】………………（29）
参考答案……………………（31）

收敛思维法
由面到点指向同一目标

【定义】………………………（38）
【方法应用】…………………（38）
【生活实践】…………………（38）
【思维训练场】………………（39）
01. 卖苹果【有点难】…………（39）
02. 参加活动的人
    【有点难】………………（39）
03. 凶手的破绽【有点难】……（39）
04. 猜年龄【非常难】…………（40）
05. 卖酒【非常难】……………（40）
06. 分别是什么职业
    【非常难】………………（40）
07. 副经理姓什么
    【非常难】………………（41）
08. 王先生的妻子
    【非常难】………………（41）
09. 猜国籍【非常难】…………（42）
10. 巧识小偷【非常难】………（42）
11. 钻石藏在哪儿
    【非常难】………………（42）
12. 猎人的挂钟【非常难】……（43）
13. 紧急手术【超级难】………（43）
14. 分别是哪国人
    【超级难】………………（44）
15. 谁杀害了医生
    【超级难】………………（44）
16. 谁是真凶【超级难】………（45）
17. 三个十分钟【超级难】……（46）
18. 五兄弟【超级难】…………（48）
19. 谁被隔开了【超级难】……（48）

目 录

20. 两支蜡烛【超级难】……… (49)　　**参考答案** ………………… (50)

发散思维法
从点到面向八方扩散

【定义】………………… (58)
【方法应用】…………… (58)
【生活实践】…………… (59)
【思维训练场】………… (60)
01. 下水道盖子为什么是
　　圆的【有点难】……… (60)
02. 瓶子的体积【有点难】… (60)
03. 相连的月份【有点难】… (60)
04. 需要几面镜子
　　【有点难】…………… (60)
05. 暗含成语的数字
　　【有点难】…………… (60)
06. 分饮料【非常难】…… (61)
07. 加入单位【非常难】… (61)
08. 特别的称重【非常难】… (61)

09. 聪明的司机【非常难】…… (62)
10. 扩大水池【非常难】…… (62)
11. 四个三角形【非常难】…… (62)
12. 聪明的教练【非常难】…… (62)
13. 奇怪的不等式
　　【非常难】…………… (63)
14. 这是什么字【非常难】…… (63)
15. 门上的洞眼【超级难】…… (63)
16. 这个数字是什么
　　【超级难】…………… (63)
17. 分醋【超级难】…… (63)
18. "行行行"【超级难】…… (64)
19. 连线问题【超级难】…… (64)
20. 十六点连线【超级难】…… (65)
参考答案 ………………… (66)

侧向思维法
"左思右想""旁敲侧击"

【定义】………………… (72)
【方法应用】…………… (72)
【生活实践】…………… (73)
【思维训练场】………… (74)
01. 奇妙的装法【有点难】…… (74)

02. 国王的难题【有点难】…… (74)
03. 运动服上的号码
　　【有点难】…………… (74)
04. 金鱼的数目【有点难】…… (74)
05. 时间【有点难】…… (75)

06. 足球比赛【有点难】………（75）
07. 聪明的孩子【有点难】……（75）
08. 疯狂飙车【非常难】………（75）
09. 分苹果【非常难】…………（76）
10. 如何通过【非常难】………（76）
11. 分牛【非常难】……………（76）
12. 巧贴标签【非常难】………（77）
13. 火柴棒问题【非常难】……（77）
14. 搭桥【非常难】……………（77）
15. 九变六【非常难】…………（78）
16. 盲人分袜【非常难】………（78）
17. 找规律【超级难】…………（78）
18. 花瓣游戏【超级难】………（79）
19. 逃脱的案犯【超级难】……（79）
20. 放棋子【超级难】…………（79）
参考答案 ………………………（80）

逆向思维法
打破常规，反其道而行之

【定义】………………………（86）
【方法应用】…………………（86）
【生活实践】…………………（87）
【思维训练场】………………（88）
01. 巧接金链【有点难】………（88）
02. 五分钟煮蛋【有点难】……（88）
03. 反驳的方式【有点难】……（88）
04. 有把握及格吗
　　【有点难】………………（89）
05. 点餐【有点难】……………（89）
06. 聪明的贩马人
　　【有点难】………………（89）
07. 巧翻硬币【非常难】………（90）
08. 哥哥和弟弟【非常难】……（90）
09. 携带钢管【非常难】………（90）
10. 巧过小桥【非常难】………（91）
11. 土地哪里去了
　　【非常难】………………（91）
12. 平分二十四斤油
　　【超级难】………………（91）
13. 老板娘分酒【超级难】……（91）
14. 猜颜色【超级难】…………（92）
15. 参加舞会【超级难】………（92）
16. 聪明的匪徒【超级难】……（93）
17. 分享美酒【超级难】………（93）
18. 猜数字【超级难】…………（93）
19. 两个聪明的徒弟
　　【超级难】………………（94）
20. 抓球决胜【超级难】………（94）
参考答案 ………………………（95）

抽象思维法
加工概念，获取本质

【定义】……………………(102)
【方法应用】………………(102)
【生活实践】………………(102)
【思维训练场】……………(103)
01. 战场上的选择
　　【有点难】……………(103)
02. 奇妙的摩比斯带
　　【有点难】……………(103)
03. 杂技演员的妙计
　　【有点难】……………(103)
04. 猴子和老兵【有点难】……(103)
05. 卖玫瑰【有点难】………(104)
06. 圈起地球【非常难】……(104)
07. 参加会议的人员
　　【非常难】……………(104)
08. 掷骰子【非常难】………(105)
09. 投资问题【非常难】……(105)
10. 没打结的绳子
　　【非常难】……………(105)
11. 骰子构图【非常难】……(105)
12. 操场位置【非常难】……(106)
13. 究竟出了什么问题
　　【非常难】……………(106)
14. 纸上的洞【非常难】……(107)
15. 神奇数表【非常难】……(107)
16. 发现宝石【超级难】……(108)
17. 射击比赛【超级难】……(108)
18. 切蛋糕【超级难】………(109)
19. 寻宝比赛【超级难】……(109)
20. 七桥问题【超级难】……(109)
参考答案………………(111)

形象思维法
从形象上认识研究对象

【定义】……………………(118)
【方法应用】………………(118)
【生活实践】………………(118)
【思维训练场】……………(119)
01. 聪明的小儿子
　　【有点难】……………(119)
02. 测量地球【有点难】……(120)
03. 重新排列【有点难】……(120)
04. 圆桌会议【有点难】……(120)
05. 等公交车【非常难】……(120)
06. 坐座位【非常难】………(121)
07. 分地【非常难】…………(121)

08. 一笔画图【非常难】 …… (122)
09. 转向何方【非常难】 …… (122)
10. 等分方孔图【非常难】 …… (123)
11. 对调位置【非常难】 …… (123)
12. 准点到达【超级难】 …… (124)
13. 一起滚的球【超级难】 … (124)
14. 猜年龄【超级难】 …… (125)
15. 分图形【超级难】 …… (125)
16. 大牧场主的遗嘱
　　【超级难】 …… (126)
17. 有趣的棋盘【超级难】 …… (126)
18. 财主分田【超级难】 …… (127)
19. 天外来物【超级难】 …… (127)
参考答案 …… (128)

博弈思维法
决策双方相互影响

【定义】 …… (136)
【方法应用】 …… (136)
【生活实践】 …… (137)
【思维训练场】 …… (138)
01. 该怎么下注【有点难】 …… (138)
02. 纸条上的数字
　　【有点难】 …… (139)
03. 是否改变选择
　　【有点难】 …… (139)
04. 巧胜扑克牌【有点难】 …… (139)
05. 不会输的游戏
　　【有点难】 …… (140)
06. 如何问路【非常难】 …… (140)
07. 将军的困境【非常难】 …… (141)
08. 倒推法博弈【非常难】 …… (141)
09. 纽科姆悖论【非常难】 …… (142)
10. 蜈蚣博弈的悖论
　　【非常难】 …… (142)
11. 理性的困境【非常难】 …… (143)
12. 猜扑克牌【非常难】 …… (143)
13. 抓豆子【超级难】 …… (144)
14. 是人还是吸血鬼
　　【超级难】 …… (144)
15. 老师的生日【超级难】 …… (145)
16. 贴纸条猜数字
　　【超级难】 …… (145)
17. 纸片游戏【超级难】 …… (145)
18. 分遗产【超级难】 …… (146)
19. 村口的一排树
　　【超级难】 …… (147)
20. 海盗分金【超级难】 …… (147)
参考答案 …… (148)

目录

直觉思维法
用直觉印象直接把握事物本质

【定义】……………………(166)
【方法应用】………………(166)
【生活实践】………………(167)
【思维训练场】……………(168)
01. 铁球与水【有点难】……(168)
02. 酒精和水【有点难】……(168)
03. 多少岁【有点难】………(168)
04. 荒谬的国王【有点难】…(169)
05. 错在哪里【有点难】……(169)
06. 奇怪的吵架【有点难】…(169)
07. 穿过自己的带子
　　【非常难】………………(169)
08. 连在一起吗【非常难】…(170)
09. 交叉的莫比乌斯带
　　【非常难】………………(170)
10. 丢失的正方形
　　【非常难】………………(171)
11. 兄弟赛跑【非常难】……(171)
12. 过桥【非常难】…………(171)
13. 招牌应该写什么
　　【非常难】………………(172)
14. 赚了多少钱【非常难】…(172)
15. 请在10秒内做出
　　【非常难】………………(172)
16. 国王的重赏【非常难】…(172)
17. 免费的午餐【非常难】…(173)
18. 找相同【超级难】………(173)
19. 时钟的问题【超级难】…(174)
20. 智力测验【超级难】……(174)
参考答案………………(176)

假设思维法
提出假设，再去证实

【定义】……………………(182)
【方法应用】………………(182)
【生活实践】………………(182)
【思维训练场】……………(183)
01. 真真假假【有点难】……(183)
02. 哪天说实话【有点难】…(184)
03. 选择接班人【有点难】…(184)
04. 猜帽子【有点难】………(184)
05. 两兄弟【有点难】………(185)
06. 谁有钱【非常难】………(185)
07. 猴子的谎言【非常难】…(186)
08. 美丽的玫瑰花
　　【非常难】………………(186)
09. 谁是凶手【非常难】……(186)

10. 真话与假话【非常难】…… (187)
11. 谁是哥哥【非常难】…… (187)
12. 赚了多少钱【非常难】…… (188)
13. 谁拿了我的雨伞
    【非常难】…… (188)
14. 猜名字【非常难】…… (189)
15. 猜数字【超级难】…… (189)
16. 寻找果汁【超级难】…… (189)
17. 没有出黑桃【超级难】…… (190)
18. 今天星期几【超级难】…… (190)
19. 白色和黑色的纸片
    【超级难】…… (191)
20. 不同部落间的婚姻
    【超级难】…… (191)

参考答案 …… (193)

追踪思维法
步步深入，追问到底

【定义】…… (204)
【方法应用】…… (204)
【生活实践】…… (204)
【思维训练场】…… (205)
01. 可以喝几瓶汽水
    【有点难】…… (205)
02. 找硬币【有点难】…… (205)
03. 张先生的一周行程
    【有点难】…… (206)
04. 今天星期几【有点难】…… (206)
05. 胡萝卜在哪里
    【有点难】…… (206)
06. 上升还是下降
    【非常难】…… (207)
07. 哪桶是啤酒【非常难】…… (208)
08. 托尔斯泰的算术题
    【非常难】…… (208)
09. 兔子背胡萝卜
    【非常难】…… (208)
10. 如何过桥【非常难】…… (208)
11. 猜年龄【非常难】…… (209)
12. 谁没有输过【超级难】…… (209)
13. 谁获得了第一名
    【超级难】…… (210)
14. 如何过河【超级难】…… (210)
15. 是否交换【超级难】…… (211)
16. 密码破解【超级难】…… (211)
17. 洗牌【超级难】…… (211)
18. 奇怪的大钟【超级难】…… (212)
19. 白球黑球【超级难】…… (212)
20. 海盗分椰子【超级难】…… (212)

参考答案 …… (214)

目 录

类比思维法
寻找相似点，在比较中创新

【定义】…………………(224)
【方法应用】……………(224)
【生活实践】……………(225)
【思维训练场】…………(226)
01. 扑克牌【有点难】………(226)
02. 在风中飞行的飞机
    【有点难】……………(226)
03. 绕行太阳【有点难】……(227)
04. 奇怪的问题【有点难】…(227)
05. 特异功能【有点难】……(227)
06. 分割立方体【有点难】…(227)
07. 未知的生物【有点难】…(227)
08. 数字如何表示
    【非常难】……………(228)
09. 隐含的规律【非常难】…(228)
10. 称量水果【非常难】……(228)
11. 新手表【非常难】………(228)
12. 怎么多了一块
    【非常难】……………(229)
13. 怎么又少了一块
    【非常难】……………(230)
14. 钟表不慢了【超级难】…(230)
15. 巧分大米和小麦
    【超级难】……………(230)
16. 转圆环【超级难】………(231)
17. 苏州街【超级难】………(231)
18. 称药【超级难】…………(231)
19. 有问题的钟【超级难】…(232)
20. 检验毒酒【超级难】……(232)
参考答案………………(233)

求易思维法
剪去枝蔓，使复杂问题简单化

【定义】…………………(240)
【方法应用】……………(240)
【生活实践】……………(240)
【思维训练场】…………(242)
01. 把鸡蛋立起来
    【有点难】……………(242)
02. 孔变大还是变小
    【有点难】……………(242)
03. 分放宝石【有点难】……(242)
04. 往返旅行【有点难】……(243)
05. 画三角形【有点难】……(243)
06. 水有一半吗【有点难】…(244)
07. 都对称【有点难】………(244)
08. 如何通过【有点难】……(244)

09. 各行了多少公里
【非常难】……………(245)
10. 称重【非常难】………(245)
11. 分牛【非常难】………(245)
12. 药剂师称重【非常难】…(246)
13. 四人餐桌【非常难】…(246)
14. 掷骰子【非常难】……(246)
15. 可乐多少钱【非常难】…(246)
16. 分药片【超级难】……(247)
17. 史上最难的概率题
【超级难】……………(247)
18. 平衡还是不平衡
【超级难】……………(247)
19. 房间分配【超级难】…(248)
20. 骗子村【超级难】……(248)
参考答案……………(249)

系统思维法
整体把握，着眼于系统

【定义】……………(256)
【方法应用】……………(256)
【生活实践】……………(256)
【思维训练场】……………(257)
01. 一共住几天【有点难】…(257)
02. 同一数字【有点难】…(257)
03. 三子同行【有点难】…(258)
04. 家庭时光【有点难】…(258)
05. 考试名次【有点难】…(259)
06. 老朋友聚会【非常难】…(259)
07. 最后一名【非常难】…(259)
08. 四兄弟分家【非常难】…(260)
09. 两数之差【非常难】…(260)
10. 蜂窝数字【非常难】…(261)
11. 筷子搭桥【非常难】…(261)
12. 寻找骨头【超级难】…(261)
13. 宫殿巡逻问题
【超级难】……………(262)
14. 猫捉鱼【超级难】……(263)
15. 火中逃生【超级难】…(263)
16. 谁的狗【超级难】……(264)
17. 排名次【超级难】……(264)
18. 如何卖酱油【超级难】…(264)
19. 是不是【超级难】……(265)
参考答案……………(266)

目录

组合思维法
优势互补，有效组合

【定义】……………………(276)
【方法应用】………………(277)
【生活实践】………………(277)
【思维训练场】……………(278)
01. 免费打气【有点难】……(278)
02. 有多少个答案
　　【有点难】………………(278)
03. 如何换轮胎【有点难】……(279)
04. 集体照【有点难】………(279)
05. 巧分苹果【有点难】……(279)
06. 幸运的孩子【有点难】……(280)
07. 避暑山庄【非常难】……(280)
08. 菠萝为什么卖亏了
　　【非常难】………………(280)
09. 八颗棋子【非常难】……(281)
10. 彩旗的排列【非常难】……(282)
11. 五人读书【非常难】……(282)
12. 实习员工的一星期
　　【非常难】………………(282)
13. 多少只小动物
　　【非常难】………………(283)
14. 六个兄弟【非常难】……(283)
15. 哪一天一起营业
　　【超级难】………………(284)
16. 他们都在做什么
　　【超级难】………………(284)
17. 指认罪犯【超级难】……(285)
18. 应聘【超级难】…………(285)
19. 谁养鱼【超级难】………(286)

参考答案……………………(287)

共变思维法
其他不变时，此变就是彼变的原因

【定义】……………………(302)
【方法应用】………………(302)
【生活实践】………………(302)
【思维训练场】……………(302)
01. 调转火柴【有点难】……(302)
02. 二等分【有点难】………(303)
03. 连动齿轮【有点难】……(303)
04. 动物过河【有点难】……(304)
05. 九宫之法【有点难】……(304)
06. 四四图【非常难】………(304)
07. 机器人清洁工
　　【非常难】………………(304)
08. 商人卖酒【非常难】……(305)
09. 谁在前面，谁在后面

　　【非常难】……………（305）
10. 猜扑克牌【非常难】……（305）
11. 有多少个7字

　　【非常难】……………（306）
12. 钟表慢几分【非常难】……（306）
13. 拔河比赛【超级难】……（306）
14. 猴子和桃【超级难】……（307）
15. 拿纸牌【超级难】………（307）

16. 周游的骑士【超级难】……（307）
17. 填空题目【超级难】………（308）
18. 奇妙的选项【超级难】……（308）
19. 世界上最难的10道题

　　【超级难】……………（309）
20. 精灵的语言【超级难】……（310）
参考答案………………（311）

演绎思维法

按部就班,从已知推导未知

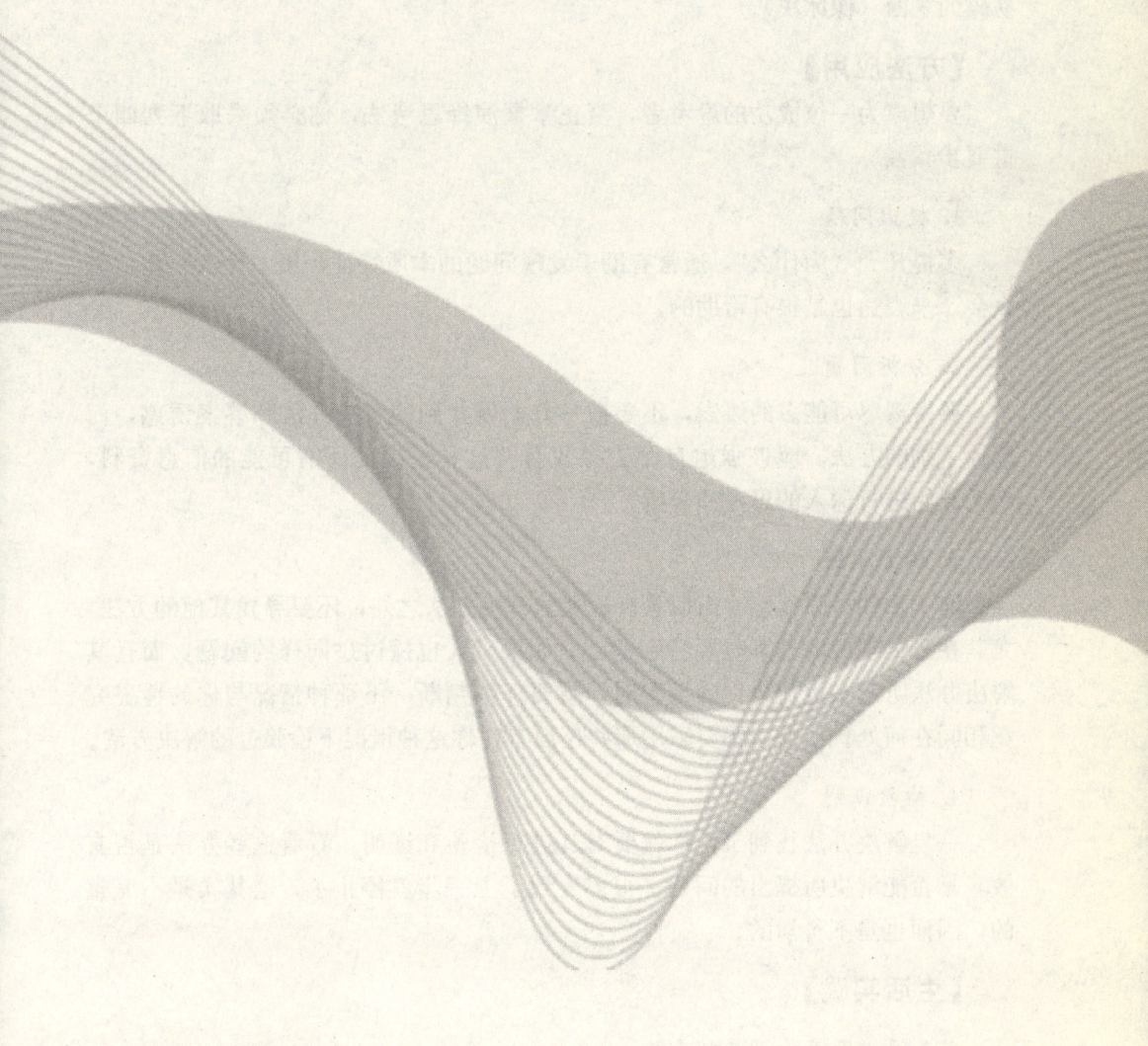

【定义】

演绎思维法就是以一般性的逻辑假设为基础，得出特定结论的推理过程。

玻璃是易碎的，而石头是不易碎的。从这个基础出发，你可以进行演绎推理，从而得到其他不易碎的东西（像木棍）会打破玻璃，而石头也会打破其他易碎的东西（像冰块）。

【方法应用】

要想成为一位成功的思考者，真正掌握演绎思考法，你必须采取下列四个重要步骤：

1. 提出问题

多提几个"为什么"，通常有助于发现问题的本质特征，用"什么"和"怎么会"来表达也是很有帮助的。

2. 分析问题

要发现尽可能多的线索，不要被一开始就找到的解决办法和答案诱惑，而漏掉了别的办法。应该强迫自己去寻找有关这种情况的所有可能的信息资料，然后开始进行深入的思考和分析。

3. 确定方法

除了那些一眼就能看出似乎有道理的解决办法之外，还要寻找其他的方法，尤其在采纳现成的方案时要特别留心。如果别人也探讨过同样的问题，而且其解决办法听起来也适合你的情况时，就要仔细判断一下那种情况与你的情况究竟相同在何处。但是，不要采用那些还没有在你这种情况下检验过的解决方法。

4. 检验证明

一旦解决办法找到了，你就要对其进行检验和证明，看看这些办法是否有效，是否能解决所提出的问题。很多人到了上一步就停止了，这其实是不完整的，因而也是不科学的。

【生活实践】

芝加哥需要多少调音师

在一次演讲中，著名物理学家费米向大家提到了这样一个问题：

演绎思维法

"芝加哥需要多少位钢琴调音师?"

大家对费米的提问都感到很奇怪,因为大家觉得这个问题根本无从下手。但是费米却不这样认为,他向大家解释道:

"假设芝加哥的人口有 300 万,每个家庭 4 口人,全市 1/3 的家庭有钢琴。那么芝加哥共有 25 万架钢琴。一般来说,每年需要调音的钢琴只有 1/5,那么,一年需要调音 5 万次。每个调音师每天能调好 4 架钢琴,一年工作 250 天,共能调好 1000 架钢琴,是所需调音量的 1/50。由此可以推断,芝加哥共需要 50 位调音师。"

费米一解释,大家都觉得这种推论方法是正确的,事实上,你也发现了,费米的这个推论是一个典型的"演绎法"。这种推论需要知道很多预备性的知识。比如,你应该知道芝加哥的总人口数,有钢琴的家庭所占的比例,每架钢琴一年要调音的次数,调音师的工作效率、工作时间等。如果你不知道这些知识,这个问题显然是无法回答的。

大火后的分析

下面让我们再来看一个演绎推理的实例。不要一口气读下去,最好边看边结合上面的思维程序进行练习,得出自己的结论。

一场大火席卷了大片的森林,一个护林员立即组织了一支由 27 名志愿消防队员组成的消防队。他把这些人分成几个小组,迅速扑火,并给每个小组发了一个报话机。

他宣布:"有一架直升机马上就会在这个地区上空徘徊,如果你遇到险情,就用报话机告诉这架飞机的驾驶员,他会把你们救出来。"然后,他对每个小组讲述了这台报话机的用法。

后来,当大火终于扑灭后,有一个小组(其中有 3 个人)失踪了。通过努力寻找后,在一个山谷里找到了他们烧焦的尸体。

出于多方面的原因,如法律责任、保险赔偿、总结教训等,必须要找到他们没有获救的真相。设身处地地想一想:假如你就是这位护林员(救火的组织者和领导者),你将会怎么做?

第一步,提出一些具体问题。下面是你可能提出的问题:他们是怎么遇难的?为什么这些人没有得救?

第二步,分析情况:针对问题,展开分析。

针对第一个问题,这位护林员至少应提出 4 个问题来了解这种情况的信息:是谁、在什么时间、什么地点最后一次看见这些人?

飞机驾驶员是否收到这些人的求救信号？

这个事件是否仅仅是救护计划的失策，或者还是其他方面的失策？有没有一些小的过失？

这次救护计划的失策和过去的情况有没有类似的地方？

下面这些问题在此时提出是不妥当的，因为这些提问都是有关事故发生的原因，应该把这些问题放在后面：

当时这些人是否过于惊慌，竟忘记了报话机的使用方法？

是不是大火把报话机烧坏了？

第三步，找出可行的解决方法。在护林员得知将来怎样防止类似的事故之前，他必须先找到事故发生的原因。

这位护林员了解到如下情况：

飞机驾驶员说，他没有收到这3个人的呼救信号。

人们最后看见他们的时候，他们正徒步翻越一座小山头，朝着后来发现他们尸体的那个山谷走去。

在这些人尸体的旁边发现了报话机的残骸。

另一组消防队员也被周围的火焰困在一个小土丘上，他们用报话机向飞机驾驶员呼救，结果他们得救了。

除此之外，别的消防队员都没有要求救护。

在另外一场火灾中，有一队消防队员被大火烧死，直升机驾驶员报告说没有收到他们的呼救信号，他们的尸体是在两座山丘之间的一条干涸的小溪中发现的。

下面是有关为什么这些人没能得救的5种可能原因：

这些人不知道怎样合理使用报话机。

飞机驾驶员的确收到了这些人的呼救信号，但他之所以说没有，是因为他想推脱救护工作失败的责任。

这台报话机的信号被山谷隔断了，因而驾驶员的接收机收不到信号。

这台报话机由于大火的温度而影响了性能。

这些人过于惊慌，未能利用报话机求救。

第四步，现在你应该思考一下在这些可能的原因中哪个原因最有可能是真实的。

首先，将每一个答案和第二个步骤中找出的资料进行对比，分析案情。而且，还要用简短的方式提出一个方法，来对你所认为是正确的答案进行证实，

判断其是否正确。

可能性最大的是第三个,即"报话机的信号被山谷隔断了,因而驾驶员的接收机收不到信号"。这个答案与所有的资料相符:没有收到求救信号,报话机是在这些人的尸体旁发现的,而且之前的另外一起事故,那些人也是处在类似的地带。

【思维训练场】

01. 三人的职位【有点难】　限时　15　分钟

甲、乙、丙三人在一个公司分别任总经理、董事长和秘书的职位,但不知每个人的职位是什么。现在只知道,秘书是独生子女,挣钱最少。而丙与甲的兄弟结了婚,挣的钱比董事长多。

根据这些条件,你能说出他们分别任哪个职位吗?

02. 店里是卖什么的【有点难】　限时　12　分钟

一条街道上有1、2、3、4、5、6六家店,每边各有3家。其中1号店在中间,且和其他的店的位置有着这样的关系:
(1) 1号店的旁边是书店。
(2) 书店的对面是花店。
(3) 花店的隔壁是面包店。
(4) 4号店的对面是6号店。
(5) 6号店的隔壁是酒吧。
(6) 6号店与文具店在道路的同一边。
那么,想一想1号店是什么店呢?

03. 巧付工资【有点难】　限时　10　分钟

工人工作7天可以赚得一条金链,并且在每天工作结束后结算一次工资。

而这条金链是由7个相同的金环连成的长链,每弄断一次就会有些损失。如果想把损失降到最低,该如何给工人发工资呢?

04. 分米【有点难】　限时　20　分钟

有一个商人挑着担子去集市上卖米。他要把10斤米平均分放在两个箩筐中以保持平衡,但手中没有秤,只有一个能装10斤米的袋子、一个能装7斤米的桶和一个能装3斤米的脸盆。请问:他应该怎样平分这10斤米呢?

05. 龟兔赛跑【有点难】　限时　17　分钟

兔子和乌龟赛跑,它们沿着一个圆形的跑道背对背比赛,并规定谁先绕一圈回到出发点谁就胜利。兔子先让乌龟跑了1/8圈,然后才开始动身。但是这只兔子太骄傲了,慢吞吞地边走边啃胡萝卜,直到遇到了迎面来的乌龟,它才慌了,因为在相遇的这一点上,兔子才跑了1/6圈。请问:兔子为了赢得这次比赛,它的速度必须至少提高到原来的几倍呢?

06. 哪个士兵说了谎【非常难】　限时　19　分钟

部队举行打靶比赛。靶纸上的1、3、5、7、9表示该靶区的得分数。甲、乙、丙、丁四位士兵各射击了6次,每次都中了靶。

比赛完之后他们这样说:

甲说:我只得了8分。

乙说:我共得了56分。

丙说:我共得了28分。

丁说:我共得了27分。

请想一想,他们所讲的分数可能吗?可能的话,请说出他们每次打靶的得分数;不可能的话,猜一猜哪个士兵说了谎?

演绎思维法

07. 分面粉【非常难】　　限时　9　分钟

有7克、2克砝码各一个,天平一只,如何只用这些物品3次将140克的面粉分成50克、90克各一份?

08. 卖梨【非常难】　　限时　17　分钟

张大嫂和王二婶都在市场卖水果。有一天,张大嫂临时有事,就把要卖的梨托付给王二婶代卖。张大嫂、王二婶拥有梨的个数一样多,但由于张大嫂的梨小一些,卖一块钱3个;而王二婶的梨大一些,卖一块钱两个。现在王二婶为了公平,把所有的梨混在一起,以两块钱5个出售。卖光梨以后,王二婶给张大嫂送钱。这时她才发现比她们单独卖少了7块钱。这是怎么回事呢?张大嫂、王二婶两人当初各有多少个梨呢?

09. 沙漠中迷路的人【非常难】　　限时　21　分钟

9个人在沙漠中探险,不小心迷了路,他们带的水只够喝5天。第二天,这9个人又遇到另外一队已经没有水而又迷路的人,大家便一起走。这次所有人带的水合起来只够喝3天的。你知道第二队迷路的人有多少吗?

10. 烧香计时【非常难】　　限时　20　分钟

有两根粗细不均匀的香,香烧完的时间是1个小时,你能用什么方法来确定45分钟呢?

11. 送邮件【非常难】 限时 30 分钟

一列装有邮件的火车将要到达车站,邮局派出一辆汽车去车站取。有一天火车提前到站了,所以车站就派人骑摩托车往邮局送。摩托车手走了半个小时,迎面遇到了邮局来取邮件的汽车,汽车司机接过邮件,一刻也不耽误地掉头回去。汽车回到邮局比平时早了20分钟,问这天的火车比平时早到了多长时间?

12. 教授有几个孩子【非常难】 限时 40 分钟

一天,一位数学教授去同事家做客。他们坐在窗前聊天,从庭院中传来一大群孩子的嬉笑声。

客人就问:您有几个孩子?

主人:那些孩子不全是我的,那是四户人家的孩子。我的孩子最多,弟弟的其次,妹妹的再次,叔叔的孩子最少。他们吵闹成一团,因为他们不能按每队九人凑成两队。可也真巧,如果把我们四家孩子的数目相乘,其积数正好是我家房子的门牌号,这个号您是知道的。

客人:让我来试试把每一家孩子的数目算出来。不过要解这个问题,已知数据还不够。请告诉我,你叔叔的孩子是1个呢,还是不止1个?

于是主人回答了这个问题。客人听后,很快就准确地计算出了每家孩子的数目。你在不知道主人家门牌号码和他叔叔家是否只有一个孩子的情况下,能否算出这道题呢?

13. 聚会上的孩子【非常难】 限时 45 分钟

小明家举办了一场圣诞聚会。在这次聚会上,包括小明一共有12个小孩相聚在一起。他们来自A、B、C三个不同的家庭,每4个小孩同属一个家庭。有意思的是,这12个小孩的年龄各不相同,但都不超过13岁。换句话说,在1至13这十三个数字中,除了某个数字外,其余的数字都恰好是某个孩子的年龄。而且，小明的年龄最大。如果把每个家庭的孩子的年龄加起来，可以得到以下的结果：

家庭 A：年龄总数为 41，包括一个 12 岁的孩子；

家庭 B：年龄总数为 22，包括一个 5 岁的孩子；

家庭 C：年龄总数为 21，包括一个 4 岁孩子。

而且，只有家庭 A 中有 2 个孩子只相差 1 岁。

请回答下面两个问题：小明属于哪个家庭？每个家庭中的孩子各是多大？

14. 夫妻吃猪肉【超级难】　限时　*50*　分钟

夫妻二人都喜欢吃猪肉，但是丈夫在有瘦肉的时候只吃瘦肉，而他老婆在有肥肉的时候只吃肥肉。如果两个人一起吃，60 天可以吃光一桶肥肉；如果让丈夫自己吃，他能吃 30 个星期。如果两个人一起吃，8 个星期可以吃光一桶瘦肉；如果让老婆自己吃，她能吃 40 个星期。试问：他们夫妻两人一起吃，把一桶一半是瘦肉，一半是肥肉的混合猪肉吃光，究竟要花费多少时间？

15. 骰子赌局【超级难】　限时　*60*　分钟

有一种赌博方式很简单：赌桌上画着分别标有 1、2、3、4、5、6 的 6 个方格，参赌者可以把钱押在任意 1 个方格作为赌注，钱多钱少随意。然后庄家掷出 3 个骰子，如果有 1 个骰子的点数是你所押的方格的数字，你就可以拿回你的赌注，并从庄家那里得到与赌注相同数量的钱；如果有两个骰子的点数与你所押的方格的数字相同，那么你就可以拿回你的赌注并得到两倍于赌注的钱；如果有 3 个骰子的点数与你所押的方格的数字相同，你就可以拿回你的赌注并得到 3 倍于赌注的钱；当然，如果每个骰子都不是你所押的数字，赌注就被庄家拿走。

举例来说，假设你在 6 号方格押了 1 元钱。如果有一个骰子掷出来是 6，你就可以拿回你的 1 元钱并另外得到 1 元钱；如果两个骰子是 6，你就可以拿回你的 1 元钱并另外得到 2 元钱；如果三个骰子都是 6，你就可以拿回你的 1 元钱，另外还可多得到 3 元钱。

参赌者可能会想：我所押的数字被一个骰子掷出的概率是 1/6，因为有 3 个骰子，所以概率为 3/6，也就是 1/2，所以这个赌局是公平的。

聪明的你现在来想一想，这个赌局真的公平吗？如果不是，那么是对庄家有利还是对参赌者有利呢？有利多少？

16. 十人旅游【超级难】　限时　*120*　分钟

有 10 个人要从城市 A 出发去往城市 B。他们只有一辆摩托车（最多可以 2 个人一起骑）。已知 A、B 两地相距 1000 公里，骑车速度 100 公里/小时，步行速度 5 公里/小时。问，让这 10 个人都到达城市 B，最少要花多长时间？

17. 有趣的赌博【超级难】　限时　*130*　分钟

杰克和杰瑞在玩一个小小的赌博游戏。杰克开始分牌，并且定下了如下规则：第一局输的人，输掉他所有钱的五分之一；第二局输的人，输掉他那时拥有的四分之一；而第三局输的人，则须支付他当时拥有的三分之一。

接着他们开始玩，并且互相准确地付了钱。第三局杰瑞输了，付完钱后他站起来说："我觉得这种游戏投入的精力过多，回报太少。直到现在我们之间的钱数，总共才相差 7 元钱。"这自然是很小的赌博，因为他们合起来一共也只有 75 元钱的赌本。

试问，在游戏开始的时候杰克有多少钱呢？

18. 飞机加油【超级难】　限时　*150*　分钟

假设每架飞机只有 1 个油箱，飞机之间可以相互加油（注意：是相互，没有加油机）。1 箱油可供 1 架飞机绕地球飞半圈，问题：为使至少 1 架飞机绕地球 1 圈回到起飞时的飞机场，至少需要出动几架飞机（所有飞机从同一机场起飞，而且必须安全返回机场，不允许中途降落，中间没有飞机场）？

演绎思维法

19. 玻璃球游戏【超级难】　限时 180 分钟

几个男孩在一起玩玻璃球。每个人要先从盒子里拿 12 个玻璃球。盒子中绿色的玻璃球比蓝色的少,而蓝色的玻璃球又比红色的少。因此,每个人红球拿得最多,绿球拿得最少,并且每种颜色的玻璃球都要拿。小明先拿了 12 个玻璃球,其他的男孩子也都照着做。盒子中只有三种颜色的玻璃球,且数量也刚好够大家拿。

最后几个男孩子把球看了一下,发现拿法全都不一样,而且只有小强有 4 个蓝色球。

小明对小刚说:"我的红球比你的多。"

小刚突然说:"咦,我发现我们 3 个人的绿色球一样多啊!"

"嗯,是啊!"小华附和说,"咦,我怎么掉了一个球!"说着把脚边的一个绿球捡了起来。

几个男孩手里总共有 26 颗红色的玻璃球。请问这里有多少个男孩?各种颜色的球各有多少个?

20. 巧辨坏球【超级难】　限时 200 分钟

有 12 个球和 1 个天平,现知道只有 1 个球和其他的重量不同,但并不知道这个球比其他的球轻还是重,问怎样称才能称 3 次就找到那个球。

参考答案

01. 三人的职位

最好的办法是画一个表格,行表示职位,列表示人。在逻辑上行不通的格子里打"×"。

	总经理	董事长	秘书
甲			×
乙			
丙		×	×

然后通过条件判断:

甲有兄弟,而秘书是独生子女,所以甲不是秘书。

丙比董事长挣钱多,而秘书挣钱最少,那么丙既不是董事长也不是秘书。

结果就是,乙是秘书,甲是董事长,丙是总经理。

02. 店里是卖什么的

可以至少推算出图中那样的结果。

	面包	花店
	街 道	
	1号	书店

根据(5)和(6)可以知道,酒吧和文具店在道路的同一边。再看看图就会发现只有在1号店这一边才有可能。而且,6号店也会在这一边,可知6号店的位置一定是在1号店的左边或右边。而6号店的隔壁是酒吧,所以就知道1号店是酒吧了。

演绎思维法

03. 巧付工资

只需割开第 3 个环就可以了,这样就分成了(1)单独一个环,(2)两个环连在一起和(3)四个环连在一起的三个部分。

第一天,拿第一个(1)付工钱,工人得到 1;
第二天,拿第二个(2)换回第一个(1),工人得到 2;
第三天,拿第一个(1)付工钱,工人得到 1+2=3;
第四天,拿第三个(4)换回前两个,工人得到 4;
第五天,拿第一个(1)付工钱,工人得到 4+1=5;
第六天,拿第二个(2)换回第一个(1),工人得到 4+2=6;
第七天,用第一个(1)付工钱,即可。

04. 分米

(1)两次装满脸盆,倒入 7 斤的桶里,这样,桶里有 6 斤米;
(2)再往脸盆里倒满米,用脸盆里的米将桶装满,这样脸盆中还有 2 斤米;
(3)将桶里的 7 斤米全部倒入 10 斤的袋子中;
(4)将脸盆中剩余的 2 斤米倒入 7 斤的桶里;
(5)将袋子里的米倒 3 斤在脸盆中,再把脸盆中的米倒入桶里,这样桶和袋子里就各有 5 斤米了。

05. 龟兔赛跑

当它们相遇的时候,兔子跑了全程的 1/6,而兔子跑的这段时间内,乌龟跑了 17/24,也就是说乌龟的速度是兔子速度的 17/4 倍。兔子还有 5/6 圈的路程要跑,而乌龟只有 1/6 圈,所以兔子的速度就必须至少是乌龟的 5 倍,也就是它自己原来速度的 85/4 倍才行。

06. 哪个士兵说了谎

甲的情况是可能的。6 次射击都中靶,而总分又只有 8 分,不可能有一次得 5 分以上,最多只有一次得 3 分。这样其余 5 次各得 1 分,即:8=1+1+1+1+1+3。而且这是唯一的答案。

乙的情况是不可能的。因为 6 次射击都中靶,每次最多得 9 分,9×6=54

（分），比 56 分小。所以，这是不可能的。

丙的情况是可能的，而且，有好几种可能性，即答案不是唯一的。从总分是 28 分，我们可以知道，最多有 2 次是得 9 分的。（如果有 3 次得 9 分，共 27 分，其余 3 次即使都是 1 分，也超过了 28 分。）所以，可能得到三种情况：9、9、7、1、1、1；9、9、5、3、1、1；9、9、3、3、3、1。

如果只有 1 次得 9 分，这样又有 6 种可能的情况：9、7、7、3、1、1；9、7、5、5、1、1；9、7、5、3、3、1；9、7、3、3、3、3；9、5、5、5、3、1；9、5、5、3、3、3。

如果一次 9 分也没有，又可得到 7 种可能得分情况：7、7、7、5、1、1；7、7、7、3、3、1；7、7、5、5、3、1；7、7、5、3、3、3；7、5、5、5、5、1；7、5、5、5、3、3；5、5、5、5、5、3。

所以，总分是 28 分的情况一共有 16 种。

丁的情况是不可能的，因为中靶的分数都是奇数，6 个奇数的和一定是偶数，而 27 是奇数，所以不可能。

07. 分面粉

第一次，在天平的左边放两个砝码 2＋7＝9g，右边放 9g 面粉。

第二次，在天平的左边放 7 克的砝码和刚量出的 9 克面粉，7＋9＝16g，右边放 16g 面粉。

第三次，在天平的左边放前两次分出的 9＋16＝25g 面粉，右边放 25g 面粉。

两个 25g 的面粉混合在一起，即得 50g，剩下的为 90g，分配完毕。

测出的面粉还可以当做砝码来测量物品，所以只要用 2、7 及它们的和 9 凑出 25 即可，7＋9＋9＝25。

08. 卖梨

每人有 210 个。可以很容易地求出：如果每个梨分别是 1/3 元和 1/2 元，那么放在一起后，1 个梨就是 5/12 元。但由于是以 5 个梨 2 元的价格出售的，也就是说 1 个梨 2/5 元，所以每个梨损失了 5/12－2/5＝1/60 元。现在损失了 7 元，所以一共有 7÷1/60＝420 个梨，每人有 210 个。

09. 沙漠中迷路的人

第一队遇见第二队时,第一队已经喝掉了 1 天的水,所剩下的只够第一队自己喝 4 天;但第二队加入之后只能喝 3 天,也就是说第二队在 3 天里喝的水等于第一队 9 个人 1 天喝的水,所以第二队有 3 个人。

10. 烧香计时

一根两头点燃,另一根一头点燃,当第一根烧完后,是 30 分钟,此时,第二根再两头点燃,是 15 分钟,加起来就是 45 分钟。

11. 送邮件

汽车司机提前了 20 分钟回到邮局,也就是说他从遇到摩托车手到火车站这段路程来回需要 20 分钟。所以从相遇时到到达火车站,汽车司机需要 10 分钟。也就是说,按照以往的时间,再过 10 分钟火车应该到站,但是此时火车已经到站 30 分钟了,也就是摩托车手走这段路的时间。所以这一天火车比以前提前了 40 分钟到站。

12. 教授有几个孩子

首先,凑不够 2 个 9 人队,孩子总数最多为 17 人。若为 17 人以上,则可以凑成 2 个 9 人队或凑够 2 个 9 人队之后还有剩余。因此可以确定的是叔叔家的孩子最多有 2 个,若有 3 个或者 3 个以上,则其他三家至少分别有 6、5、4 个,总数大于 17 人。

叔叔家孩子有 2 个的情况如下:

主人	弟弟	妹妹	叔叔	对应门牌号
5	4	3	2	120
6	4	3	2	144
7	4	3	2	168
8	4	3	2	192
6	5	3	2	180

主人	弟弟	妹妹	叔叔	对应门牌号
7	5	3	2	210
6	5	4	2	240

叔叔家孩子为1个的情况时，另外3个数相加≤16（17-1=16），且3个数各不相同，并且3个数中最小数≥2，可以列出这3个数相乘的积最大为4×5×7=140；其次为3×5×8=4×5×6=120；再次为3×4×9=108。此时已比上面所列最小积还要小，若答案在小于108的范围内，则不需要知道叔叔家的孩子是1人还是2人了。

所以，在知道4个数的积及最小数是1还是2的情况下，如果还不能得出结论，只有门牌号为120时才有可能。

因此，确定门牌号为120，当知道叔叔家孩子个数时就能确定4个数的情况，只有如下一种情况：主人5个孩子，弟弟4个孩子，妹妹3个孩子，叔叔2个孩子。

13. 聚会上的孩子

首先，确定哪个数字不表示孩子的年龄。1至13这十三个数字之和是91，而三个家庭所有孩子的年龄之和是84，因此，不表示孩子年龄的数字是7。

家庭A的四个孩子的年龄只能是以下两种情况之一：

12、6、10、13或者12、8、10、11（12必须包括其中）。

家庭C的四个孩子的年龄只能是以下四种情况之一：

4、1、3、13或者4、1、6、10或者4、2、6、9或者4、3、6、8（4必须包括其中）。

这样，家庭A孩子的年龄不可能是12、6、10、13。否则，家庭C孩子年龄的四种可能情况没有一种能够成立。因此，家庭A孩子的年龄必定是12、8、10、11。

这样，家庭C孩子的年龄只能是4、1、3、13或者4、2、6、9。

如果家庭C孩子的年龄为4、1、3、13。那么，家庭B孩子的年龄为2、5、6、7，其和与已知条件不符。所以，家庭C孩子的年龄必定是4、2、6、9；而家庭B孩子的年龄必定是5、1、3、13。小明是家庭B的孩子。

14. 夫妻吃猪肉

设丈夫一天能吃 x 桶肥肉，α 桶瘦肉；他老婆一天能吃 y 桶肥肉，β 桶瘦肉。

由题可列出四个等式：

$x+y=1/60$

$x=1/210$

$α+β=1/56$

$β=1/280$

很容易可以解出 $y=1/84$；$α=1/70$。

因为 $α>y$，所以是丈夫先吃完了半桶瘦肉，用了时间 $T_1=(1/2)/α=35$ 天；

这时他老婆已经吃了 $T_1×y=35/84=5/12$ 桶肥肉，还剩下 $1/2-5/12=1/12$ 桶肥肉；

两人把剩下的这些肥肉吃完需要 $T_2=(1/12)/(x+y)=5$ 天；

所以一共需要的时间是 $T_1+T_2=40$ 天。

15. 骰子赌局

3 个骰子可以掷出来的结果有 $6×6×6=216$ 种，它们的可能性均等，任取一个数字，例如 1，出现一个 1 的可能性为 $3×1/6×5/6×5/6=75/216$，出现两个 1 的可能性为 $3×1/6×1/6×5/6=15/216$，出现三个 1 的可能性为 $1/6×1/6×1/6=1/216$，所以在 216 次中赢的概率为 91/216，输的概率是 125/216。因为每次得到的钱不一样，也就是说有 75 次赢 1 元，15 次赢 2 元，1 次赢 3 元，一共可以赢 $75+30+3=108$ 元。而将要输掉 125 元。所以赌局是对庄家有利的，庄家的收益率是 $(125-108)/216≈7.9\%$。

16. 十人旅游

要想用时最少，可以遵循以下步骤：

1. 车和人（车 2 人，步行 8 人）同时出发，车行驶了 x 公里后把乘客放下，乘客继续向 B 城进发，车返回直到与 8 人相遇（历时 t_1）；

2. 车与 8 人相遇后，搭上 1 人调头向 B 城方向出发，直到追上最前面的 1

人,将乘客放下,车返回直到与7人相遇(历时t_2)。

3. 重复上述步骤(历时t_3~t_8),直到车搭上最后1名步行者到达B城(历时t_9),同时8名已经被搭载过的步行者也到达B城。这样10个人同时出发,又同时到达B城,所用时间是最少的。

现在关键是要算出车到底要行驶多少公里把乘客放下,才能使最后10个人同时到达B城。$t_1=t_2=t_3=t_4=t_5=t_6=t_7=t_8=2x/(100+5)$ $t_9=(1000-2\times5\times8x/105)/100$ 对于第1名乘客,他需要步行的时间是$8\times t_1+t_9-(x/100)$,所以有以下方程$5\times[8\times t_1+t_9-(x/100)]+x=1000$,解得$x=567.58$公里。代入可得$t=t_1+t_2+\cdots+t_9=8\times t_1+t_9=92.16$小时。

17. 有趣的赌博

第三局结束后,两人钱数之和是75元,之差是7元,所以,最后一个有41元,一个有34元。由于只有34能被2整除,而杰瑞第三局输了,所以杰瑞的钱是34元。所以第二局结束时,杰瑞的钱是$34/2\times3=51$元,杰克是$75-51=24$元。24和51都能被3整除,所以无法判断谁赢了第二局。

假设杰瑞赢了第二局,则第一局结束时,杰瑞的钱是$51/3\times4=68$元,杰克是$75-68=7$元。由于只有68能被4整除,所以第一局也是杰瑞赢了,最开始杰瑞的钱是$68/4\times5=85$元,85大于75,所以假设错误,第二局是杰克赢了。

这样第一局结束时,杰克的钱是$24/3\times4=32$元,杰瑞是$75-32=43$元。由于只有32能被4整除,所以第一局也是杰克赢了,则最开始杰克的钱是$32/4\times5=40$元,而杰瑞是$70-40=35$元。

18. 飞机加油

答案是5架次。
一般的解法可以分为如下两个部分:
1. 直线飞行。

一架飞机载满油飞行距离为1,在没有迎头接应的情况下,存在极值(不要重复飞行,比如两架飞机同时给一架飞机加油且同时飞回来即可认为是重复)。最后肯定是只有一架飞机全程飞行,注意"全程"这两个字,也就是不要重复的极值条件。如果是两架飞机的话,肯定是一架给另一架加满油,并使剩下的油刚好能回去,也就是说第二架飞机带的油耗在 3 倍于从出发到加油的路程上,而第三架带的油耗在 5 倍于从出发到其加油的路程上,所以 n 架飞机最远能飞行的距离为 $1+1/3+\cdots+1/(2n+1)$,这个级数是发散的,理论上只要飞机足够多就可以使一架飞机飞到无穷远,当然实际上不可能一架飞机在飞行 $1/(2n+1)$ 时间内同时给 n 个飞机加油。

2. 可以迎头接应加油。

根据不要重复飞行的极值条件,得出最远处肯定是只有一架飞机飞行,这样得出最远处对称两边 1/4 的位置肯定有一架飞机飞行,用上面的公式即可知道一边至少需要两架飞机支持,$(1/3+1/5)/2>1/4$(左边除以 2 是一架飞机飞行距离为 1/2),但是有一点点剩余,所以加油地点可以在一定距离内变动(很容易算出来每架飞机的加油地点和加油数量)。

19. 玻璃球游戏

4 个男孩。

因为每人拿的球中,红>蓝>绿,而每人一共拿了 12 个球,所以红球最少要拿 5 个,最多只能拿 9 个。

红球一共是 26 个,每人至少拿 5 个,所以最多能有 5 个人。

小强拿了 4 个蓝球,那么他最多只能拿 7 个红球了;就算小明和小刚都拿了 9 个红球,他们三个也只拿了 25 个红球,少于 26 个,所以至少是 4 个人。

假设是 5 个人,那就有 4 个人拿了 5 个红球,1 个人拿了 6 个红球。

对于拿了 5 个红球的人来说,蓝球和绿球只有一种选择:4 蓝 3 绿,和只有小强拿了 4 个蓝球这个条件矛盾。所以是 4 个人。

拿球的组合情况如下表:

名字	红球数	蓝球数	绿球数
小强	5	4	3
小刚	6	5	1
小华	7	3	2
小明	8	3	1

20. 巧辨坏球

将十二个球编号为1~12，然后按下表操作即可。

| 第一次 | | 结果 | 第二次 | | 结果 | 第三次 | | 结果 | 结论 |
左	右		左	右		左	右		
1、2、3、4	5、6、7、8	右重	1、6、7、8	5、9、10、11	右重	1	2	右重	1轻
								平衡	5重
					平衡	2	3	右重	2轻
								平衡	4轻
								左重	3轻
					左重	6	7	右重	7重
								平衡	8重
								左重	6重
		平衡	1、2、3	9、10、11	右重	9	10	右重	10重
								平衡	11重
								左重	9重
					平衡	1	12	右重	12重
								平衡	
								左重	12轻
					左重	9	10	右重	9轻
								平衡	11轻
								左重	10轻
		左重	1、6、7、8	5、9、10、11	右重	6	7	右重	6轻
								平衡	8轻
								左重	7轻
					平衡	2	3	右重	3重
								平衡	4重
								左重	2重
					左重	1	2	平衡	5轻
								左重	1重

归纳思维法

由个别前提到一般结论

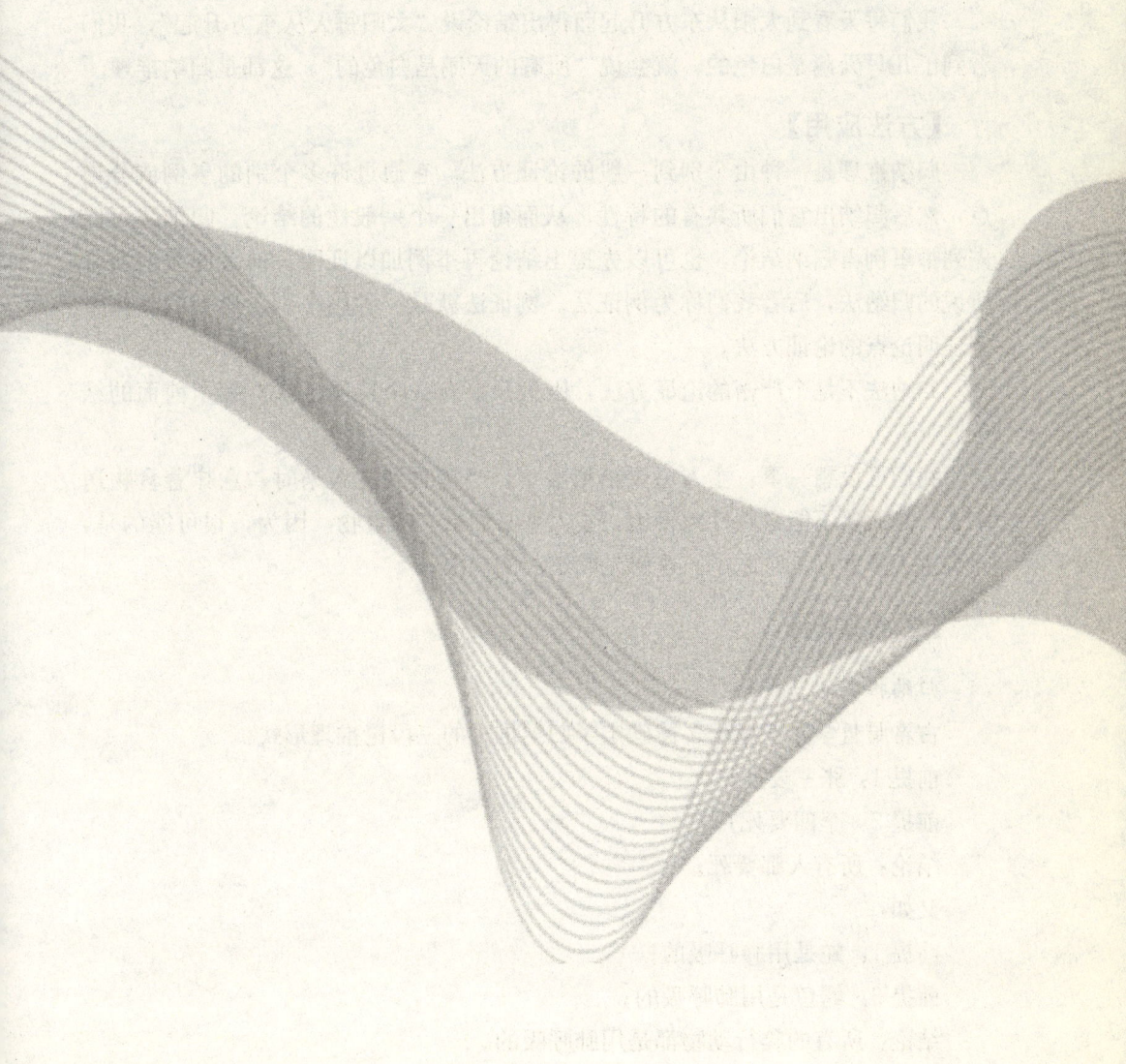

【定义】

归纳思维法，又叫做归纳推理或归纳法，是论证的前提支持结论，但不确保结论的推理过程。人的行动很大一部分是建立在归纳推理之上的。归纳推理从少数观测的事例中概括出普遍性的命题。

我们每天看到太阳从东方升起而得出结论说"太阳每天从东方升起"，我们看到了几只天鹅是白色的，就会说"所有的天鹅是白色的"。这都是归纳推理。

【方法应用】

归纳推理是一种由个别到一般的论证方法。它通过许多个别的事例或分论点，然后归纳出它们所共有的特性，从而得出一个一般性的结论。归纳法可以先列举事例再归纳结论，也可以先提出结论再举例加以证明。前者即我们通常所说的归纳法，后者我们称为例证法。例证法就是一种用个别、典型的具体事例证明论点的论证方法。

归纳法不是个严密的论证方法，因为只要有一个特例也就推翻了前面的结论。

我们可设想一下：主人每天给猪喂食，当猪看到主人来时，意味着食物送来了，然而猪不能必然性地得出，主人来必然给它喂食物。因为，很可能的是，一天主人拎着刀杀它来了。这就是归纳法的局限。

【生活实践】

归纳推理的三段论

古希腊哲学家亚里士多德确定了归纳推理的三段论推理形式：

前提1：张三要死；

前提2：李四要死；

结论：所有人都要死。

又如：

前提1：蛇是用肺呼吸的；

前提2：鳄鱼是用肺呼吸的；

结论：所有的爬行动物都是用肺呼吸的。

这种由个别性的真的现象或前提推导出普遍性的结论就是归纳推理。这就涉及社会行动的本质问题。

首先，决定行动者行动的前提是真的吗？如"如果天下雨，我将带伞"是真的吗？

对于这个命题，其真值取决于"天下雨"与"我带伞"两个命题的值的组合。当"天下雨，我没有带伞"，此时命题就是假的，然而"天下雨"与我"带伞之间"的联系是由行动者"我"来规定的。因此我们可以说，前提真是"规定的真"。

当然，这里的"规定的真"不是没有理由的，它是由行动者的理性与行动结构所决定的，如果是博弈的话，这个结构就是博弈的结构。一旦行动者的结构给定了，理性行动者的策略决定就确定了。

对于日常非博弈的情况，理性的行动者总是最大化自己的利益而制定策略的。试想一下，下雨时在不带雨伞与带雨伞之间，行动者会选择后者，如果没有其他方便的避雨的手段的话。因为，不带雨伞会使自己淋湿——被淋湿是任何人所不希望的。

【思维训练场】

 01. 填数字（1）【有点难】 限时 **5** 分钟

你能看出最后一个三角形的右下角问号处应该是什么数字吗？

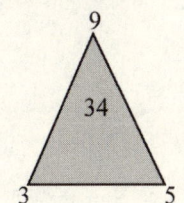 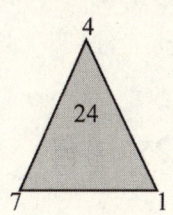 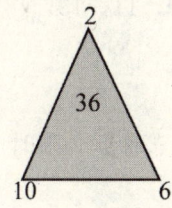 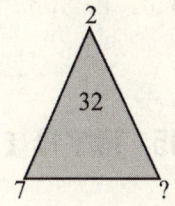

 02. 填数字（2）【有点难】 限时 **5** 分钟

如下图所示，想想问号处该填入什么数字？

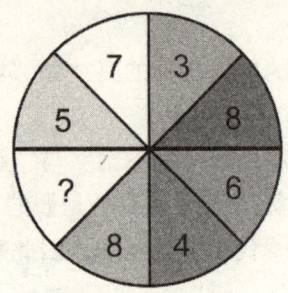

03. 求数字【有点难】　　限时 4 分钟

请找出问号代表的数。
7，24，75，228，687，?

04. 猜数字【有点难】　　限时 20 分钟

(1) 1，2，6，24，120，?
(2) 30，32，35，36，40，?
(3) 1，2，2，4，8，?，256
(4) 1，10，3，5，?，0
(5) 0，1，3，?，10，11，13，18

05. 猜字母【有点难】　　限时 25 分钟

(1) O，T，T，F，F，S，S，E，?
(2) J，F，M，A，M，?
(3) F，G，H，J，K，?
(4) Q，W，E，R，T，?

归纳思维法

06. 填字母【有点难】　限时　9　分钟

M、T、W、T、F、?、?

07. 复杂的表格（1）【有点难】　限时　6　分钟

下图是一些数字组成的表格，问号处代表什么数？

2	9	6	24
4	4	3	19
5	4	4	24
3	7	1	?

小提示：每一行中，第四个数与前面三个数有什么关系？

08. 复杂的表格（2）【有点难】　限时　7　分钟

仔细看表格，然后说出表格中的问号处该填什么数。

2	9	6	56
6	7	5	41
5	6	3	23
3	7	5	?

09. 对应数【有点难】 限时 4 分钟

根据下图中扇形内的数字排列规律，填出问号处对应的数。

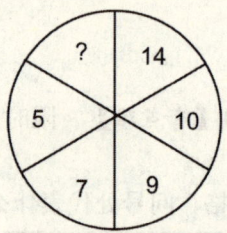

 10. 罗盘推数【有点难】 限时 6 分钟

根据下图的规律，请算出"?"处代表什么数字？

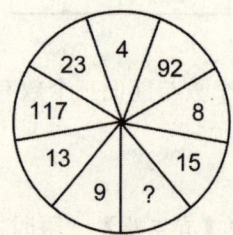

 11. 数字之谜【有点难】 限时 5 分钟

最后一个五角星应该填什么数？

12. 字母逻辑【非常难】　　限时　9　分钟

依照下图中的逻辑，Z应该是白色还是黑色呢？

A	B	C	D	E
F	G	H	I	J
K	L	M	N	O
P	Q	R	S	T
U	V	W	X	Y

13. 有名的数列【非常难】　　限时　2　分钟

你能推出问号处代表什么数吗？
1，3，4，7，11，18，29，？

14. 第1000根手指【非常难】　　限时　15　分钟

从拇指开始数到小指，然后折回来接着数，到拇指后再折回去数（折回去数时小指与拇指都不重复计数），问数到1000时指的是哪根手指呢？

15. 倒金字塔【超级难】　　限时　20　分钟

找出问号所代表的数。

　　　1　9　4　8　3　7　2　6　5
　　　　5　6　2　7　3　8　4
　　　　　4　3　7　6　5

```
    5 6 4
      ?
```

 16. 数字填空【超级难】 限时 **10** 分钟

按照下图中数字的排列规则，问号处应该填什么数字？

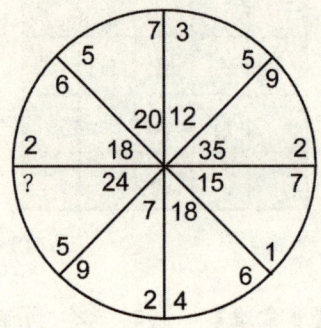

 17. 数字金字塔【超级难】 限时 **30** 分钟

数字金字塔共有 6 层，最底层 6 个数字，这六个数字靠近的两个相加得到上一层的 5 个数字，同样这 5 个数字靠近的两个相加得到再上一层的 4 个数字。现在这个金字塔有些数字已经看不到了，你能根据已有的数字推出其他的数字吗？

```
              ?
            ?   ?
         57   ?   30
        ?   ?   ?   ?
      14  ?   ?   ?   5
    ?   ?   ?   4   ?   ?
```

18. 测测你的IQ【超级难】 限时 40 分钟

请从逻辑的角度在后面的空格中填入后续字母或数字。
(1) A, D, G, J, ____
(2) 1, 3, 6, 10, ____
(3) 1, 1, 2, 3, 5, ____
(4) 21, 20, 18, 15, 11, ____
(5) 8, 6, 7, 5, 6, 4, ____
(6) 65536, 256, 16, ____
(7) 1, 0, −1, 0, ____
(8) 3968, 63, 8, 3, ____

19. 数学天才测验14题【超级难】 限时 150 分钟

艾森克的数字天才测验14题，是为少数天才准备的测验，题目的难度相当大，即使你只能做出三分之二，你的智力水平也算很高的了！

填出所缺数字：
(1) 3/5, 7/20, 13/51, 21/104, ?
(2) 118, 199, 226, 235, ?
(3) 7, 10, ?, 94, 463
(4) 0, 2, 8, 18, ?
(5) 260, 216, 128, 108, 62, 54, ?, 27
(6) 1, 1, 2, 3, 5, 8, 13, 21, ?
(7) 2, 20, 42, 68, ?
(8) 8, 24, 12, ?, 18, 54
(9) 7, 2, 4, 7, 14, 49, ?
(10) 8, 10, 16, 34, ?
(11) −1, −1, 1, 11, 49, ?
(12)

3	24	4
5	120	100
1	0	?

(13) 7, 49, 441, ?

(14) ?, 3, 4, 6, 8, 12

归纳思维法

参考答案

01. 填数字（1）

7。每个三角形的数字排列规律是：三角的三个数相加，再乘以2，即为中间的数。问号处的数应该是：32÷2－（2＋7）＝7。

02. 填数字（2）

3。互为对角部分的数字之和等于11。

03. 求数字

2064。这个数列的规律是第一个数加1乘以3得第二个数。

04. 猜数字

（1）720。相邻两个数的商分别为2、3、4、5、6。

（2）40。奇数项为公差为5的等差数列，偶数项公差为4的等差数列。

（3）32。每两项之积为后一项。

（4）5。奇数项为1，3，5，7……偶数项为10，5，0，－5……

（5）8。奇数项之差为一个3，7，3，7，3，7……数列。偶数项之差为7，3，7，3，7，3……数列。

05. 猜字母

（1）T。英文 one、two、three、four、five、six、seven、eight、nine 的第一个字母。

（2）这是十二个月份的英文（January、February、March、April、May、June、July、August、September、October、November、December）的首字母，所以答案是J。

(3) 键盘第二排 L。

(4) 键盘第一排 Y。

06. 填字母

S，S。

这七个字母是星期的英文的第一个字母。

星期一　Monday

星期二　Tuesday

星期三　Wednesday

星期四　Thursday

星期五　Friday

星期六　Saturday

星期天　Sunday

07. 复杂的表格（1）

是 22。每一行中，第一列数乘以第二列数后，加上第三列数，等于第四列数。如：$2 \times 9 + 6 = 24$。

08. 复杂的表格（2）

38。第二列数乘以第三列的数，再加上第一列数，等于第四列数。

09. 对应数

18。

10. 罗盘推数

120。

11. 数字之谜

11。

每个图形上面三个数字之和减去下面两个数字之和，结果为中心的数字。

12. 字母逻辑

Z应该是黑色的。所有的黑色的字母都能一笔写完,白色的字母则不行。

13. 有名的数列

47。这同样是一个有名的数列,叫鲁卡斯数列,是仿斐波纳契数列,从第三个数字开始,每个数都等于它前面两个数之和。最神奇的是任意取两个相邻的数,然后用大数去除以小数,得到的结果是一个接近"黄金比例"1.618……的数,而且越到后面越接近。

14. 第1000根手指

按题目要求循环数的时候,是以8为循环。1000刚好能被8整除,所以数到第1000根手指的时候刚好是一圈,即为食指。

15. 倒金字塔

5。将上一行数列去掉最大和最小数,然后反向排列得下一列。其实无论第一行的数如何排列,因为要去掉最大和最小的数,最后肯定剩下中间数:5。

16. 数字填空

4。图中数字排列的规律是:外圈每格两个数字相乘,其积等于内圈顺时针方向的下下格里的数字。

17. 数字金字塔

```
            177
          102  75
         57  45  30
        30  27  18  12
       14  16  11  7  5
      5  9  7  4  3  2
```

18. 测测你的IQ

（1）M，先将字母换算成字母序列数。则有A＝1，D＝3，G＝6，J＝9。1，3，6，9形成一个等差数列，下一项为12，即M。

（2）15。前一项与后一项之差构成一个等差数列。

（3）8。每两项之和为下一项。

（4）6。每两项之差为一个等差数列。

（5）5。奇数项为8，7，6……偶数项为6，5，4……

（6）4。将每项开二次方后即为下一项。

（7）1。奇数项为1，－1，1，－1……偶数项为0。

（8）2。将后一项平方减1即为前一项。

19. 数学天才测验14题

（1）分数线上面的规律是：前一项与后一项的差成等差数列，所以是31。分数线下面的规律：

$5 = 1 \times 5$

$20 = 2 \times 10$

$51 = 3 \times 17$

$104 = 4 \times 26$

（2）后面的数差又成等差，所以下一个是$5 \times 37 = 185$。

所以为31/185。

后一项与前一项的差成等比，所以是238。

（3）25。规律是：

$7 \times 2 - 4 = 10$

$10 \times 3 - 5 = 25$

$25 \times 4 - 6 = 94$

$94 \times 5 - 7 = 463$

（4）差成等差数列，32。

（5）隔一项×2，而求的数的数列是前个数×2＋4，所以是29。

（6）前两个数和为第三个数，所以答案是34。

（7）差为等差数列，98。

(8) 规律×3，÷2，×3，÷2。所以答案36。

(9) 243，第1个数和第2个数相乘等于第3个数的2倍，所以是14×49/2＝243。

(10) 差成等比，答案88。

(11) 分别加上2、4、8、16……为3^n-1。179。

(12) 第1个数的立方减自身等于第二个数，第2个数除12后再平方得第3个数字。所以是0。

(13) 4851。后一个数除以前一个数的商为等差数列。

(14) 分奇偶存在规律，2。

收敛思维法

由面到点指向同一目标

【定义】

收敛思维又称集中思维,是指问题只有一种正确答案,每一思考步骤都指向这一答案,使多种已知信息,从不同的方面集中指向同一个目标去思考。它是通过分析、综合、比较、抽象、概括、判断、推理等思考过程,探求出一个正确的答案或一种有效的方法的过程。

收敛思维法是把广阔的思路聚集成一个焦点,从不同来源、不同材料、不同层次中探求出一个正确答案。它对于从众多可能性的结果中迅速做出判断、得出结论是最重要的。我们经常见到的,从多个答案中选择出一个正确答案,从多种方案中选取一种最佳方案都是在运用收敛思维法。简而言之,就是把所有因素都集中到一起来分析、解决问题。公安人员破案时,从各种迹象、嫌疑人中发现作案人和作案事实,运用的就是收敛思维法。

【方法应用】

应用收敛思维法,一般有三个步骤。

第一,收集掌握各种相关信息。收集和掌握与目标有关的信息,越多越好,这是运用收敛思维法的前提。有了这些信息,才可能得出正确的结论。

第二,对掌握的信息进行分析和筛选。通过对收集到的各种信息进行分析,把重要的信息保留下来,把无关的或关系不大的信息淘汰。

第三,客观地、实事求是地得出结论。经过分析和选择后,对重要的信息进行抽象、概括、比较、归纳等,从而找出它们共同的特性和本质的方面,从而得到思维目标。

在实践中有三种具体做法:目标识别法,间接注意法和层层剥笋法。

【生活实践】

发霉花生与癌症

1960年,英国有一位大农场主。他养了十万只火鸡和鸭子,为了节约成本,他花了很少的价钱,购买了一批发了霉的花生,来喂养这批火鸡和鸭子。结果没几天这些鸡鸭大都得癌症死掉了。

过了不久,我国一些农民也用发了霉的花生来喂养鸡和猪等,也产生了上述结果。

1963年,澳大利亚又有人用发霉花生喂养大白鼠、鱼、雪貂等动物,结果被喂养的动物也大都患癌症死了。

研究人员收集到的这些资料后,得出一个结论:在不同地区,对不同种类的动物喂养发霉花生都患了癌症,因此发霉花生里含有致癌的物质。后来经过化验研究,终于发现,发霉的花生里含有黄曲霉素,而黄曲霉素正是一种致癌物质。

【思维训练场】

01. 卖苹果【有点难】 限时 15 分钟

一家水果店里出售两种苹果,一种10元2斤,一种10元3斤。每天这两种苹果都可以卖30斤,收入一共250元。因为两种苹果的外表是完全一样的,一天老板一不小心把两种苹果混到了一起,每种各30斤。于是他就以20元5斤的价格一起出售这堆混合的苹果。但是,到晚上结账的时候,发现只卖了240元,而不是250元,那么,那10元钱哪里去了?难道是老板找错钱了吗?

02. 参加活动的人【有点难】 限时 20 分钟

甲、乙、丙、丁四位同学在同一个班级,他们聚在一起议论本班参加运动会的情况。

甲说:我们班所有同学都参加了。
乙说:如果我没参加,那么丙也没参加。
丙说:我参加了。
丁说:我们班所有同学都没有参加。
已知四人中只有一人说的不正确,请问,谁说的不正确?乙参加了吗?

03. 凶手的破绽【有点难】 限时 15 分钟

古时候,苏州有个商人名叫贾斯,他经常外出做生意。这一天晚上,他雇好了船夫,约定第二天在城外寒山寺上船出行。

第二天,天还未亮,贾斯便带着很多银子离家去了寒山寺。当日光已照在东窗上时,贾斯的妻子听到有人急急敲门喊道:"贾大嫂,贾大嫂,快开门!"贾妻开门后,来的正是船夫,他开口便问:"大嫂,天不早了,贾老板怎么还不上船啊?"

贾妻顿感慌张,随船夫来到寒山寺,只见小船停在河边,贾斯却失踪了。贾妻到县衙去报案,县令听了她的诉说后,便断定杀害贾斯的人是船夫。

你知道这是为什么吗?

04. 猜年龄【非常难】　　限时 30 分钟

小明问舅舅的年龄。舅舅知道小明的数学很好,于是对小明说:"我的年龄和你妈妈的年龄合起来是48岁,你妈妈现在的年龄是我过去某一年的年龄的两倍;在过去的那一年,你妈妈的年龄又是将来某一年我的年龄的一半;而到将来的那一年,我的年龄将是你妈妈过去当她的年龄是我的年龄三倍时的年龄的三倍。你能算出来我现在是多少岁了吗?"小明被绕糊涂了,你能帮他算出来舅舅现在的年龄吗?

05. 卖酒【非常难】　　限时 35 分钟

超市里有两桶满的白酒,各是50斤。一天,来了两个顾客,分别带来了一个可以装5斤和一个可以装4斤酒的瓶子。他们每人只要买2斤酒。如果只用这四个容器,你可以给他们两个的瓶子里各倒入2斤的酒吗?

06. 分别是什么职业【非常难】　　限时 30 分钟

甲、乙、丙、丁四个人,一个是教师,一个是售货员,一个是工人,一个是老板。

请你根据下面的情况判断每个人的职业:
(1)甲和乙是邻居,每天一起骑车去上班;

(2) 甲比丙年龄大；

(3) 甲和丁业余一同练武术；

(4) 教师每天步行上班；

(5) 售货员的邻居不是老板；

(6) 老板和工人互不相识；

(7) 老板比售货员和工人年龄都大。

07. 副经理姓什么 【非常难】　限时　40　分钟

一家公司有 3 名职员：老张、老陈和老孙。公司的的经理、副经理和秘书恰好与这 3 名职员的姓氏一样。现在已知：

(1) 职员老陈是天津人；

(2) 职员老张是已经工作了 20 年；

(3) 副经理家住在北京和天津之间；

(4) 领导老孙常和秘书下棋；

(5) 其中一名职员和副经理的邻居，他也是一个老职工，工龄正好是副经理的 3 倍；

(6) 与副经理同姓的职员家住北京。

根据上面的资料，你能知道副经理姓什么吗？

08. 王先生的妻子 【非常难】　限时　45　分钟

王先生认识赵、钱、孙、李、周五位女士，其中一位是他的妻子。

(1) 五位女士分为两个年龄档：三位女士小于 30 岁，两位女士大于 30 岁；

(2) 两位女士是教师，其他三位女士是秘书；

(3) 赵和孙属于相同年龄档；

(4) 李和周不属于相同年龄档；

(5) 钱和周的职业相同；

(6) 孙和李的职业不同；

(7) 王先生和一位年龄大于 30 岁的教师在三年前结了婚。

请问王先生的妻子姓什么?

09. 猜国籍【非常难】　　限时 50 分钟

　　四个人坐同一架飞机去旅行,有意思的是他们的职业和国籍都各不相同。他们分别来自英、法、德、美四个国家,现已知德国人是医生,美国人年龄最小且是警察,C比德国人年纪大,B是法官且是英国人的朋友,D从未学过医。由此可知C是哪国人?

10. 巧识小偷【非常难】　　限时 20 分钟

　　一对新婚夫妇在某市郊外买了一间房子,一层共有三户人家。一天,这对夫妇正在看电视,突然听见有人敲门。妻子打开门一看,是一个陌生男子。男子一看到她便说:"对不起,对不起,我走错门了,我还以为是我的房间呢。"然后转身走了。这对夫妇回到房间一考虑,便确定那个男子是个小偷。他们马上报告了小区的保安,保安很快就将男子抓获。后来经警方查证,该名男子果然是个惯偷。这对夫妇是如何知道陌生男子就是小偷的呢?

11. 钻石藏在哪儿【非常难】　　限时 25 分钟

　　夏季的某一天,女盗梅姑乔装改扮,混进珠宝拍卖会场,盗出2颗大钻石。一回到家,她马上将钻石放在水里做成冰块放在了冰箱里。因为钻石是无色透明的,所以就算万一有警察来搜查也不易被发现。

　　第二天,矶川侦探来了。"还是把你偷来的钻石交出来吧。珠宝拍卖现场的闭路电视已将化装后的你偷盗时的情景拍了下来,虽然警察没看出是你化的装,但瞒不过我的眼睛,一看就知道是你。"矶川侦探说。

　　"如果你怀疑是我干的,就在我家搜好了,直到你满意为止。"梅姑若无其事地说。"今天真热呀,来杯冰镇可乐怎么样?"

　　梅姑说着从冰箱里拿出冰块,每个杯子放了4块,再倒上可乐,递给矶川

侦探一杯。将藏有钻石的冰块放到了自己的杯子里，即使冰块化了，钻石露出来，在喝了半杯的可乐下面也是看不出来的，矶川侦探怎么会想到在他眼前喝的可乐中会藏有钻石呢，梅姑暗自盘算着。

"那么，我就不客气了。"矶川侦探接过杯子喝了一口，下意识地看了一眼梅姑的杯子。"对不起，能换一下杯子吗？""怎么！难道怀疑我往你的杯子里投毒了吗？""不，不是毒。我想尝尝放了钻石的可乐是什么味道。"矶川侦探一下子从梅姑手里夺过杯子。

冰块还没溶化，那么矶川侦探是怎么看穿梅姑的可乐杯子里藏有钻石呢？

  12. 猎人的挂钟【非常难】　限时　*40*　分钟

一个住在深山中的猎人，他只有一只挂钟挂在屋子里。这天，因为忘了上发条，钟停了，而附近又没有地方可以校对时间。

他决定下山到市集购买日用品，出门前他先上紧挂钟的发条，并记下了当时的时间：上午6：35（时间已经是不准了）。途中他经过电信局，电信局的时钟是很准的，猎人看了钟并记下了时间：上午9：00。到市集采购完需要的商品，猎人又原路返回。经过电信局时，电信局的时钟显示是上午10：00。回到家里，墙上的挂钟指着上午10：35。请问现在的标准时间是多少？

  13. 紧急手术【超级难】　限时　*60*　分钟

一所乡村医院接到了一个从传染病区送过来的患有急性肠炎的病人。三位医生轮流上阵给这位病人做手术。因为当时有瘟疫的存在，任何人都有可能带有病毒，所以这个病人和三位医生之间，以及三位医生之间都不能有直接或间接的接触，以防止感染。但是，此时医院里只剩下了两双消过毒的手套，怎么做才是最安全的呢？

14. 分别是哪国人【超级难】 限时 70 分钟

六个不同国籍的人是好朋友，他们的名字分别为 A、B、C、D、E 和 F；他们的国籍分别是美国、德国、英国、法国、俄罗斯和意大利（名字顺序与国籍顺序不一定一致）。

现在已知：
(1) A 和美国人是医生；
(2) E 和俄罗斯人是教师；
(3) C 和德国人是技师；
(4) B 和 F 曾经当过兵，而德国人从没当过兵；
(5) 法国人比 A 年龄大，意大利人比 C 年龄大；
(6) B 同美国人下周要到英国去旅行，C 同法国人下周要到瑞士去度假。

请判断 A、B、C、D、E、F 分别是哪国人？

15. 谁杀害了医生【超级难】 限时 75 分钟

一名医生在家里被人杀害，抓到了四名嫌疑犯。警方根据目击者的证词得知，在医生死亡那天，只有这四个病人单独去过一次医生的家。

在传讯前，出于各种不同的原因，这四个病人商定，每人向警方作的供词条条都是谎言。

下面是每个病人所作的两条供词：

A 病人：
(1) 我们四个人谁也没有杀害医生。
(2) 我离开医生家的时候，他还活着。

B 病人：
(3) 我是第二个去医生家的。
(4) 我到达他家的时候，他已经死了。

C 病人：

(5) 我是第三个去医生家的。
(6) 我离开他家的时候,他还活着。

D病人:
(7) 凶手不是在我去医生家之后去的。
(8) 我到达医生家的时候,他已经死了。

这四个病人中谁杀害了医生?

16. 谁是真凶【超级难】　限时 90 分钟

有5名探险者去深山寻找宝藏,其中只有队员甲知道宝藏埋藏的准确地点。一天傍晚,他们5人分别在河的两岸的5个不同的地点扎营休息。当天晚上,队长不时地用手机与大家联系。但是由于山中信号不好,手机只能在帐篷中通过特殊装置放大信号之后才能使用。在晚上10:30以后,他没有收到队员甲的应答。于是队长又同其他3名队员进行了联系,询问了他们3个人的具体情况。

第二天早晨,大家集合的时候,甲没有到。大家去甲的帐篷里去找,发现甲已经死了。他是被人杀死的,犯罪现场的证据表明凶手是乘船到达队员甲的帐篷并把他杀死的。而在当天晚上,每位队员都有使用独木舟的机会。队长怀疑是3个队员中的某人为了得到宝藏的准确位置而杀害了甲。但是根据下面的事实,队长排除了其中2名队员的嫌疑:

(1) 队员甲是在前一天晚上10:30之前在他的帐篷里被杀害的,他是被绳索勒死的;
(2) 凶手去队员甲的帐篷和返回自己的帐篷都是乘独木舟的;
(3) 队员乙的帐篷扎在甲的帐篷的下游,丙的帐篷扎在甲帐篷的正对岸,丁的帐篷扎在甲帐篷的上游;
(4) 河水的流速很快;
(5) 顺水而下需要20分钟,逆水而上需要60分钟,而到对岸需要40分钟;
(6) 对于队长的手机呼叫,各人的应答时间如下:

应答者	应答时间
乙	8：15
丙	8：20
丁	8：25
甲	9：15
乙	9：40
丙	9：45
丁	9：50
乙	10：55
丙	11：00
丁	11：05

在这三人中，仍被队长作为怀疑对象的是谁？

17. 三个十分钟【超级难】 限时 50 分钟

女盗梅姑是一个奇怪的盗贼，她专门帮警长打开一些难开的保险柜。一天，她应侦探之邀来到侦探事务所。一进屋，就看见屋子中间摆着三个一样新型保险柜。

"啊，梅姑，你来得正好。都说你是开保险柜的能人，那么请你在10分钟之内，不许用电钻和煤气灯，打开这些保险柜吧。"侦探说道。

"3个用10分钟吗？"

"不，每个用10分钟。"

"要是这样的话，没什么问题。"梅姑很自信地说，"不过，这保险柜里装的什么？"

"里面是空的。实际上，这是一个保险柜生产厂家准备在今春上市的新产品，并计划推出这样的广告宣传词：'连女盗梅姑也望尘莫及'。为慎重起见，保险柜生产厂家特地委托我请你给试验一下，并且提出无论成功与否，都要用摄像机录下来送还厂方。"

侦探安装好摄像机的三角架。"还没有我打不开的保险柜呢，如果10分钟

收敛思维法

内打开了怎么办?"

"可以得到厂家一笔可观的酬金。快开工吧,我用这个沙漏给你计时。"

侦探把一个10分钟用的沙漏倒放在保险柜上面。梅姑也跟着开始动作。她将听诊器贴在保险柜的密码盘上,慢慢拨动着号码,以便通过微弱的手感找出保险柜密码。

1分钟、2分钟、3分钟……沙漏里的沙子在静静地往下流。

"梅姑小姐,已经9分钟了,还没打开吗?只剩最后一分钟。"

"别急嘛,新型保险柜,指尖对它还不熟悉。"

梅姑瞥了一眼沙漏,全神贯注在指尖上,终于找出了密码。因为是6位数的复杂组合,所以颇费些工夫。

"好啦,开了。"梅姑打开保险柜时,沙漏里的沙子还差一点儿就全到下面去了。

"可真不赖,正好在10分钟之内。那么再开第二个吧。不过,号码与方才的可不同啊。"侦探说着把沙漏倒了过来。

第二个保险柜顺利了很多。打开时,沙漏上边的玻璃瓶中的沙子还有好多呢。

"真是个能工巧匠啊,趁着兴头,接着开第三个吧。"

"如果是一样的保险柜。再开几个也是一样。"

"但3个保险柜都要在规定时间内打开,否则就拿不到酬金。实话告诉你吧,酬金就在第三个保险柜里面。怎么样,准备好了吗?"

"开始吧。"侦探将沙漏一倒过来,梅姑就接着开第三个保险柜。

然而,这次沙漏中的沙子都流到了下面,但保险柜还未打开。

"梅姑小姐,怎么搞的?10分钟已经过了呀。"

"怪了,怎么会打不开呢,可……"梅姑瞥了一眼沙漏。

梅姑有些焦急,额头沁出了汗珠,可依然聚精会神地开锁。约摸过了一分钟,她终于把保险柜打开了。柜中放着一个装有酬金的信封。

"这就怪了,与前两次都是一样的干法,这次怎么会慢了呢?"她歪着头,感到纳闷儿。忽然,她想到了什么,"我差一点儿被你蒙骗了,我就是在规定时间内打开的保险柜,酬金该归我了!"

"哈哈哈,还是被你看出来了,真不愧是怪盗哇,还真骗不了你。"侦探乖乖地将酬金交给了梅姑。

请问,侦探是用什么手段做的手脚呢?

18. 五兄弟【超级难】　　限时　*60*　分钟

　　一家有五个孩子，老大、老二、老三、老四、老五。如今他们都已长大成人，并且分别当上了老板、理发师、医生、教师和公司职员（名字和职业不是相互对应的）。

现在知道：
（1）老板不是老三，也不是老四。
（2）教师不是老四，也不是老大。
（3）老三和老五住在同一栋公寓，隔壁是公司职员的家。
（4）老二、老三和理发师经常一起出去旅游。
（5）老大和老三有空时，就和医生、老板一起打牌。
（6）而且，每隔十天，老四和老五一定要到理发店修个脸。
（7）但是，公司职员则一向自己刮胡子，从来不到理发店去。
问题：请将这五个人的名字和职业对应起来。

 19. 谁被隔开了【超级难】　　限时　*100*　分钟

　　某日，A夫妇邀请了三对夫妇来家里吃饭，他们分别是B夫妇、C夫妇和D夫妇。其中大写字母代表男，小写字母代表女。例如：A夫妇，A代表男，a代表女，其他类推。
　　用餐时，他们八人均匀地坐在一张圆桌旁，且只有一对夫妇是被隔开的，现已知：
（1）a对面的人是坐在B左边的先生；
（2）c左边的人是坐在D对面的一位女士；
（3）D右边的人是位女士，她坐在A左边第二位置上的女士的对面。
问哪对夫妇在安排座位时被隔开了？

20. 两支蜡烛【超级难】　限时 *120* 分钟

房间里的电灯突然熄灭了：停电了。我的论文还没有写完，于是我点燃了书桌里备用的两支新蜡烛，在蜡烛光下继续完成我的作业，直到电又来了。

第二天，我想知道昨晚电断了多长时间。但是当时我没有注意断电和来电时的具体时间，而且我也不知道蜡烛的原始长度。我只记得那两支蜡烛是一样长的，但粗细不同，其中粗的一支燃尽需要 5 个小时，细的一支燃尽需要 4 个小时。两支蜡烛是一起点燃的，剩下的残烛都很小了，其中一支残烛的长度等于另一支残烛的 4 倍。

请你根据上述资料，算出昨天停电的时间有多长。

参考答案

01. 卖苹果

10元2斤的苹果每斤价格是5元，10元3斤的苹果每斤价格是3.33元，它们的平均价格是4.16元，而不是店主想的4元，所以他少卖了10元。

02. 参加活动的人

甲的话和丁的话是矛盾关系，这样的两个命题，必然一真一假，所以不正确的一定在甲和丁之间。又因为只有一句是不正确的，这就意味着乙和丙都是正确的。丙参加了，这就意味着丁（我们班所有同学都没有参加）是不正确的，而且乙也参加了。

03. 凶手的破绽

按常理，如果贾斯没去上船，船夫应该直接喊："贾老板，你怎么还没上船啊？"

只有在船夫知道贾斯不在家的时候，他敲门时才会直接喊："大嫂，天不早了，贾老板怎么还不上船啊？"可见应该是船夫见财起意，把贾斯杀害了。

04. 猜年龄

设舅舅 x 岁，妈妈 y 岁；

"你妈妈现在的年龄是我过去某一年的年龄的两倍"，在这一年，舅舅 $y/2$ 岁，妈妈 $y-(x-y/2)=3y/2-x$ 岁；

"在过去的那一年，你妈妈的年龄又是将来某一年我的年龄的一半"，在这个时刻，舅舅 $3y-2x$ 岁；

"你妈妈过去当她的年龄是我的年龄三倍时"，这时妈妈的年龄是 $(3y-2x)/3=y-2x/3$ 岁，舅舅的年龄是 $(y-2x/3)/3=y/3-2x/9$ 岁；

因为是同一年，所以有等式：$x-(y/3-2x/9)=y-(y-2x/3)$；化简

为：5x=3y；

因为 x+y=48；解得 x=18。所以舅舅现在的年龄是 18 岁。

05. 卖酒

假设两个装满酒的桶分别为 A 桶和 B 桶，倒酒的步骤如下：从 A 桶中倒出酒并把 5 斤的瓶子倒满，然后用 5 斤的瓶子把 4 斤的瓶子倒满，这时，5 斤的瓶子里只有 1 斤酒；将 4 斤瓶子里的酒倒回 A 桶，把 5 斤瓶子里的 1 斤酒倒入 4 斤的瓶子；从 A 桶中倒出酒并把 5 斤的瓶子倒满，然后用 5 斤的瓶子把 4 斤的瓶子倒满，这时，5 斤的瓶子里剩余的酒就是 2 斤；将 4 斤瓶中的酒倒回 A 桶，然后用 B 桶把 4 斤瓶倒满，然后用 4 斤瓶中的酒把 A 桶加满，这时 4 斤瓶中剩余的酒也是 2 斤。

06. 分别是什么职业

由（1）、（4）可以推出教师不是甲、乙；由（5）、（6）可以推出老板也不是甲、乙。所以，丙、丁是老板和教师，甲、乙是售货员和工人。再由（2）、（7）可推出老板是丁，所以教师是丙；由（3）、（6）可知，甲是售货员，乙是工人。所以得出答案：甲、乙、丙、丁四人分别是售货员、工人、教师、老板。

07. 副经理姓什么

副经理姓张。

过程：

由条件（1）：老陈住在天津，和条件（6）：与副经理同姓的人住在北京，可知：副经理不姓陈。

由条件（5）：副经理的邻居的工龄是副经理的 3 倍，和条件（2）：老张有 20 年工龄，因为 20 不是 3 的倍数，所以副经理的邻居不是老张，而是老孙。

回到条件（6）：和副经理同姓的人住在北京，而老孙是副经理的邻居，便由条件（3）可知，老孙住在北京和天津之间。

因此，由条件（1）和以上结论可知，老张住在北京。

再结合条件（6）可得出结论，副经理姓张。

08. 王先生的妻子

赵和孙属于相同年龄档,李和周不属于相同年龄档,3位女士小于30岁,两位女士大于30岁。所以赵孙小于30岁。

钱和周的职业相同,孙和李的职业不同,两位女士是教师,其他3位女士是秘书。所以钱和周是秘书。因此,大于30岁的教师就只有李女士一人了。所以王先生的妻子姓李。

09. 猜国籍

首先看,德国人是医生,而D没有当医生,所以排除德国人是D。

C比德国人大,可以确定C不是德国人,那么德国人不是A就B。而题目中表明,B是法官,德国人是医生,那么德国人就只能是A。

同时,根据解析(2),也可以排除C是美国人,因为美国人年纪最小,怎么可能比别人大?B是法官,而美国人是警察,也可以排除美国人是B的可能性。这样,美国人就只能在A和D中选择。A已经确定为德国人,那么D就是美国人。

B是英国人的朋友,那么也可以排除B是英国人。

A是德国人,D是美国人,而且又肯定B不是英国人,那么,C就只能是英国人了。

10. 巧识小偷

因为如果真的是走错房间,那么他最开始的时候就不会敲门了。有谁进自己的房间还要敲门呢?

11. 钻石藏在哪儿

普通的冰块应该浮在水面上,冰块里藏有钻石肯定要沉入杯底,因为它的密度比水大。矶川侦探看到梅姑杯子里只有两块冰块浮在水面上,另外两块冰块则沉到了杯底,推测里面一定藏有钻石。

12. 猎人的挂钟

猎人两次经过电信局的时间分别是9点和10点,说明他采购的时间是1个小时。而他全程的时间是从6：35~10：35，一共4个小时。也就是说他从家走到电信局用了（4-1）/2=1.5小时。到达电信局的准确时间是9点，所以出发的时候应该是7：30，到家的时间应该是11：30。

13. 紧急手术

最安全的步骤如下：

第一个医生戴上两双手套，外面套的第二双手套的外面接触到病人；第二个医生戴上刚才第一个医生套在外面的手套，这样仍是这双手套的外面接触到病人。而且他没有和第一个医生有接触；第三个医生把第一双手套翻过来戴在手上，这样，他不会接触到第一个医生接触到的那一面。然后他再套上第二双手套，这样，接触到病人的仍是第二双手套的外面。这样，三个医生之间以及医生与病人之间都没有接触，所以是最安全的。

14. 分别是哪国人

A是意大利人，B是俄罗斯人，C是英国人，D是德国人，E是法国人，F是美国人。

分析：由（3）知道C不是德国人，由（5）知道C不是意大利人，由（6）知道C不是美国人也不是法国人，又因为C是技师，而根据（2）知道C不是俄罗斯人，所以C是英国人。根据（1）知道A不是美国人，根据（2）和（3）知道A不是俄罗斯人也不是德国人，根据（5）知道A不是法国人，所以A就应该是意大利人。根据（6）知道B不是美国人也不是法国人，根据（4）知道B不是德国人，所以B应该是俄罗斯人。根据（2）、（1）、（3）知道E不是美国人也不是德国人，那E就应该是法国人。根据（4）知道F不是德国人，所以F应该是美国人。最后，D就是德国人。

15. 谁杀害了医生

四个人的话显示，A、C离开时医生已死，B、D到达时医生还活着，所以B、D应该比A、C先去的医生家。由B不是第二个，C不是第三个可以知道四个人的顺序是B、D、A、C，而从D的第一句话知道他不是凶手，所以凶手是C。

16. 谁是真凶

是乙。

假设队员甲在接到手机呼叫后就被杀，时间为9：15。

上游的丁返回接手机呼叫时为9：50，也就是说只有35分钟，少于60分钟，逆水而上的时间不够。

对岸的丙返回接手机呼叫时为9：45，也就是说只有30分钟，对岸30分钟回不去，这不符合条件。

只有乙在甲下游，第一次接到手机呼叫时是8：15，离9：15有60分钟，9：15离他第二次接到手机呼叫时间9：30有25分钟，总计时间有85分钟，而且下游的他在60分钟内有足够的时间逆水到达队员甲的帐篷。在25分钟内有足够的时间顺水回到自己的帐篷接到手机呼叫。

17. 三个十分钟

第二个十分钟里沙漏上面的沙还剩很多，而且很快就开始开第三个保险柜，那时候它的沙子还未完全掉到底下就被直接倒过来，所以那个沙漏不到十分钟，沙子就完全掉到下面去了。

18. 五兄弟

老大	老二	老三	老四	老五
板理医师职	板理医师职	板理医师职	板理医师职	板理医师职

由（1）可知，老板不是老三，也不是老四。则：

老大	老二	老三	老四	老五
板理医师职	板理医师职	理医师职	理医师职	板理医师职

由（2）可知，教师不是老四，也不是老大。则：

老大	老二	老三	老四	老五
板理医职	板理医师职	理医师职	理医职	板理医师职

由（3）可知，此外，老三和老五住在同一栋公寓，隔壁是公司职员的家。则：

老大	老二	老三	老四	老五
板理医职	板理医师职	理医师	理医职	板理医师

由（4）可知，老二、老三和理发师经常一起出去旅游。则：

老大	老二	老三	老四	老五
板理医职	板医师职	医师	理医职	板理医师

由（5）可知，老大和老三有空时，就和医生、老板打牌。则：老三→师。

老大	老二	老三	老四	老五
理职	板医职	师	理医职	板理医

由（6）可知，而且，每隔十天，老四和老五一定要到理发店修个脸。则：

老大	老二	老三	老四	老五
理职	板医职	师	医职	板医

由（7）可知，公司职员则一向自己刮胡子，从来不到理发店去；而老四、老五去理发店。则：

老大	老二	老三	老四	老五
理职	板医职	师	医	板医

所以老四→医，则：老五是老板。

老大	老二	老三	老四	老五
理职	职	师	医	板

所以老二→职，则：老大→理：

老大	老二	老三	老四	老五
理	职	师	医	板

19. 谁被隔开了

由（1）可知：a 对面可以是 A，C，D，但条件（3）说：D 右边的人是位女士，所以 D 不可能，因为由条件（1）可知，那个位置是 B 先生；

现在就剩下 A 和 C 了，根据只有 1 对被隔开，假如是 A 的话（自然地 A 夫妇肯定被隔开了），那么 B 右边就是 b，而 b 和 c 之间只有一个位置，不论放谁第二对都会被隔开的，与只有一对被隔开矛盾，所以知道只能是 C。

现在知道了三个位置上的人：a 对面是 C，C 右边是 B；

下面就用 c 去坐各个位置，看和提供的条件是否产生矛盾就可以了。

假设 C 与 c 不被隔开，则 c 在 C 的左边，由条件（2）得知：D 坐在 a 的左边。

由条件（3）可知：a 坐在 A 先生左边第二位置上的女士的对面。也就是 A 坐在 D 的左边。但是 A 先生左边第二个位置上坐的是已知的 C，而不是一位女士，所以与假设矛盾。

所以被隔开的就只能是 C 夫妇了。其他情况可以用这个方法推出。

20. 两支蜡烛

设蜡烛点燃了 x 小时。粗蜡烛每小时减少 1/5，细蜡烛每小时减少 1/4。根据题意可以列出方程：$4(1-x/4)=1-x/5$

解得：$x=15/4$

所以昨天停电的时间为 3 小时 45 分钟。

发散思维法

从点到面向八方扩散

【定义】

发散思维又称扩散思维、多向思维或辐射思维。它是从同一个思维出发点开始，沿着各种不同的途径去思考，探求出多种不同答案的思维过程和方法。

发散思维法的特征就是在思维过程中充分发挥人的想象力，突破原有的思维，从一点向四面八方扩散，沿着不同方向、不同角度进行思考，通过知识、观念的重新组合，找出更多更新的答案、设想或解决办法。如"一题多解"、"一物多用"等，都是发散思维。

【方法应用】

进行发散思维首先要找到发散点。发散点主要有材料发散、功能发散、结构发散、形态发散、组合发散、方法发散、因果发散、关系发散等8个方面，找到"发散点"以后，就可以进行灵活、新颖的思维发散了。

材料发散法——某个物品由很多"材料"构成，以其为发散点，构想出获得该材料特有功能的各种可能性。例如，曲别针的用途有哪些？除了可以夹纸片之外，因为它是金属制品，还可以用来导磁和导电等。

功能发散法——从某事物的功能出发，设想它的多种用途。例如，铅笔的作用有哪些？可以写字，可以做尺子画直线，笔芯还可以润滑，等等。

结构发散法——以某事物的结构为发散点，设想出利用该结构的各种可能性。例如，折叠桌子给我们带来了很大方便，那么这种折叠的结构可以运用在其他哪些事物上呢？可以是折叠椅子、折叠床、折叠自行车等。

形态发散法——以事物的形态为发散点，设想出利用某种形态的各种可能性。例如，尽可能多地设想利用红颜色可做什么，办什么事。红灯、红旗、红笔、红衣服、红鞋子……可以想出许多。

组合发散法——以某事物为发散点，尽可能多地把它与别的事物组合成新事物。例如，橡皮和动物组合，可以制成动物形状的橡皮；橡皮和香味组合，可以制成带香味的橡皮；橡皮与铅笔组合，可以制成带橡皮的铅笔；等等。

方法发散法——以某种方法为发散点，设想出利用方法的各种可能性。例如，要过河，可以怎么办？坐船、搭桥、游泳、涉水，如果结冰了还可以直接在冰面上走过去，等等。

因果发散法——以某个事物发展的结果为发散点，推测出造成该结果的各

 发散思维法

种原因,或者由原因推测出可能产生的各种结果。例如,杯子为什么碎掉了?是因为结冰胀破的;水为什么结冰了?是因为天气凉了,等等。

关系发散法——这种方法就是从某一事物出发,以此为扩散点,尽可能多地设想出它与其他事物的各种联系。例如,火与木头的关系。火可以烧木头,木头点燃了可以变成火,等等。

【生活实践】

50万美金贷款1美元

一位犹太人走进纽约花旗银行的贷款部,大模大样地坐了下来。

看到这位绅士很神气,打扮得又很华贵,贷款部的经理不敢怠慢,赶紧招呼:"先生,我能为您做些什么?"

"哦,我想借些钱。"犹太人说。

"好啊,你要借多少钱?"经理高兴地答道。

"1美元。"犹太人说。

"只需要1美元?"经理以为自己听错了。

"是的,只借1美元,可以吗?"犹太人问。

"可以,当然可以。但是,不管您借多少钱,我们都需要担保,而且这个担保要超过您借的钱数。"经理热心地介绍着。

"喏,好的。这是50万美元,可以做担保吗?"犹太人边说边从身边的皮包里取出几摞钞票堆在写字台上。

"当然够了!只是,你确定只借1美元?"经理不太放心地问道。

"是的。"犹太人接过了1美元,就准备离开银行。

经理越想越不明白,就追上去拉住犹太人问:"先生,请等一下,我想知道你有50万美元,为什么只借1美元呢?假如您想借30万、40万美元的话,我们也会考虑的。"

"啊,是这样的,我来贵行之前,已经问过好几家银行,他们保险箱的租金都很昂贵。而您这里租金的确很便宜了,一年才花6美分。"犹太人回答。

这到底是怎么一回事?原来,这名犹太人不是来贷款的,他是在该地办事,由于身上带了那么多现金不方便,想让银行暂时保管一下他的巨额钞票。为了既省钱,又减少麻烦,他想了不少办法:他想过存钱,可存钱取钱必然要点钞,这是比较麻烦的;他也想过租用保险箱,但是问了好几家租金都太高。于是,他才想到用50万美元作为抵押去贷1美元。这种做法既省去了存钱取钱时的麻

烦，又省去了租用保险箱的费用，而且也是法律允许的。

【思维训练场】

01. 下水道盖子为什么是圆的【有点难】　限时　5　分钟

下水道的盖子为什么是圆的？请给出至少三条理由。当然"因为下水道是圆的"。这类的答案不算。

02. 瓶子的体积【有点难】　限时　10　分钟

一个没有开封的啤酒瓶子（里面的啤酒不超过瓶肩的位置），用一把普通的尺，你能量出瓶子的容积吗？当然不能打开或损坏瓶子（瓶子本身的厚度忽略不计）。

03. 相连的月份【有点难】　限时　4　分钟

想一想，一年中哪两个相连的月份都是31天？

04. 需要几面镜子【有点难】　限时　2　分钟

有两个人，一个人脸朝东，另一个人脸朝西，请问至少需要几面镜子，才能使两个人相互看得见对方？

05. 暗含成语的数字【有点难】　限时　15　分钟

以下数字中都暗含了一个成语，请大家把他们写出来。
3.5（　　）；

2+3（　）；

333 和 555（　）；

9寸+1寸=1尺（　）；

1256789（　）；

12345609（　）；

23456789（　）。

06. 分饮料【非常难】　限时　*30*　分钟

　　小陈有两个小外甥。一天，他带了一瓶4升的果汁来看他们，并想把果汁平分给两个孩子。但是他只找到了两个空瓶子，一个容量是1.5升，另一个容量是2.5升。那么，有什么办法可以用这三个瓶子把果汁平均分配给他们呢？

07. 加入单位【非常难】　限时　*5*　分钟

　　根据5（月）+7（月）=1（年）这个思路，你能在下面的数字后面加上合适的计量单位，让等式成立吗？

300（　）+700（　）=1（　）

240（　）-24（　）=9（　）

08. 特别的称重【非常难】　限时　*45*　分钟

　　宇华在实验室做实验，他要用3克的碳酸钠作为溶质，但是他的手边只有一袋标着56克，没有拆封的碳酸钠，还有一架只有一个10克砝码的天平。这时，实验室只有他一个人，也找不到其他的称量工具。在现有的条件下，他该怎样称出3克的碳酸钠来呢？

09. 聪明的司机【非常难】　　限时　10　分钟

一位司机开着车去见朋友，半路上忽然有一个轮胎爆了。他把轮胎上的四个螺丝拆下来，从后备箱里把备用轮胎拿出来时，不小心把四个螺丝都踢进了下水道。

请问：司机该怎么做才能使轿车安全地开到距离最近的修车厂呢？

 10. 扩大水池【非常难】　　限时　10　分钟

小明家有一个正方形的游泳池。游泳池的四个角上分别栽着一棵古树。现在要把水池扩大，使它的面积增加一倍，并且要求还是一个正方形。但是四棵古树就这样铲除实在可惜，你有什么好办法吗？

 11. 四个三角形【非常难】　　限时　5　分钟

用3根火柴很容易摆一个等边三角形，现在有6根火柴，怎样可以摆成四个同样的等边三角形？

 12. 聪明的教练【非常难】　　限时　5　分钟

在一次欧洲篮球锦标赛上，保加利亚队最后的一场小组赛，必须净胜对手5分才能确保出线，在比赛即将结束时，对方投中，由他们开端线球，这时他们只领先对手2分，当时还没有3分球，时间显然不够了。这时，如果你是教练，你肯定不会甘心认输，如果允许你有一次叫停机会，你将给场上的队员出个什么主意，才有可能赢对手5分以上？

13. 奇怪的不等式【非常难】　限时　20　分钟

这是一个很奇怪的不等式,0＞2,2＞5,5＞0。它在什么情况下存在?

 14. 这是什么字【非常难】　限时　30　分钟

"只"字加一笔,是什么字?

 15. 门上的洞眼【超级难】　限时　60　分钟

有两块木门,每块木门有三个形状不同的洞眼。你能设计两个木塞,第一个能够塞住左边的三个洞眼,第二个能塞住右边的三个洞眼吗?

 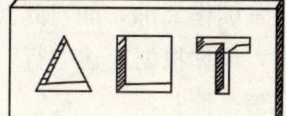

 16. 这个数字是什么【超级难】　限时　20　分钟

一个数字,去掉第一个数字,是13,去掉最后一个数字是40,请问这个数字是什么?

 17. 分醋【超级难】　限时　50　分钟

张大娘和李二婶一起去超市买醋,一种8斤装的醋在打折。于是她们决定一起买下来然后平分。不过她们手上只有一个5斤装和一个3斤装的空瓶。两个人倒来倒去,总是分不均匀。这时来了一个小孩,用一种方法,很快就把这

些醋平分了。你知道他是怎么分的吗?

  18. "行行行"【超级难】 限时 *40* 分钟

有一家商行叫"行行行",顾客却常将店名读错,于是,行主便贴了一张告示在门口,曰:"凡读对本商行名称的顾客,买一送二"。结果顾客蜂拥而来,生意越来越兴隆。

在《现代汉语词典》里,"行"有四种读音:
①读 xíng,如行路、举行、行李、行善、行云流水等;
②读 háng,如银行、行业、行当、行话、行情等;
③读 hàng,如"果园里的树行子"等;
④读 héng,就是"道行",本意指僧道修行(xíng)的功夫,喻指人们已经练就的技能本领。

还有一种读音为 xìng,表明品质或举止行为,如德行、操行等。这个读音现在根据《普通话异读词三次审音总表初稿》规定读 xíng 而不读 xìng,但在民间语言里也还常读作 xìng,如"此人德行(xìng)真好"。

读者朋友,请你根据上述"行"的读音及其意义,思考一下"行行行"这个商行的名称怎么读?

  19. 连线问题【超级难】 限时 *30* 分钟

有9个点排列如下:
如何用四条直线把这9个点连起来(要求这四条直线是连续的)?

· · ·

· · ·

· · ·

发散思维法

20. 十六点连线【超级难】 限时 60 分钟

请用 6 条相连的直线把图中的 16 个点连接起来。

• • • •
• • • •
• • • •
• • • •

参考答案

01. 下水道的盖子为什么是圆的

1. 圆形的盖子不会突然掉进下水道,而正方形或其他多边形就有可能。
2. 沉重的圆盖子可以滚到目的地,而其他形状的就不行。
3. 无论怎么盖,圆形盖子都能把洞盖严实,而正方形的只能把四角都对准位置才能盖下去。

02. 瓶子的体积

首先,测出瓶底的直径,这样就能够算出瓶底的面积。然后测液体的高度。再颠倒瓶子,测其中空气的高度。把它们加起来后乘上瓶底面积,就是瓶子的体积了。

03. 相连的月份

你可能马上会想到7月和8月,但是你别忘了还有12月和1月呢!

04. 需要几面镜子

其实根本不需要镜子,一个人脸朝东,另一个人脸朝西,两个人是面对面的,所以不需要。本题不要陷入自己的思维误区,认为两个人是背对着的。

05. 暗含成语的数字

3.5(不三不四);

2+3(接二连三);

333和555(三五成群);

9寸+1寸=1尺(得寸进尺);

1256789（丢三落四）；
12345609（七零八落）；
23456789（缺衣少食）。

06. 分饮料

用4升瓶里的果汁分别把1.5升瓶和2.5升瓶倒满；把1.5升瓶里的果汁倒回4升瓶里，用2.5升瓶里的果汁把1.5升瓶倒满；把1.5升瓶里的果汁倒回4升瓶中；并把2.5升瓶中的1升倒回1.5升瓶中；用4升瓶中的3升把2.5升瓶倒满；然后用2.5升瓶中的果汁把1.5升瓶倒满；把1.5升瓶中的果汁倒回4升瓶中。这时，4升瓶和2.5升瓶中的果汁都是2升的，正好平均分配。

07. 加入单位

300（米）＋700（米）＝1（千米）

240（小时）－24（小时）＝9（天）

08. 特别的称重

第一步，先把10克的砝码放在天平的一端，然后把这袋碳酸钠分开放在天平的两端使天平平衡。这时，天平两端的碳酸钠分别是33克和23克。

第二步，把两边的粉末取下，然后仍然把10克的砝码放在天平的一端，然后从23克碳酸钠中取出一些放在天平的另一端，并使天平平衡，这时23克中剩下的就是13克。

第三步，重复第二步的动作，剩下的就是3克。

09. 聪明的司机

从其他3个轮胎上各取下1个螺丝，用3个螺丝固定刚换下来的轮胎，可以勉强开到修车厂。

10. 扩大水池

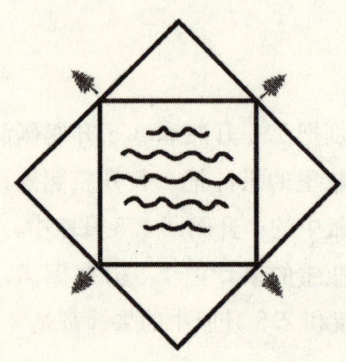

11. 四个三角形

解这道题，不能局限在一个平面上，而是要向立体方向发展。只需把6根火柴摆成一个正四面体，也就是一个棱锥体形状即可。另外有一个小技巧，可以使火柴不需要任何其他工具的帮助就可以保持这一形状。那就是把两根火柴的头部靠在一起，并呈60度角，第三根火柴斜着放上去，保持与其他两根都呈60度角，然后将三个火柴头点燃并马上吹灭，你就会发现，三根火柴连在一起了。这样就可以把它立起来，并在底下放三根火柴组成正四面体了。

12. 聪明的教练

让队员投入自己篮筐里一个2分球，使比分相同，通过加时赛，还有取胜的可能。当时的事情是这样的：这位聪明的教练要了一次暂停，暂停结束后，他们开球，一名队员接球后故意将球投入了自己的篮筐。比分平了，结束时间也到了。双方战平，打加时赛。在加时赛中，保加利亚队一鼓作气打得相当出色，最后以领先8分结束了比赛。

13. 奇怪的不等式

玩剪刀石头布的时候。

14. 这是什么字

冲。

15. 门上的洞眼

如图所示：很多人一想到某物塞住某物，就会将它想象成一块没有变化的、形状单一的立方体。如果能将思维发散，将它们想成不同的平面，就能设计出第一个木塞；如果再将思维发散，将不同的平面按不同的角度进行组合，很容易设计出第二个木塞。

16. 这个数字是什么

这个数字是43。"四十三"去掉"四"为"十三"，去掉"三"为"四十"。

17. 分醋

平分的方法如下表所示：

	八斤瓶	五斤瓶	三斤瓶
第一次	3	5	0
第二次	3	2	3
	八斤瓶	五斤瓶	三斤瓶
第三次	6	2	0
第四次	6	0	2
第五次	1	5	2
第六次	1	4	3
第七次	4	4	0

18. "行行行"

行（xíng）行（xìng）行（háng）。因为这是一家商行，首先就可以确定第三个"行"字的正确读音应该为"háng"。而做生意是一种商业行为，要有商德，这也是对商家的一种规范和要求，行主以此作为自己的经商标准，所以就可以明白第一、第二个"行"字的读音分别为"xíng"、"xìng"。

19. 连线问题

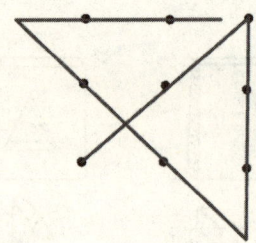

本题主要为发散思维，有的时候在内部无法解决问题，就可以延伸出去，就很简单了。

20. 十六点连线

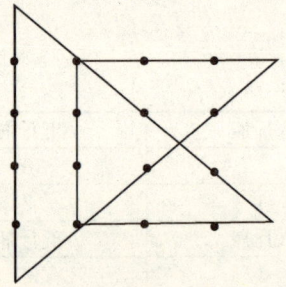

侧向思维法

"左思右想" "旁敲侧击"

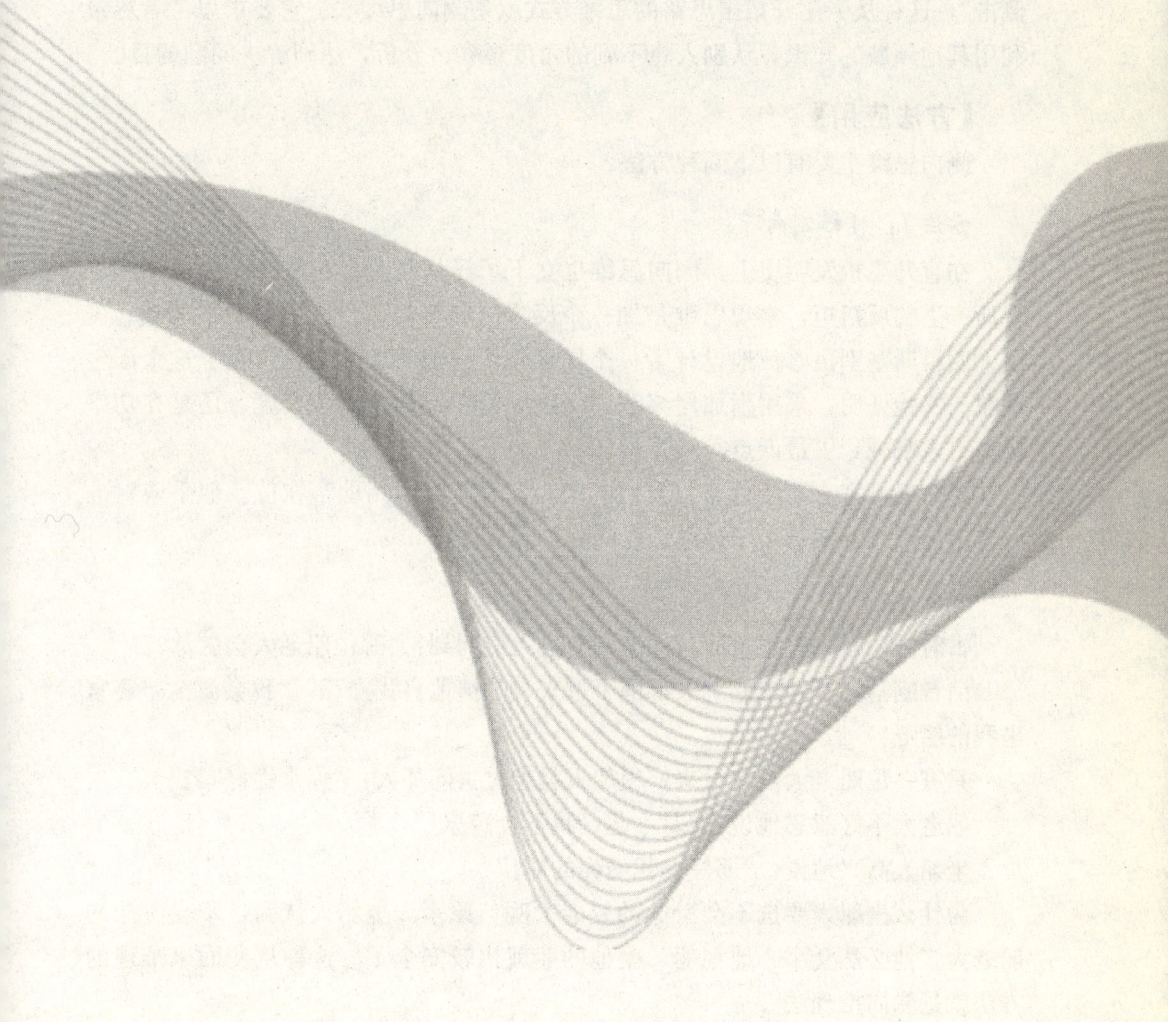

侧向思维法

【定义】

有些问题，能以正面方式解决更好，但是如果正面解决不了，将其向侧面拓展，也是一条很好的思路。即将本来要解决的问题，转换为一个侧面问题，向侧面发问，曲径通幽。

在现实生活中，经常会见到人们在思考问题时"左思右想"，说话时"旁敲侧击"，这种从旁侧开拓出思路的思维方式就是侧向思维法。它要求思考者尽量利用其他领域的知识，从别人想不到的角度观察、分析，达到解决问题的目的。

【方法应用】

侧向思维主要有以下两种方法：

方法1：目标侧向

在直升飞机发明史上，侧向思维也立下了汗马功劳。在怎样克服机顶上旋转所产生的反扭矩，常规思维是加一个反方向旋转桨，但这个实验不成功。美国人西科斯基别出心裁地设计了一个尾桨，用一个附加部件，消除了这个派生观象。实验证明，采用附加尾桨法，飞机无论在重量、复杂程度，还是在功率损失上，都减到了最低点。

侧向思维富有浪漫色彩，看似问题在此，其实"钥匙"在彼。似乎应对准问题的焦点，答案却出于远离焦点的一侧。

方法2：侧向推理

古时候，有一人想过河，他来到河边大声问到："哪位船老大会游泳？"

话音刚落，好几个船老大都围了过来，热情地自我推荐："我会游泳，客官坐我的船吧！"

只有一位船老大没有过来，坐船人就走过去问那人："你水性好吗？"

船老大不好意思地说："对不起，我不会游泳！"

坐船人高兴地说："那好，我坐你的船！"

为什么坐船人要选不会游泳的船老大呢？原来，坐船人认为，不会游泳的船老大，他必然会小心地划船，坐他的船就比较安全了。这种从侧面来推理的方法就是侧向推理法。

侧向思维法

【生活实践】

歪打正着

有人总是死抱正面进攻的方法一味蛮干，丝毫不能解决问题，而有人则采用迂回战术，用意想不到的方法，轻而易举地获得成功。这就是侧向思维。

1916年4月，第一次世界大战的凡尔登会战后期，德军和法军彼此连续炮击两天两夜后，位于马斯河上游的法军炮兵阵地弹药所剩无几，炮兵伤亡过半。而德军的炮火似乎还十分充足，继续向法军不断开炮。

不得已，指挥官只好起用一批毫无开炮经验的后勤人员临时上炮位顶阵。其中有位年轻的士兵由于对开炮十分恐惧，在没有瞄准的情况下，手忙脚乱中将一发炮弹打了出去。炮弹一出膛，这位胆小的士兵就失声叫道："糟糕，打偏了！"

指挥官抬头一看，这发炮弹真是偏得太离谱了！德军阵地在东北方向，而炮弹飞向了西北方向。在弹药所剩无几的情况下，这种行为绝对是不可原谅的。指挥官气急败坏地向士兵冲了过去，准备狠狠教训他一顿。

正在这时，只听见炮弹飞去的方向传来一声沉闷的爆炸，接着一声声爆炸声此起彼伏，绵延不绝的爆炸声足足持续了30多分钟！

这是怎么回事？所有的人都愣在那里，士兵们和指挥官都不明白究竟发生了什么事情。

原来，这发打偏的炮弹鬼使神差地偏到了斯潘库尔森林中一座重要的德军秘密弹药补给基地，它成功地穿过狭窄的通风口直捣弹药库，引爆了基地所储备的全部弹药！

这发炮弹造成德军60多万发大口径炮弹和其他数十吨弹药全部被销毁，法军元帅贝当趁机大举反攻丧失了炮火支援的德军阵地，能征善战的德军终于失败了。

这个士兵真有意思，明明打偏了居然打得最"准"，这当然是意外的情况，事实上，侧向思维就是需要从侧面来思考问题。

青少年逻辑思维能力训练·方法应用版

【思维训练场】

01. 奇妙的装法【有点难】　　限时　15　分钟

一个财主在他临死前对两个儿子说,我有 9 颗宝石想分给你们,你们把它们全部装在 4 个袋子里,保证每个袋子里都有宝石,并且每个袋子里宝石的颗数都是单数。谁能做到我就给他 5 颗,而另一个人就只能得到 4 颗了。聪明的小儿子很容易就做到了,你知道他是怎么做的吗?

02. 国王的难题【有点难】　　限时　10　分钟

有一天,国王把阿凡提叫到王宫里,想出点难题考考他。国王问道:"你知道王宫前面的水池里共有几桶水吗?"当时大臣们一想,这个问题很不好回答,都暗暗替阿凡提担心。但阿凡提眨眨眼睛,很快说出了一个让国王满意的答案。你知道阿凡提是怎么回答的吗?

03. 运动服上的号码【有点难】　　限时　25　分钟

明明参加学校的运动会,他运动服上的号码是个四位数。一次,同桌倒立着看明明的号码时,发现变成了另外的四位数,还比原来的号码要多"7875"。你知道明明的号码是多少吗?

04. 金鱼的数目【有点难】　　限时　30　分钟

小刚家的鱼缸里养了很多金鱼,有水泡鱼、虎头鱼。现在知道这两种鱼数目相乘的积数在镜子里一照,正好是两种鱼的总和。你能算出这两种鱼各有多少条吗?

侧向思维法

05. 时间【有点难】　　限时　10　分钟

在干旱地区非常缺水,人们都用水桶接雨水用。没风的时候,雨点竖直落下,用 30 分钟可以接满一桶水。一次下雨时,刮起了大风,雨水下落时偏斜 30°,如果这次雨的大小不变,那么需要多长时间可以接满一桶水呢?

06. 足球比赛【有点难】　　限时　20　分钟

一所中学的五个班级进行足球比赛,每两个班互赛一场。比赛的结果如下:
一班:2 胜 2 败;
二班:0 胜 4 败;
三班:1 胜 3 败;
四班:4 胜 0 败。
请问:五班的成绩如何?

07. 聪明的孩子【有点难】　　限时　5　分钟

有一个村落里的人们喜欢打赌比赛说谎,看谁能够骗得了谁,其中有一个人以素来不会上当而出名。有一天,在这个人又胜利后,一个小孩对他说:"我有办法可以骗得了你,你相信吗?"这个人不相信,于是小孩说:"我的方法在书本里面,你等我回去翻翻书。"这个人同意了,小孩回家了。你能想出这个小孩将怎样让这个人上当吗?

08. 疯狂飙车【非常难】　　限时　15　分钟

爸爸给哥哥和弟弟分别买了一辆跑车,从此两人开始疯狂地飙车比赛。爸爸为此感到十分头痛。有一天,爸爸想到一个好主意,对两个儿子说:"现在你们两人进行一次赛车，但是和以往的规则不同，晚到的那辆车的车主将获得胜利，奖励是一次出国旅游的机会。"爸爸以为这样就可以阻止他们飙车，没想到比赛一开始两兄弟的车速比以前更快了。你知道这是为什么吗？

 09. 分苹果【非常难】　限时　20　分钟

甲、乙、丙三家住在一层楼里，他们共同打扫走廊的卫生。他们约定，每家打扫3天。但是，由于丙家里有事，没有时间打扫，楼梯就由甲、乙两家代替打扫。这样甲家打扫了5天，乙家打扫了4天。丙回来以后就买了9斤苹果表示感谢。

请问：丙该怎样分配这9斤苹果才算合理呢？

 10. 如何通过【非常难】　限时　30　分钟

（1）一艘船顺水而下，在要通过一个桥洞时，发现货物比桥洞约高出1厘米，需要卸掉一些货物才能通过。无奈货物是整装的，一时无法卸下。有什么办法能够不卸货物，使船通过呢？

（2）有辆卡车，堆装着很高的货物，当要通过一处铁路桥时，发现货物高出桥洞1厘米，卡车无法通过。卸货卸下重装很费事，你给想想办法，应该怎样才能顺利通过呢？

11. 分牛【非常难】　限时　50　分钟

从前有个农民，一生养了不少牛。去世前留下遗嘱：牛的总数的一半加半头给儿子，剩下的牛的一半加半头给妻子，再剩下的一半加半头给女儿，再剩下的一半加半头宰杀犒劳帮忙的乡亲。农民去世后，他们按遗嘱分完后恰好一头不剩。他们各分了多少头牛？

侧向思维法

12. 巧贴标签【非常难】 限时 40 分钟

有三筐水果，第一筐装的全是苹果，第二筐装的全是橘子，第三筐是橘子与苹果混在一起。筐上的标签被贴错了（例如，如果标签写的是橘子，那么可以肯定筐里不会只有橘子，可能还有苹果），你的任务是拿出其中一筐，从里面只拿一只水果，然后正确为三筐水果贴上正确的标签。你能做到吗？

13. 火柴棒问题【非常难】 限时 30 分钟

这是一道用火柴棒摆成的式子：Ⅰ＋Ⅹ＝Ⅸ（1＋10＝9），这显然是错的，请问最少移动多少根火柴棒能使它正确？

14. 搭桥【非常难】 限时 60 分钟

小明家门前有一条小河，呈直角形（如下图），河宽 3m，小明想要去河的对面，但是家里只有两块正好也是 3m 长的木板，手中又没有其他工具可以将两块木板接起来。怎么才能过这条河呢？

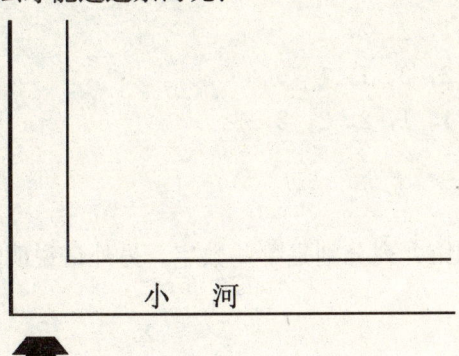

15. 九变六【非常难】 限时 10 分钟

在该罗马数字"9"（Ⅸ）上，加一条线以使其成为"6"，但不能折叠纸。

16. 盲人分袜【非常难】 限时 30 分钟

有两位盲人，他们都各自买了两双黑袜和两双白袜，八双袜子的布质、大小完全相同，而每双袜子都有一张商标纸连着。两位盲人不小心将八双袜子混在一起。他们每人怎样才能取回黑袜和白袜各两双呢？

17. 找规律【超级难】 限时 30 分钟

下面有一组数列，请找出它的规律来：
第一列：1
第二列：1，1
第三列：2，1
第四列：1，2，1，1
第五列：1，1，1，2，2，1
第六列：3，1，2，2，1，1
第七列：1，3，1，1，2，2，2，1
⋮
⋮

请写出第八列和第九列分别是哪些数字，另外请说明第几列会最先出现 4 这个数字？

18. 花瓣游戏【超级难】　　限时　*60*　分钟

有一个有意思的小游戏，两个人拿着一朵有 13 片花瓣的花，轮流摘去花瓣。一个人一次只可以摘一片或者相邻的两片花瓣，谁摘去最后的花瓣谁就是赢家。有一个聪明的小姑娘发现，只要按照一种方法，就可以在这个游戏中一直获胜。那么，这个获胜的人是先摘的人还是后摘的人？她需要用什么方法呢？

19. 逃脱的案犯【超级难】　　限时　*100*　分钟

黑猫警长有一个强劲的对手"飞毛腿"，这只老鼠奔跑的速度十分惊人，比黑猫警长还要快，几次都被它逃脱了。一次偶然的机会，警长发现"飞毛腿"在湖里划船游玩，这可是一个很好的机会。这个圆形小湖半径为 R，"飞毛腿"划船的速度只有黑猫警长在岸上速度的四分之一。警长沿着岸边奔跑，想抓住要划船上岸的"飞毛腿"。这次"飞毛腿"还能不能侥幸逃脱呢？

20. 放棋子【超级难】　　限时　*160*　分钟

两个小孩子用下五子棋的圆形棋子玩一个游戏，他们轮流把棋子放在一个圆形的小盘子上，棋子不能重叠摆放，如果轮到一个人放棋子时圆盘上剩余的空间已经不允许再放一个棋子时，他就输了。你能设计出一种战略，不管棋子有多少和圆盘有多大，都能让第一个放棋子的人总可以赢吗？

参考答案

01. 奇妙的装法

在第一个袋中放一颗宝石,第二袋中放三颗宝石,第三个袋中放五颗宝石,然后将这三个袋子一并放入第四个袋中,这样就可以了。

02. 国王的难题

阿凡提说:"那要看桶的大小了,如果桶是和水池一样大的,那么就有一桶水;如果桶只有水池一半大,那么就只有两桶水;如果桶只有水池的三分之一大,那就是三桶水……"

03. 运动服上的号码

倒立时看仍然是数字的数字只有 0、1、6、8、9。很容易就可以推出,他运动服上的号码是 1986。

04. 金鱼的数目

在数字中,除了 0 外,只有 1 和 8 照出来依旧是数字,于是知道两种鱼条数的积是 81,因为 81 在镜子里是 18,正好是 9+9,由此可知,两种金鱼的数目各是 9 条。

05. 时间

还是 30 分钟,因为雨的大小不变而且水桶口的面积也没有变,接到的水量也不变。

06. 足球比赛

3 胜 1 败。

5个班级胜的场数和败的场数应该是一样的，前四个班胜了7场，败了9场。也就是说五班胜的场数应该比败的场数多2场。又因为每个班都要比赛4场，所以成绩应该是3胜1败。

07. 聪明的孩子

小孩没有出来找这个人，让他在那里等很久，他已经上当了。

08. 疯狂飙车

两兄弟交换了他们的车进行比赛。

09. 分苹果

在帮丙打扫的3天中，甲打扫2天，即2/3；乙打扫1天，即1/3。因此，甲家得6斤苹果，乙家得3斤苹果。

10. 如何通过

（1）只要在船上加些石块，使船下沉几厘米，就可以使船从桥下安全通过了。
（2）将汽车轮胎放掉一点气即可。

11. 分牛

因为"剩下的一半加半头宰杀犒劳帮忙的乡亲"，只有剩下1头时，一半加半头才能正好一头不剩地分完。所以可以推出，一共15头，分别分到了8、4、2、1头。

12. 巧贴标签

从标着"混合"标签的筐里拿一只水果，就可以知道另外两筐装的是什么水果了。因为标签全部贴错了，标有"混合"的一定只有一种水果。确定了以后，就知道另外两个筐里都装的什么水果了。

13. 火柴棒问题

也许你会认为是一根,变为 I+IX=X (1+9=10),但是还有更少的,就是一根也不用移,倒过来看看 XI=X+I (11=10+1)。

14. 搭桥

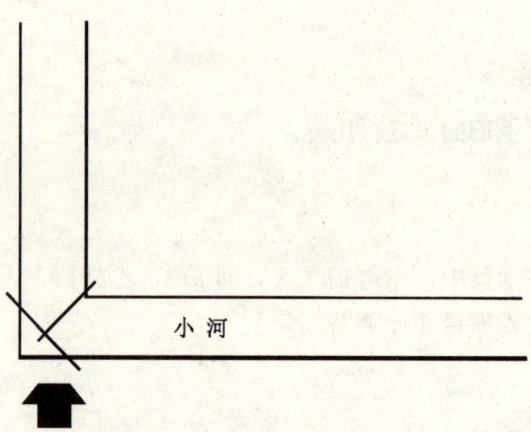

小明可以按照如上图的方式搭桥,就可以过河了。

15. 九变六

加一条曲线,变成 SIX。本题设计得很巧妙。

16. 盲人分袜

因为八双袜子的布质、大小完全相同,他们把商标纸撕开,每人取每双中的一只,然后重新组合成两双白袜、两双黑袜就可以了。

17. 找规律

规律就是:从第二列开始,表示上一列某个数字的个数。例如第三列的2,1表示第2列为2个1。第四列的1,2,1,1表示第三列为1个2,1个1。以此类推。

第八列为 1,1,1,3,2,1,3,2,1,1

第九列为3，1，1，3，1，2，1，1，1，3，1，2，2，1

不会出现4。因为如果出现4，说明上一行有4个相同的数字，这是不可能出现的。

18. 花瓣游戏

后摘的可以获胜。首先，如果先摘的人摘一片花瓣，那么，后摘的人就在花瓣的另一边对称的位置摘去两片花瓣；如果先摘的人摘了两片花瓣，那么，后摘的人在花瓣的另一边摘一片花瓣。这时还剩下10片花瓣，而且被分为相等的两组，每组5片相邻的花瓣。在以后的摘取中，如果先摘的人摘一片，后摘的人也摘一片；如果先摘的人摘两片，后摘的人也摘两片。并且摘的花瓣是另一组中对应的位置，这样下去，后摘者一定可以摘到最后的花瓣。

19. 逃脱的案犯

可以逃脱。

若是"飞毛腿"将船划向黑猫所在岸的对称方向，那么它要行进的距离为R，警长要行进的距离为3.14R，因为"飞毛腿"划船的速度是警长奔跑速度的四分之一，所以它在划到岸边之前警长就能赶到，这种方法行不通。

正确的方法是，"飞毛腿"把船划到略小于四分之一的圆半径的地方，比如说0.24R，然后以湖的中心为圆心，作顺时针划行。在这种情况下，"飞毛腿"的角速度大于在岸上的警长能达到的最大角速度。这样划下去，它就可以在某一个时刻，处于离警长最远的地方，也就是和警长在一条直径上，并且在圆心的两边。然后"飞毛腿"把船向岸边划，这时，它离岸边的距离为0.76R，而警长要跑的距离为3.14R。由于4×0.76R＜3.14R，所以"飞毛腿"可以在警长赶到那边之前上岸，并用最快的速度逃脱。

20. 放棋子

战略是这样的，第一个人先把第一颗棋子放在圆盘的正中央，然后他再放棋子时，使棋子总和另外一个人放的棋子以圆盘的中心成中心对称。这样，他总是有地方放棋子，直到另一个人无法再往圆盘上放。

逆向思维法

打破常规，反其道而行之

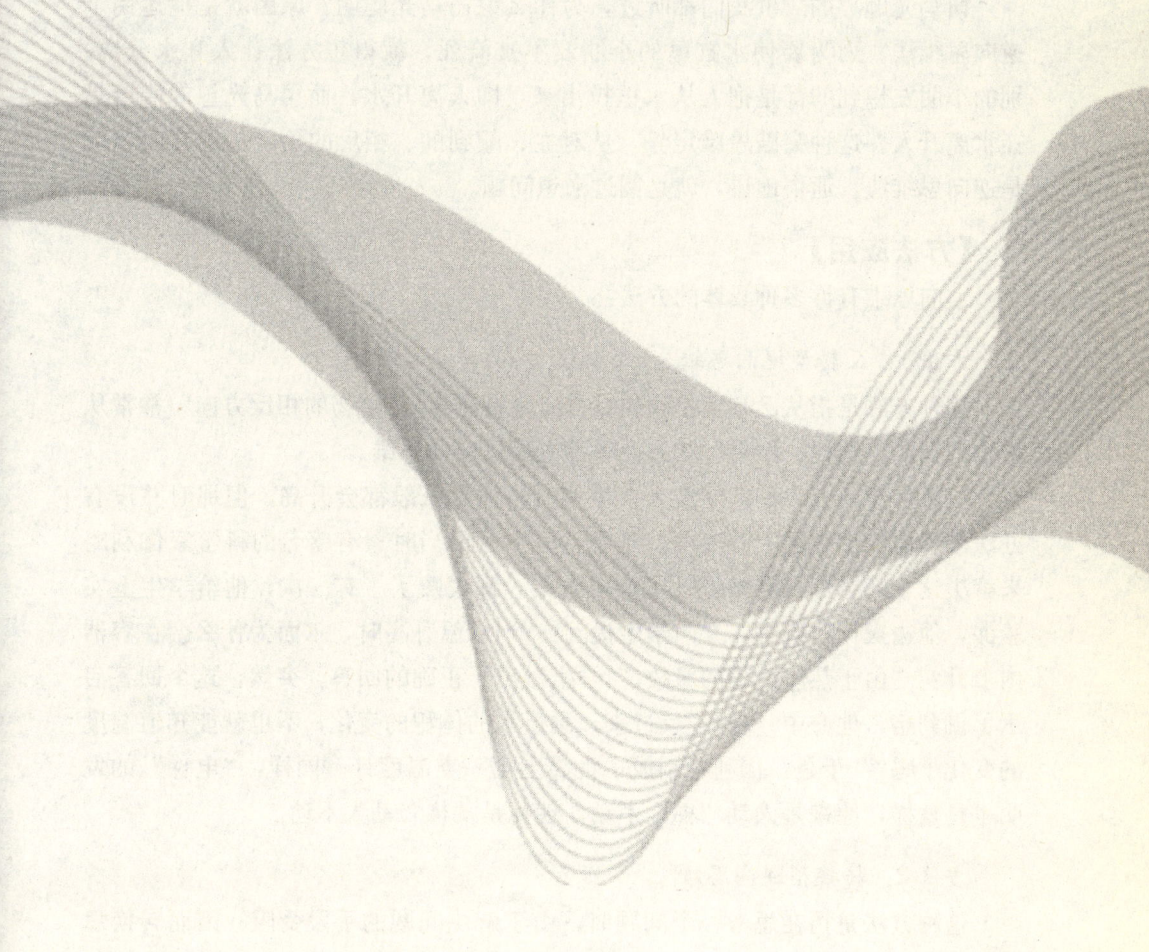

青少年逻辑思维能力训练·方法应用版

【定义】

逆向思维也叫求异思维,是运用与常人不同的思维方式,跳出传统观念和习惯的束缚,从新的角度认识问题,以新的思路、新的方法进行思考。"反其道而思之",让思维向对立面的方向发展,从问题的相反面深入地进行探索,树立新思想,创立新形象。它是对似乎已成定论的事物或观点反过来思考的一种思维方式。

司马光砸缸的故事我们都听过,为什么说司马光聪明?原因就是他运用了逆向思维法。因为要使水缸里的小朋友不被淹死,就得想办法让人和水分离。别的小朋友想到的都是把人从水里拉出来,即人离开水,而司马光想的恰恰是让水离开人。这种突破思维定势,从对立、颠倒的、相反的角度去思考问题就是逆向思维法。通俗地讲,就是倒过来想问题。

【方法应用】

逆向思维有许多种具体的方法:

方法1:反转型逆向思维

这种方法是指从已知事物的相反方向进行思考,"事物的相反方向"常常从事物的功能、结构、因果、状态关系等方面作反向思维。

三百多年前,人们就发现人在生病时,体温一般都会升高,但那时并没有办法准确地测出体温上升多少。于是,医生就请当时素有盛名的科学家伽利略来解决这个问题。伽利略设计了许多方案,都失败了。有一次,他给学生上实验课,他边操作边讲解,并向学生提问:"当水温升高时,水面为什么会在容器内上升?""由于热胀冷缩的缘故。"学生做出了正确的回答。突然,这个回答启示了伽利略,他心中一亮:"反过来,测量水的体积的变化,不也就能知道温度的变化了吗?"于是,伽利略制成了世界上第一支温度计。同样,"电梯"的发明也是这样,原来是人动"梯"不动,现在是"梯"动人不动。

方法2:转换型逆向思维

这种方法是指在思考一个问题时,由于解决问题的手段受阻,因而转换思考角度来提出解决问题的手段。

例如,圆珠笔的漏油一直是难以解决的难题,许多人认为是由于钢珠的磨

逆向思维法

损造成的，因而都在考虑强化钢珠硬度、耐磨性上花费极大精力，但材料上却难以突破。日本一位发明家没有在常人的思路上钻牛角尖，他认为将圆珠笔笔管中的油减少，使其在钢珠没有用坏之前，笔管中的油就已经用完了，漏油问题不就解决了吗？于是他买来大量圆珠笔，反复使用，统计出常用圆珠笔写了多少字、用了多少油就会漏油的规律，减少管中的灌油量，从油上出发解决了圆珠笔的漏油问题。

方法3：缺点逆用思维

这是一种利用事物的缺点，想方设法扩大缺点，将缺点变为可利用的东西，化被动为主动，化不利为有利。

例如，某时装店的经理不小心将一条高档呢裙烧了一个洞，其身价一落千丈。如果用织补法补救，也只是蒙混过关，欺骗顾客。这位经理突发奇想，干脆在小洞的周围又挖了许多小洞，并精于修饰，将其命名为"凤尾裙"。一下子，"凤尾裙"销路顿开，该时装商店也出了名。

【生活实践】

拿破仑救士兵

"救命啊，救命啊！"

拿破仑正骑马穿过一片森林，远处突然传来一阵紧急呼救声。他策马扬鞭，向发出呼救声的地方飞奔而去。穿出树林，不远处是一个湖泊。离岸30几米处，一个落水的士兵正在挣扎着向深水区漂移。岸上有几个士兵慌作一团，一面高声呼救，一面急得直跳脚。他们全都不会游泳，眼看伙伴就要淹死了，却束手无策。

这时，拿破仑跑到湖边，问了一声："他会游泳吗？"

一个士兵答道："他只能扑腾几下，现在已经不行了，漂到了深水里，刚才还喊救命呢！"

"哦！"拿破仑应了一声，脑子飞快地转动着，随即从紧跟而来的侍卫手中抓过一支枪，严厉地向落水士兵喊道："你干吗还往湖中爬，快给我回来。再往前我就枪毙你！"说完就朝落水者前面开了两枪。

也许是听到了严厉的威胁，也许是子弹溅水的啸声，也许两者兼而有之，落水者猛然转过身来，拼命扑打着水，好不容易找到浅水处，爬上了岸。小伙子惊魂初定，这才发现面前站着的竟是拿破仑，心有余悸地说："陛下，我都快要淹死了，您干嘛还要枪毙我？您的子弹差一点打中我，真把我吓死啦！"

拿破仑笑道:"这是一个荒野深湖,你再往前漂去,沉到湖底,就真的回不来了。吓你一跳,你不就回过头来了吗?"士兵这才恍然大悟,赶忙向拿破仑皇帝感谢不迭。

忧心忡忡的母亲

我国古代有这样一个故事,一位母亲有两个儿子,大儿子开染布作坊,小儿子做雨伞生意。每天,这位老母亲都愁眉苦脸,天下雨了怕大儿子染的布没法晒干;天晴了又怕小儿子做的伞没有人买。一位邻居开导她,叫她反过来想:雨天,小儿子的伞生意做得红火;晴天,大儿子染的布很快就能晒干。逆向思维使这位老母亲眉开眼笑,活力再现。

【思维训练场】

01. 巧接金链【有点难】　限时　5　分钟

某首饰店需要一条 15 环的金链,可是现在只有 5 截、每截 3 个环的金链,这 5 截金链连起来的长度正好是所需要的。不过想把它们连起来就需要切断一些环,而每切断一个环就要损失一些,为了最大程度地避免损失,该怎样切割呢?

02. 五分钟煮蛋【有点难】　限时　4　分钟

据说,鸡蛋过生或者过熟都会影响鸡蛋中营养成分的吸收。假设煮鸡蛋最恰当的时间是 5 分钟,但你手上只有一个 4 分钟的沙漏计时器和一个 3 分钟的沙漏计时器。该怎样做才能用这两个计时器确定 5 分钟时间呢?

03. 反驳的方式【有点难】　限时　7　分钟

有一群人在聊天,一个人总是喜欢吹牛,他说:"我昨天刚发明了一种液体,无论是什么东西,它都可以溶解。这是世界上最好的溶剂,我明天就去申

请专利,我很快就要发财了。"大家都感到很惊讶,虽然不信,但是不知道如何反驳。这时一个小孩子说了一句话,那个人立刻傻眼了,谎言不攻自破。你知道小孩是怎么说的吗?

04. 有把握及格吗【有点难】　限时 *6* 分钟

小明参加一次考试,考题是 30 个选择题,每个选择题都有 3 个选项。只要答对 18 道题就算及格。就概率来说,随便答也可以答对 1/3,也就是 10 道题,而且小明还有 9 道题是有把握的。小明能及格吗?

05. 点餐【有点难】　限时 *15* 分钟

赵、钱、孙、李、周、吴 6 个好朋友去餐馆吃饭。他们坐在一张长方形的桌子的两边,一边坐了 3 个人。这 6 个人点了 6 种不同的饭菜。其中一位点了红烧牛肉,服务员忘记是谁了,她只记得一下这些信息:
(1) 钱坐在孙旁边;
(2) 孙坐在与周相邻的男孩的对面;
(3) 李坐在赵对面,李点了鱼香肉丝;
(4) 点了肉丸子的男孩坐在周的对面;
(5) 坐在李和吴中间的女孩点了炒洋葱;
(6) 吴没有点宫保鸡丁;
(7) 点了宫保鸡丁的女孩坐在李的对面;
(8) 坐在钱旁边的女孩点了土豆丝。
你能帮帮这个服务员,判断一下谁点了红烧牛肉吗?

06. 聪明的贩马人【有点难】　限时 *20* 分钟

一个城镇需要很多好马,于是出高价收购。但是在路上设置了 5 个关口,向贩马人收取重税。关口规定每次从贩马人手中收取所运马匹数量的一半作为

关税,另外返回一匹。一位贩马人赶着自己的马匹前来卖马,过了5个关口,却一匹马也没有损失。你知道是为什么吗?他带了几匹马呢?

07. 巧翻硬币【非常难】   限时 30 分钟

桌上有23枚硬币,其中10枚正面朝上。假设蒙住你的眼睛,而你的手又摸不出硬币的正反面。如何才能把这些硬币分成两堆,使每堆正面朝上的硬币个数相同呢?

08. 哥哥和弟弟【非常难】   限时 35 分钟

一个大院里住着四户人家,每家各有两个男孩。这四对亲兄弟中,哥哥分别是甲、乙、丙、丁,弟弟是A、B、C、D。一次,有位过路人问:"你们究竟谁和谁是亲兄弟呀?"

乙说:"丙的弟弟是D。"
丙说:"丁的弟弟不是C。"
甲说:"乙的弟弟不是A。"
丁说:"他们3个人中,只有D的哥哥说了实话。"

丁的话是可信的,过路人想了好半天也没有把他们区分出来。
聪明的你能想出来吗?

09. 携带钢管【非常难】   限时 20 分钟

铁路系统规定,旅客可以携带长宽高都不超过1米的物品上火车。你有一根钢管,它的直径虽然只有2厘米,但是长度却达到了1.7米,是禁止携带的物品。你能想个办法使你能够合理合法的携带这根钢管吗?

逆向思维法

10. 巧过小桥【非常难】　限时 7 分钟

两个村子之间只有一座小桥可以通过,但是由于两个村子之间有世仇,所以村长禁止两个村子的村民互相来往。于是,他们在桥的中间设了一个关卡,由一名村民负责看守。通过整座小桥至少需要10分钟,而看守大部分时间在屋子里,只是每隔7分钟会出来看一次,如果发现有人想通过小桥到对岸去,就把他叫回来,禁止他通过。可是有一天,一名村民要去另一个村子办事,他需要怎样做才能顺利通过这座小桥呢?

11. 土地哪里去了【非常难】　限时 10 分钟

有人拍卖一块土地,说是土地形状为正方形,南北100米,东西也是100米。等到有人买下来以后,一量,这块土地的面积却只有5000平方米,为什么会这个样子呢?那5000平方米的土地哪去了?

12. 平分二十四斤油【超级难】　限时 20 分钟

张大婶和李二婶、王三婶三人一起去买油。一大桶有24斤,三人打算平分。可是李二婶只带了一个能装11斤油的桶,王三婶的桶能装13斤,又没有秤,三人没法分。这时张大婶又找到一个5斤装的空油瓶,就用这几个容器,张大婶倒来倒去,终于把油分开了。你知道是怎么分的吗?

13. 老板娘分酒【超级难】　限时 40 分钟

一人去酒店买酒,他明明知道店里只有两个舀酒的勺子,分别能舀7两和11两酒,却硬要老板娘卖给他2两酒。老板娘很聪明,用这两个勺子在酒缸里舀酒,并倒来倒去,居然量出了2两酒,你能做到吗?

14. 猜颜色【超级难】　限时 30 分钟

有五个外表一样的药瓶，里边分别装有红、黄、蓝、绿、黑五色的药丸，现在由甲、乙、丙、丁、戊五个人来猜药丸的颜色。

甲说：第二瓶是蓝色，第三瓶是黑色。

乙说：第二瓶是绿色，第四瓶是红色。

丙说：第一瓶是红色，第五瓶是黄色。

丁说：第三瓶是绿色，第四瓶是黄色。

戊说：第二瓶是黑色，第五瓶是蓝色。

事实上，五个人都只猜对了一瓶，并且每人猜对的颜色都不同。请问，每瓶分别装了什么颜色的药丸？

15. 参加舞会【超级难】　限时 50 分钟

在一次舞会上，尚未订婚的 A 先生看到一位女士 B 单独一人站在酒柜旁边。他很想知道这位女士是独身、订婚还是结婚。现在知道以下信息：

（1）参加舞会的总共有 19 人。

（2）有 7 人是单独一人来的，其余的都是一男一女成对来的。

（3）那些成对来的，要么已经结婚了，要么已相互订婚。

（4）凡单独前来的女士都是单身。

（5）凡单独前来的男士都不处于订婚阶段。

（6）参加舞会的男士中，处于订婚阶段的人数等于已经结婚的人数。

（7）单独前来的已婚男士的人数，等于单独来的独身的男士的人数。

（8）在参加舞会的已经结婚、处于订婚阶段和独身这三种类型的女士中，B 女士属于人数最多的那种类型。

请问，你知道 B 女士属于哪一种类型吗？

16. 聪明的匪徒【超级难】　　限时 60 分钟

一群匪徒劫持了一架飞机,准备逃往太平洋上的一座小岛。飞机在飞行的过程中出了点状况,需要减轻一个人的重量才能安全飞行。于是狡猾的匪徒头目命飞机上所有的 19 名匪徒排成一圈,说:"现在我们点名,从 1 数到 7,凡点到第 7 名的人可以留下,然后剩下的人继续点名,直到剩下一个人,那个人必须跳下去。"有个聪明的匪徒负责点数,他想救其他弟兄而让头目跳下飞机。那么,他该从哪里开始点名呢?

17. 分享美酒【超级难】　　限时 70 分钟

四个酒鬼合伙买了两桶 8 斤装的酒,他们打算平分喝掉这些酒。但是他们手上没有量具,只有一个可以装 3 斤酒的空酒瓶。如何用这 3 个没有刻度的容器,让四人平分这些美酒呢?

18. 猜数字【超级难】　　限时 90 分钟

老师从 1~80 之间(大于 1 小于 80)选了两个自然数,将二者之积告诉同学 P,二者之和告诉同学 S,然后他问两位同学能否推出这两个自然数分别是多少。

S 对 P 说:我知道你不知道这两个数。

P 说:那么我知道了。

S 说:那么我也知道了啦!

其他同学:我们也知道啦!

……

通过这些对话,你知道老师选出的两个自然数是什么吗?

19. 两个聪明的徒弟【超级难】 限时 120 分钟

鲁班有两个聪明的徒弟：S 和 P。一天，鲁班想考考他们，于是，他将徒弟带进仓库，里面有以下 11 种规格的木板：

8×10　8×20
10×25　10×30　10×35
12×30
14×40
16×30　16×40　16×45
18×40

这里需要说明的是："×"号前的数字表示木板的长度，"×"号后的数字表示木板的宽度（长与宽不能互换），单位是厘米。

他把徒弟 S、P 叫到跟前，告诉他们说："我将把我所需要的木板的长与宽分别告诉你们，看你们谁能最先挑出我要的那块木板。"于是，他悄悄地把这块木板的长度告诉了徒弟 S，把宽度告诉了徒弟 P。

徒弟 S 和徒弟 P 都沉默了一阵。

徒弟 S 说："我不知道是哪块木板。"

徒弟 P 也说："我也不知道是哪块。"

随即徒弟 S 说："现在我知道了。"

徒弟 P 也说："那我也知道了。"

然后，他们同时走向一块木板。鲁班看后，高兴地笑了，原来那块木板正是自己需要的那一块。

你知道鲁班要的木板是哪块吗？

20. 抓球决胜【超级难】 限时 200 分钟

桌子上有 100 个乒乓球，由两个人轮流拿球装入口袋，能拿到第 100 个乒乓球的人为胜利者。条件是：每次拿球至少要拿 1 个，但最多不能超过 5 个。请问：如果你是先拿球的人，你该拿几个？以后怎么拿就能保证你能得到第 100 个乒乓球？

逆向思维法

参考答案

01. 巧接金链
把其中1截金链的3个金环切断，得到3个断的金环，然后用这3个断的金环把其余的4截金链连起来就可以了。这样做只切断3个环，损失最少。

02. 五分钟煮蛋
让两个计时器同时开始漏沙子。当3分钟那个漏完后，立即把它颠倒过来；4分钟的那个漏完后，再次把3分钟的那个颠倒回来。这时3分钟的那个里正好漏下一分钟的沙子，还剩下2分钟。等这个沙漏里的沙子漏完后，就正好是5分钟了。

03. 反驳的方式
小孩说："那么，你用什么去装这种液体呢？"

04. 有把握及格吗
随便答答对的几率只能从没有把握的21道题中算，也就是那21道题中，按几率可以答对21/3＝7道，再加上有把握的9道，只能答对16道，所以还是不能及格。

05. 点餐
只要画个简易的图就可以知道他们的位置关系，桌子一边三人为赵、钱、孙，另一边为李、周、吴。再看六个人分别点了什么东西，就能够知道答案：吴点了红烧牛肉。

06. 聪明的贩马人
他就带了2匹马。

07. 巧翻硬币

将这23枚硬币分为2堆，一堆10个，另一堆13个，然后将10个那一堆所有的硬币都翻过来就可以了。其实就是取了个补数。

08. 哥哥和弟弟

假设乙说了实话，那么D是丙的弟弟。丁说只有D的哥哥也就是丙说了实话，与假设矛盾，所以乙说的不是实话。

假设丙说了实话，那么也就是说丙是D的哥哥，这就与乙说的相同，也出现了两句实话。

假设甲说了实话，那么甲是D的哥哥。其他人说的都是假话，所以丁的弟弟就是C，丙的弟弟不是D，也不是C，只能是A或B；而甲说，乙的弟弟不是A，所以只能是B，所以丙的弟弟就是A了。

所以得出：甲和D，乙和B，丙和A，丁和C是亲兄弟。

09. 携带钢管

找一个长宽高都是1米的箱子，把钢管斜着放进去。因为1米见方的箱子的对角线正好超过1.7米，这样就符合了铁路的要求。

10. 巧过小桥

他在看守刚进小屋的时候开始过桥，大约5分钟左右的时候，他大约走到了桥中心，然后他转个身往回走。这时，正好看守会出来巡视，发现他以后，会叫他回去，也就是返回到他想去的那个村子。这样就可以顺利地过去了。

11. 土地哪里去了

原来，这块土地的南北和东西方向是这个正方形的两条对角线。所以面积只有5000平方米，而不是10000平方米。

12. 平分二十四斤油

先把13斤的桶装满，然后用13斤的桶倒满5斤的瓶，这时13斤的桶里就剩下 8 斤了,也就是 1/3 了,将这些倒入 11 斤的桶中,分给其中一位。再用倒满 13 斤的桶,重新来一次,就完成了。

13. 老板娘分酒

11 倒 7 剩 4,7 倒空,4 倒 7,11 倒满,11 倒 7 满剩 8,7 倒空,8 倒 7 剩 1,7 倒空,1 倒 7,11 倒满,11 倒 7 满剩 5,7 倒空,5 倒 7,11 倒满,11 倒 7 剩 9,7 倒空,9 倒 7 剩 2。

14. 猜颜色

因为五个人都猜对了一瓶,并且每人猜对的颜色都不同。所以猜对第一瓶的只有丙,也就是说第一瓶是红色。那么第五瓶就不是黄色的,所以只有第五瓶是蓝色。戊说的第二瓶是黑色的也就不对了。既然第二瓶不是黑色的,那就应该如第一个人所说,第三瓶是黑色的。所以第二瓶就不能是蓝色的,只有第二瓶是绿色的了。

所以说:第一瓶是红色,第二瓶是绿色,第三瓶是黑色,第四瓶是黄色,第五瓶是蓝色。

15. 参加舞会

四对订婚的,两对结婚的。
单独男士两个独身两个结婚。
单独女士三人。
女士中人数最多的是订婚的。
所以 B 属于订婚的。

16. 聪明的匪徒

应该从头目后面第 4 个人开始数起。

思考方法:先从任意一个人开始点名,直到剩下最后一个人,记下这个人的位置。然后数一下最后剩下的人与匪徒头目的距离,把第一个点名的人向相同方向移动这个距离开始数即可。这样最后剩下的就是这名头目了。

17. 分享美酒

两个 8 斤装的桶分别设为 1 号和 2 号，3 斤的空酒瓶设为 3 号。16 斤的酒让 4 人平分，每人应分到 4 斤，现在开始分酒：

1. 用 1 号的酒把 3 号倒满，让甲喝掉 3 号里的 3 斤，然后再把 1 号的酒倒入 3 号，让乙喝掉 1 号剩下的 2 斤。这时 1 号容器是空的，2 号 3 号都是满的。甲喝了 3 斤，乙喝了 2 斤，丙、丁都没喝。

2. 把 3 号里的 3 斤倒入空的 1 号里，接着把 2 号里的酒倒入 3 号，3 号再倒入 1 号，再把 2 号里的酒倒入 3 号，3 号里有 3 斤，而 1 号只能再倒 2 斤，当 1 号倒满时，3 号里剩下 1 斤，这样 1 号是 8 斤，2 号是 2 斤，3 号里剩下 1 斤。3 号里的 1 斤让丙喝。

3. 把 1 号倒入空的 3 号，再把 2 号倒入 1 号，这样 1 号里是 7 斤，3 号是 3 斤。接着把 3 号倒入 2 号，把 1 号倒入 3 号，3 号再倒入 2 号，1 号再倒入 3 号，这时 1 号有 1 斤，2 号有 6 斤，3 号有 3 斤，1 号的 1 斤让丁喝。

4. 用 3 号把 2 号倒满，这样 3 号剩下 1 斤，让甲把 3 号喝掉（甲喝了 3+1 = 4 斤）。这时 1 号和 3 号是空的，2 号是满的，在把 2 号倒入 3 号，让丙把 3 号喝掉（丙喝了 1+3 = 4 斤）。

再把 2 号倒入 3 号，这时 2 号里有 2 斤，3 号里有 3 斤，让乙把 2 号喝掉（乙喝了 2+2 = 4 斤），丁把 3 号喝掉（丁喝了 1+3 = 4 斤）。

如此下来，四个人都喝足了 4 斤酒。

18. 猜数字

说话依次编号为 S1，P1，S2。

设这两个数为 x、y，和为 s，积为 p。

由 S1，P 不知道这两个数，所以 s 不可能是两个质数相加得来的，而且 $s \leq 41$，因为如果 $s > 41$，那么 P 拿到 $41 \times (s-41)$ 必定可以猜出 s 了。所以和 s 为 {11，17，23，27，29，35，37，41} 之一，设这个集合为 A。

1. 假设和是 11。$11 = 2+9 = 3+8 = 4+7 = 5+6$，如果 P 拿到 18，$18 = 3 \times 6 = 2 \times 9$，只有 $2+9$ 落在集合 A 中，所以 P 可以说出 P1，但是这时候 S 能不能说出 S2 呢？我们来看，如果 P 拿到 24，$24 = 6 \times 4 = 3 \times 8 = 2 \times 12$，P 同样可以说 P1，因为至少有两种情况 P 都可以说出 P1，所以 A 就无法断言 S2，所以和

不是 11。

2. 假设和是 17。17＝2＋15＝3＋14＝4＋13＝5＋12＝6＋11＝7＋10＝8＋9，很明显，由于 P 拿到 4×13 可以断言 P1，而其他情况，P 都无法断言 P1，所以和是 17。

3. 假设和是 23。23＝2＋21＝3＋20＝4＋19＝5＋18＝6＋17＝7＋16＝8＋15＝9＋14＝10＋13＝11＋12，咱们先考虑含有 2 的 n 次幂或者含有大质数的那些组，如果 P 拿到 4，19 或 7，16 都可以断言 P1，所以和不是 23。

4. 假设和是 27。如果 P 拿到 8，19 或 4，23 都可以断言 P1，所以和不是 27。

5. 假设和是 29。如果 P 拿到 13，16 或 7，22 都可以断言 P1，所以和不是 29。

6. 假设和是 35。如果 P 拿到 16，19 或 4，31 都可以断言 P1，所以和不是 35。

7. 假设和是 37。如果 P 拿到 8，29 或 11，26 都可以断言 P1，所以和不是 37。

8. 假设和是 41。如果 P 拿到 4，37 或 8，33，都可以断言 P1，所以和不是 41。

综上所述：这两个数是 4 和 13。

19. 两个聪明的徒弟

对于聪明的徒弟 S 来说，在什么条件下，才会说"我不知道是哪块木板？"显然，这块木板不可能是 12×30、14×40、18×40。因为这三种长度的木板都只有一块，如果长度是 12、14、18，那么知道长度的徒弟 S 就会立刻说自己知道。

同样的道理，对于徒弟 P 来说，在什么条件下，才会说"我也不知道是哪块。"显然，这块木板不可能是 8×10、8×20、10×25、10×35、16×45。因为这五种宽度的木板也是各有一块。

这样，我们可以从 11 块木板中排除 8 块，剩下以下三种可能性：10×30、16×30、16×40。

下面，可以根据徒弟 S 所说的"现在我知道了"这句话来推理。如果这块木板是 16×30 或 16×40，那么仅仅知道长度的徒弟 S 是不能断定是哪块木板的，然而，徒弟 S 却知道了是哪块，所以，这块木板一定是 10×30 那一块。

20. 抓球决胜

先拿 4 个，之后他拿 n 个，你就拿 6−n 个，每一轮都是这样，保证你能得到第 100 个乒乓球。（1≤n≤5）

1. 我们不妨逆向推理，如果只剩 6 个乒乓球，让对方先拿球，你一定能拿到第 6 个乒乓球。理由是：如果他拿 1 个，你拿 5 个；如果他拿 2 个，你拿 4 个；如果他拿 3 个，你拿 3 个；如果他拿 4 个，你拿 2 个；如果他拿 5 个，你拿 1 个。

2. 我们再把 100 个乒乓球从后向前按组分开，6 个乒乓球一组。100 不能被 6 整除，这样就分成 17 组；第 1 组 4 个，后 16 组每组 6 个。

3. 这样先把第 1 组 4 个拿完，后 16 组每组都让对方先拿球，自己拿完剩下的。这样你就能拿到第 16 组的最后一个，即第 100 个乒乓球。

这类题目多出现于跨国企业的招聘面试中，对考察一个人的思维方式及思维方式转变能力有极其明显的作用，而据一些研究显示，这样的能力往往也与工作中的应变与创新能力息息相关。所以回答这些题目时，必须冲破思维定势，试着从不同的角度考虑问题，不断进行逆向思维，换位思考，并且把题目与自己熟悉的场景联系起来，切忌思路混乱。

抽象思维法

加工概念，获取本质

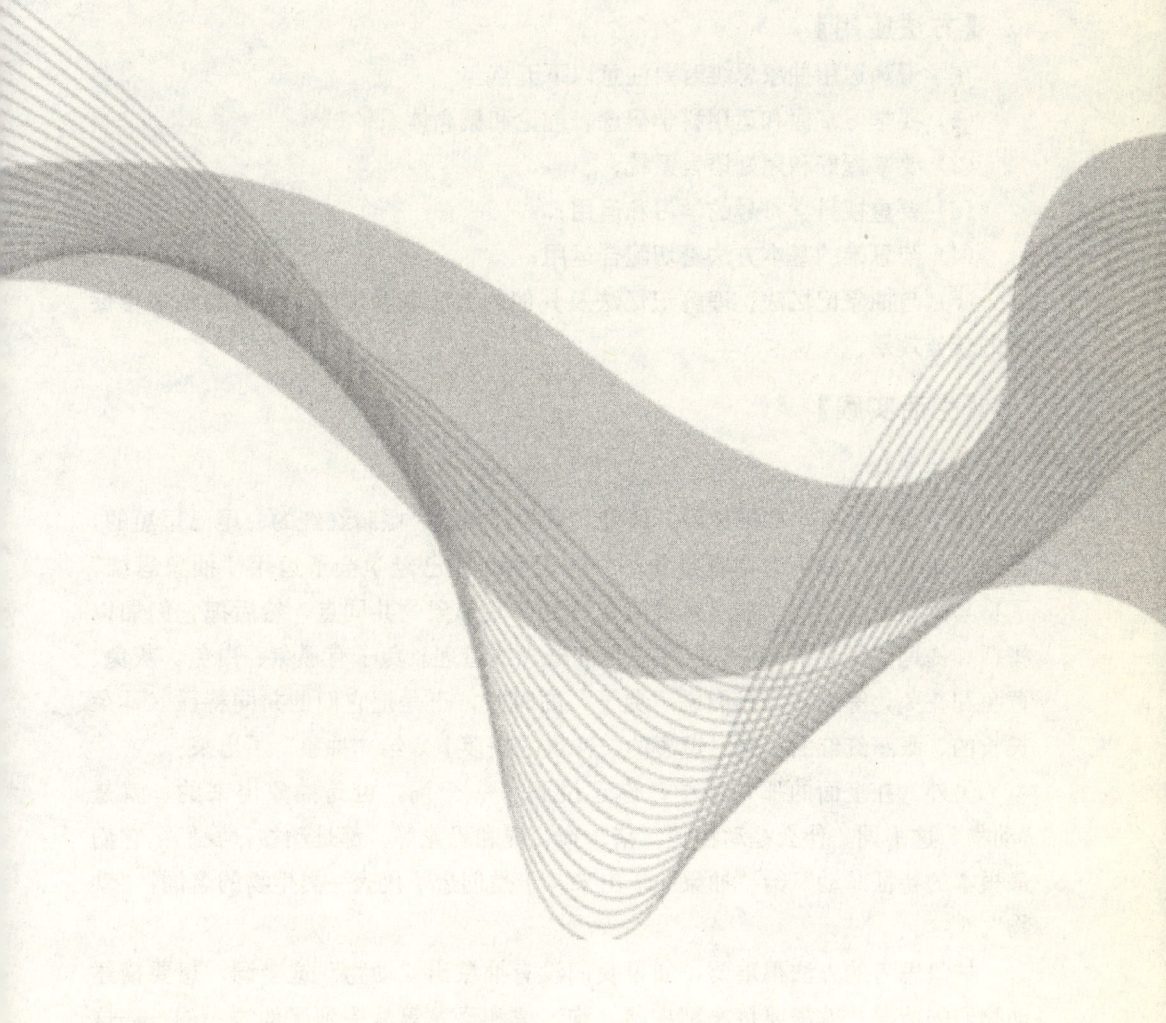

【定义】

抽象思维法就是利用概念，借助语言符号进行思维的方法。其主要特点是通过协调运用分析、综合、抽象、概括等基本方法，揭露事物的本质和规律。

抽象思维是思维的高级形式，又称为抽象逻辑思维或逻辑思维。从具体到抽象，从感性认识到理性认识必须运用抽象思维方法。

【方法应用】

在学习和运用抽象思维时要注意以下五点：

（1）要学习掌握和运用科学概念、理论和概念体系；

（2）要掌握好和用好语言系统；

（3）要重视科学符号的学习和运用；

（4）与思维的基本方法密切配合运用；

（5）与抽象记忆法、理解记忆法及其他的方法联合训练，可以起到互相促进的较佳效果。

【生活实践】

兔子是什么

兔子是什么呀？如果你说：那些"耳朵长长的、眼睛红红的、尾巴短短的、喜欢吃胡萝卜"的小动物就是兔子！这说明，你已经学会了运用"抽象思维"了！与形象思维相反，抽象思维就是找到一些形象的共同点，然后把它们加以概括和提炼，得到了一种深层次思考的概念或道理。兔子有黑兔、白兔、灰兔、黄兔和花兔，等等，当我们说"兔子"的时候，正是把它们的共同特征（耳朵长长的、眼睛红红的、尾巴短短的，喜欢吃胡萝卜）给"抽象"了出来。

另外，在上面的那句话中，你还说到了一个词，也是抽象出来的，就是"动物"这个词。什么是动物呢？猪、狗、虎和恐龙等，都是动物，我们把它们最根本的特征"动"给"抽象"了出来，于是创造了代表一类生物的名词："动物"。

抽象思考的方法很重要，如果我们没有抽象出"动物"这个词，想要描述动物们的情况，就需要每次都把猪、狗、虎和恐龙等从头到尾地说一遍——这样讲话，恐怕会把人累坏的，而且那些动物还没有讲全，很难把事情说清楚。

【思维训练场】

 01. 战场上的选择【有点难】　限时　5　分钟

老兵总是这样教导新兵:"在战场上躲在炮弹炸出的弹坑里,是最安全的。因为根据概率,炮弹再落到那个地方的可能性近乎为零。"请问,这种说法正确吗,为什么?

 02. 奇妙的摩比斯带【有点难】　限时　10　分钟

一条纸带应该有两面。如果把纸带一头的正面和另一头的正面粘在一起,就形成了一个纸圈。你能把这个纸圈带一面涂成红色的,一面涂成绿色的吗?

 03. 杂技演员的妙计【有点难】　限时　5　分钟

一名杂技演员去表演节目,路上要经过一座小桥。小桥只能承受100千克的重量。而杂技演员的体重为80千克,他还带着3个各重10千克的铁球。总重量明显比桥的承受能力要高,该怎么办呢?杂技演员灵机一动,想出了一个好办法。他把3个球轮流抛向空中,这样每时每刻总有一个球在空中,那么他就可以顺利过桥了。请问如果这样做的话,桥能支撑得住吗?

04. 猴子和老兵【有点难】　限时　5　分钟

一个猎人远远地看见一只猴子,于是举起他的猎枪瞄准它,并扣动了扳机。恰恰在此时,猴子看到了自己的危险,聪明的猴子马上放开了它抓着的树枝往下落,想以此躲开子弹。假设枪响和猴子放开树枝在同一时刻,不考虑空气阻力,猴子能逃脱厄运吗?

05. 卖玫瑰【有点难】　　限时　25　分钟

小红的爸爸开了一家花店,一天爸爸有事出去,叫小红临时帮忙看店。但是小红不会包玫瑰花,爸爸临走时将店里的 1000 朵玫瑰全部包好了,成为 10 个包装好的花束。这样顾客无论要买几朵玫瑰花(1000 朵以内)都可以不用打开包装。你知道爸爸是怎么包的吗?

06. 圈起地球【非常难】　　限时　35　分钟

假设地球是正圆的,想给地球做一个铁环,使这个环刚好套在赤道上而不留一点空隙。同时也给篮球做一个这样的环。但是在做铁环的时候不小心把两条铁丝都多截了 2 米。这样套在球上的时候,铁环与球之间就出现了空隙。请问,是地球上的空隙大还是篮球上的空隙大?分别有多宽?

07. 参加会议的人员【非常难】　　限时　50　分钟

有人邀请 A、B、C、D、E、F 六人参加一项会议,这六个人有些奇怪,因为他们有很多要求,已知:
(1) A、B 两人至少有一人参加会议;
(2) A、E、F 三人中有两人参加会议;
(3) B 和 C 两人一致决定,要么两人都去,要么两人都不去;
(4) A、D 两人中只有一人参加会议;
(5) C、D 两人中也只有一人参加会议;
(6) 如果 D 不去,那么 E 也决定不去。
那么最后究竟有哪几个人参加了会议?

抽象思维法

08. 掷骰子【非常难】　　限时　50　分钟

甲、乙两个人都不愿意打扫卫生，于是甲对乙说："我们掷骰子决定吧，现在这里有两个骰子，我们每人掷一次，如果两个骰子上显示的数之和在1～6之间，就算你赢；如果两个数之和在7～12，就算是我赢。输的那个人打扫卫生，怎么样？"乙同意了。掷完骰子，乙输了，于是他就打扫了卫生。第二天，乙发现他是上了甲的当了，那种掷法不公平。请问，为什么这种掷法是不公平的呢？两种概率差了多少？

09. 投资问题【非常难】　　限时　40　分钟

甲、乙两人合伙做生意，甲投入的资本是乙的1.5倍。这时丙也要入伙，他拿出了250万元钱来投资，甲、乙、丙想让他们三个人占有的股份相等，所以决定将这250万元由甲、乙两人瓜分。那么，他们该如何分这笔钱呢？

10. 没打结的绳子【非常难】　　限时　30　分钟

找出下图中哪几幅图形绳子不会打成结？

 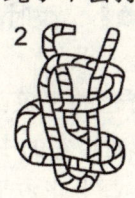  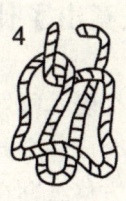

11. 骰子构图【非常难】　　限时　20　分钟

在A、B、C、D、E五个骰子中，哪一个是左边的骰面无法构成的？

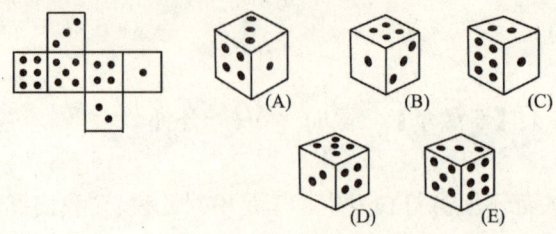

12. 操场位置【非常难】 限时 60 分钟

如下图，在一个5×5的方格中，站着几个人。上面有一些数字，这些数字表示当前空格的周围站着几个人。例如"0"表示该人周围都没有人。你能运用自己的智慧，将所有的人正确标示在方格中吗？

	2			
			0	
	2	2		1
			1	
1				

13. 究竟出了什么问题【非常难】 限时 40 分钟

美国的一个魔术师发现了这样一个奇怪的现象：一个正方形被分割成几小块后，重新组合成一个同样大小的正方形时，它的中间却有个洞！

他把一张方格纸贴在纸板上，按图1画上正方形，然后沿图示的直线切成5小块。当他照图2的样子把这些小块拼成正方形的时候，中间真的出现了一个洞！

图1的正方形是由49个小正方形组成的，图2的正方形却只有48个小正方形。究竟出了什么问题？那一个小正方形到底哪儿去了？

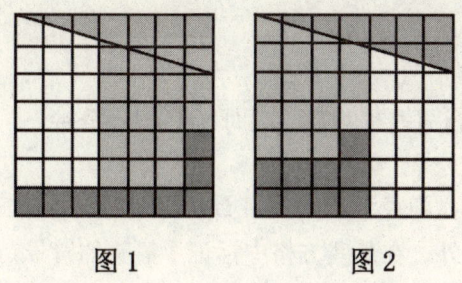

图1　　　　　图2

14. 纸上的洞【非常难】　限时 *25* 分钟

如果把一张纸对折一下，然后用剪刀在折痕的中间剪一个洞，当你把纸片展开后，纸上就会出现一个洞。如果你把纸对折一下，再成直角对折一下，按照此方法对折6次，然后在最后折的一边中间剪一个洞，当把纸片展开后，会得到多少个洞？在剪之前先动脑子想一想。

15. 神奇数表【非常难】　限时 *70* 分钟

有如下图所示的五张表，你在心里想一个数，这个数不能超过31。只要你指出，你想的这个数在哪几个表中有，我就会知道你想的数是多少。

这个表是怎么制出来的呢？

1	9	17	25
3	11	19	27
5	13	21	29
7	15	23	31

A

2	10	18	26
3	11	19	27
6	14	22	30
2	15	23	31

B

4	12	20	28
5	13	21	29
6	14	22	30
7	15	23	31

C

8	12	24	28
9	13	25	29
10	14	26	30
11	15	27	31

D

16	20	24	28
17	21	25	29
18	22	26	30
19	23	27	31

E

16. 发现宝石【超级难】　　限时 *100* 分钟

在下面的表格中，隐藏了若干颗宝石，每一行或列中宝石的数量如同表格边的数字所揭示。此外，在某些方格中标记了箭头的符号，这些地方没有宝石，而箭头所指的方向藏有宝石，当然在这个方向藏着的宝石可能不止一颗。看你能找到多少颗宝石吧？

	1	1	1	3	1	2	1	3
1	→		↓					
3		→						
1				→				
1	↑		↗	→				
1	↗					↓		
2				↖				←
3	→					↗		
1	↗				→	↗		

 17. 射击比赛【超级难】　　限时 *40* 分钟

奥运会射击比赛中，甲、乙、丙三名运动员各打了四发子弹，全部中靶，其命中情况如下：

（1）每人四发子弹所命中的环数各不相同；

（2）每人四发子弹所命中的总环数均为 17 环；

（3）乙有两发命中的环数与甲其中两发一样，乙另两发命中的环数与丙其中两发一样；

（4）甲与丙只有一发环数相同；

(5) 每人每发子弹的最好成绩不超过 7 环。
问甲与丙命中的相同环数是几?

18. 切蛋糕【超级难】　　限时　60　分钟

有一个长方形蛋糕,切掉了长方形的一块(大小和位置随意),你怎样才能直直的一刀下去,将剩下的蛋糕切成大小相等的两块?

19. 寻宝比赛【超级难】　　限时　120　分钟

某电视台组织了一次寻宝比赛,寻找藏在 Z 城的宝物。所有的人先在 A 城集合,然后参赛者们分头去 A、Z 城以外的其他九个城镇寻找线索,每一个城镇都有一条线索,只有把这些线索集中在一起,才会知道那件宝物藏在 Z 城的什么位置。而且有个要求,就是每个城镇只能去一次,不能重复。只有巧妙地安排了自己的路线,才能顺利地从 A 城到达 Z 城。下图是 11 个城镇的分布图,城镇与城镇之间只有唯一的一条道路相连。

请问该怎么走呢?

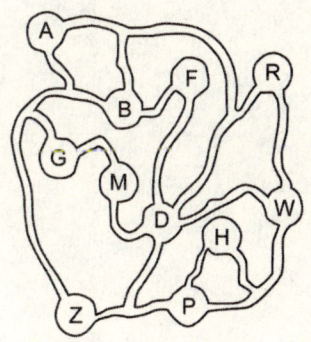

20. 七桥问题【超级难】　　限时　200　分钟

在哥尼斯堡的一个公园里,有七座桥将普雷格尔河中两个岛及岛与河岸连接起来（如图）。问是否可能从这四块陆地中任一块出发，恰好通过每座桥一次，再回到起点？

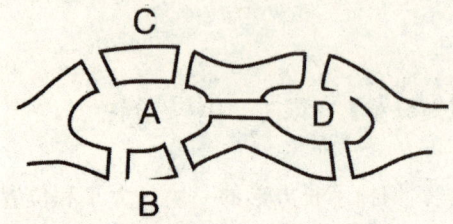

抽象思维法

参考答案

01. 战场上的选择
这种说法是错误的，炮弹落到任何地方的概率都是相同的，新落的炮弹的概率并不受先前的炮弹的影响。

02. 奇妙的摩比斯带
不能。摩比斯带只有一个边及一个面。

03. 杂技演员的妙计
桥撑不住。牛顿第三运动定律指出，力的作用是相互的。杂技演员把球扔向空中时对球施加了一个力，这个力比球的重力大。这个力，加上小丑和剩下两个球的重量一定会压垮桥的。

04. 猴子和老兵
子弹飞行时的下落距离（其轨迹竖直方向上的分量）与猴子的下落距离是完全相同的。所以无论子弹的速度如何，都将击中猴子。

05. 卖玫瑰
把1000朵花分成1、2、4、8、16、32、64、128、256、489十份，每份包成一束。这样1~1000朵玫瑰花，无论顾客要多少朵，都可以成束买走。

06. 圈起地球
从直觉上来讲，2米对地球的周长来说微不足道，而对篮球来说要大得多。所以应该是篮球的空隙大。但这个"直觉"是错的。地球周长是其半径的2π倍，即铁丝长度应为地球半径加上空隙高度再乘上2π。如果它和地球周长的差

是 2 米,那么就有:

2π(r+x)－2πr＝2 米

2πx＝2 米

x＝1/π 米,大约 0.33 米

也就是说,不管这个球是"地球"还是"篮球",哪怕是"乒乓球",空隙也是一样的。

07. 参加会议的人员

A、B、C、F 去,D、E 不去。

分析:首先,B 去的话,C 也一定去,因此 D 就不去,所以 A 也去。又因为 D 不去,所以 E 也不去,而 A、E、F 中有两人去,所以只能是 A、F 了,A、B 至少有一人去,而 AB 都去了,所以最后答案应该是 A、B、C、F。

08. 掷骰子

因为不可能掷到 1,实际上只有掷到 2～6 甲才能赢。掷到 2 的概率是 1/36;掷到 3 的概率是 2/36;掷到 4 的概率是 3/36;掷到 5 的概率是 4/36;掷到 6 的概率是 5/36。总和为 5/12,而乙赢的概率为 7/12。相差了 1/6。

09. 投资问题

250 万元买 1/3 的股份,那么,总资产应该是 750 万元。由于甲掌握的股份是乙的 1.5 倍,那么,他的股份是 450 万,乙的是 300 万。如果让三位合作伙伴股权相等,都是 250 万,那么甲应该得到 200 万,乙应该得到 50 万。

10. 没打结的绳子

②和③不能成结。

11. 骰子构图

A 块。构图规则:自上而下,由左边第一行起,半圆形朝向的变化为 2 上,4 右,3 下,2 左,如此反复。每一行数完后,接着数下一行,仍自上而下。

12. 操场位置

如下图。

○	2		
	○		0
	2	2	1
	○		1	○
1			

13. 究竟出了什么问题

5小块图形中最大的两块对换了一下位置之后,被那条对角线切开的每个小正方形都变得高比宽大了一点点。这意味着这个大正方形不再是严格的正方形。它的高增加了,从而使得面积增加,所增加的面积恰好等于那个方洞的面积。

14. 纸上的洞

32个洞。大家可以亲自动手试一下。

15. 神奇数表

这是因为表是把1~31的数,变成以 2^n 表示。例如 $11=2^0+2^1+2^3=1+2+8$。将一个数由十进制改成二进制,对含有 2^0($=1$)的项放在A表,含有 2^1($=2$)的项放在B表,同理,含有 2^2($=4$)的项放在C表,含有 2^3($=8$)的项放在D表,含有 2^4($=16$)的项放在E表中,这样就造出此表。也就是说A表代表1,B表代表2,C表代表4,D表代表8,E表代表16。

如果你想的数在A、C、E中都有,只要把A、C、E代表的数字1、4、16相加即可,也就是21。

16. 发现宝石

	1	1	1	3	1	2	1	3
1	→	0	↓	0	0	1	0	0
3	1	→	0	1	0	0	1	0
1	0	0	0	→	0	0	0	1
1	↑	0	↗	→	0	0	0	1
1	↗	1	0	0	↓	0	0	0
2	0	0	↖	1	1	0	0	←
3	→	0	1	1	↗	1	0	0
1	↗	0	0	→	↗	0	0	1

17. 射击比赛

条件这么多，一下子满足所有的条件有困难，我们把条件归类，逐条去满足。

首先，根据（1）、（2）、（5）三个条件，可以列举出四个加数互不相同，且最大加数不超过 7，总和为 17 的所有情况：

1＋3＋6＋7＝17
1＋4＋5＋7＝17
2＋3＋5＋7＝17
2＋4＋5＋6＝17

再根据（3）、（4）两个条件不难看出，每人四发子弹的环数分别为：

甲：1，3，6，7
乙：2，3，5，7
丙：2，4，5，6

从上面分析可以看出，甲与丙的相同环数为 6。
另外还有一个简单的方法：

假设甲1、甲2和乙1、乙2相同，乙3、乙4和丙1、丙2相同。所以甲3、甲4、乙1、乙2、乙3、乙4、丙3、丙4，这8个数除了重复的那个数外，应该是从1到7。而这8个数的和是17＋17＝34。所以重复的应该是34－（1＋2＋3＋4＋5＋6＋7）＝6。

18. 切蛋糕

将完整的蛋糕的中心与被切掉的那块蛋糕的中心连成一条线。这个方法也适用于立方体！请注意，切掉的那块蛋糕的大小和位置是随意的，不要一心想着自己切生日蛋糕的方式，要跳出这个圈子。

19. 寻宝比赛

路线是：A—G—M—D—F—B—R—W—H—P—Z。只有按这条路线走，才能做到从A到Z每个城镇走一次而不重复。

20. 七桥问题

七桥问题（Seven Bridges Problem）是一个著名的古典数学问题。欧拉用点表示岛和陆地，两点之间的连线表示连接它们的桥，将河流、小岛和桥简化为一个网络，把七桥问题化成判断连通网络能否一笔画的问题。他不仅解决了此问题，且给出了连通网络可一笔画的充要条件是它们是连通的，且奇顶点（通过此点弧的条数是奇数）的个数为0或2。七桥所形成的图形中，没有一点含有偶数条数，因此上述的任务无法完成。

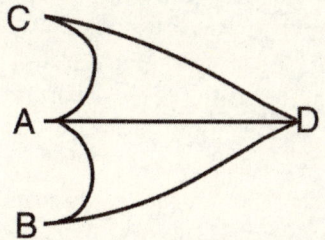

欧拉的这个思考方法非常巧妙，它表明了数学家处理实际问题的独特之处——把一个实际问题抽象成合适的"数学模型"。这种研究方法就是"数学模型方法"。这并不需要运用多么深奥的理论，但却是解决难题的关键。

欧拉通过对七桥问题的研究，不仅圆满地回答了哥尼斯堡居民提出的问题，

而且得到并证明了更为广泛的有关一笔画的三条结论,人们通常称之为欧拉定理。对于一个连通图,通常把从某结点出发一笔画成所经过的路线叫做欧拉路。人们又通常把一笔画成回到出发点的欧拉路叫做欧拉回路。具有欧拉回路的图叫做欧拉图。

  1736年,欧拉在交给彼得堡科学院的《哥尼斯堡七座桥》的论文报告中,阐述了他的解题方法。他的巧解,为后来的数学新分支——拓扑学的建立奠定了基础。

形象思维法

从形象上认识研究对象

【定义】

形象思维是依靠形象材料的意识领会得到理解。从信息加工角度说，可以理解为主体运用表象、直觉、想象等形式，对研究对象的有关形象信息以及贮存在大脑里的形象信息进行加工（分析、比较、整合、转化等），从而在形象上认识和把握研究对象的本质和规律。

形象思维是艺术家在创作活动中从发现和体验生活，到进行艺术构思、形成艺术意象，并将其物化为艺术形象或艺术意境的整个过程中所采取的一种主要的思维方式。

【方法应用】

形象思维不像抽象（逻辑）思维那样，对信息的加工一步一步、首尾相接地、线性地进行，而是可以调用许多形象性材料，一下子合在一起形成新的形象，或由一个形象跳跃到另一个形象。它对信息的加工过程不是系列加工，而是平行加工，是面性的或立体性的。它可以使思维主体迅速从整体上把握住问题。形象思维是或然性或似真性的思维，思维的结果有待于逻辑的证明或实践的检验。

【生活实践】

相对论是什么

爱因斯坦创立了相对论以后，据说全世界只有几个高明的科学家看得懂他关于"相对论"的著作。其他人都无法理解相对论，因此，经常有许多人向他请教相对论是什么。

有一次，一个对相对论一无所知的年轻人向爱因斯坦请教相对论到底是什么。他说：

"爱因斯坦博士，请你用最简单的语言解释一下你的相对论。"

爱因斯坦回答：

"比方说，你同你最亲爱的人在一起聊天，一个钟头过去了，你会觉得只过了五分钟；可如果让你一个人在大热天孤单地坐在炽热的火炉旁，五分钟就好像一个小时。这就是相对论。"

形象思维就是把抽象的内容通过自己的思维，转化成形象的内容，并用最形象的语言表述出来。爱因斯坦是形象思维的专家。他经常能够把深奥的理论运用形象的语言表述出来。

形象思维法

还有一次,一位美国女记者走访爱因斯坦,问道:"依你看,时间和永恒有什么区别呢?"

爱因斯坦笑了笑答道:"亲爱的女士,如果我有时间解释它们之间区别的话,那么,我解释完的时间一到,永恒就消失了。"

人在思考问题的时候,往往是比较抽象的。因为,通常人们头脑中储存的信息大致分为两类,即语言信息和形象信息。如果你能多运用形象信息来表述你的思维过程,这种思维内容就比较容易被别人理解和接受。

运用形象思维首先要对内容有深刻的了解,例如爱因斯坦就是因为对相对论有深刻的了解,他才可以一针见血地说出相对论的内涵。

【思维训练场】

 01. 聪明的小儿子【有点难】 限时 *10* 分钟

有一个富翁已经病入膏肓。他把三个儿子叫到床前,对他们说:"我年龄大了,希望把家业交给你们其中一个经营,但我不知道谁更聪明?"

于是,富翁分别给三个儿子10元钱,然后,他对三个儿子说:"你们各自拿这10元钱去买一件东西,所买的东西价格不能超过10元钱,而且要把我们住的整间大房子装满。谁装得最满,谁就可以继承家业。"

三个儿子各自拿着钱走了。

半小时后,大儿子回来了。他扛着一棵大树对父亲说:"我花了10元买回一棵茂密的大树,可以充满这个房间。"

富翁听了,微笑着摇了摇头。

三个小时后,二儿子回来了,说:"我花5元买了一车草回来,可以充满整个房间。"

富翁还是摇了摇头。

等到天黑的时候,小儿子才回来,可是却好像什么都没买。富翁问他买了什么,小儿子二话没说,从口袋里拿出了一样东西。大家一致认为小儿子的东西确实装满了整间房间。而且,小儿子只花了2角钱!

富翁笑了,他终于可以把自己的家业传给聪明的小儿子了。

你知道小儿子买的是什么吗?

02. 测量地球【有点难】　限时　20　分钟

假设你有一个巨大的圆规,把圆规的针插在地球的北极,笔端沿地球赤道画一圈。然后你保持圆规的张角不变,在一张与北极点相切的纸上画一个与赤道平行的圆。

你知道这第二个圆的面积与北半球的表面积相比哪个更大?

03. 重新排列【有点难】　限时　30　分钟

把5个1~5的25个数字填在一个5×5的方格中,使横、纵各行数字的和都相等,并且在同一行中一个数字不得出现两次。你会填吗?

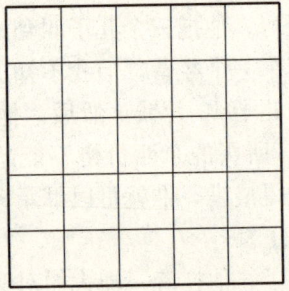

04. 圆桌会议【有点难】　限时　35　分钟

张先生参加了一场很重要的会议,与会者围坐在一个大圆桌旁边,这时张先生发现,每个人都与两个性别相同的人是邻座。如果这场会议共有12位女士参加,那么,你能算出一共有多少人参加会议吗?

05. 等公交车【非常难】　限时　40　分钟

有三个同学外出看电影,他们要乘坐一辆公交车回校,但是他们等了很久,车都没有来，这时，甲的意见是站在那里等；乙的意见是往前面走一些，因为等的时间已经可以走出一段路程了，这样可以早点返校；丙的意见是往后走，这样可以更快地遇到迎面开来的车子，就可以早点到家。三个人谁也说服不了谁，结果都按自己的方式行事。那么，这三个人谁先到达学校，谁最聪明？

06. 坐座位【非常难】　限时　25　分钟

A～F 六个人围着一个六边形的桌子而坐（如下图）。图中已经填好了 A 和 B 的位置，请根据下面的提示依次把其他的空位填满。
(1) A 坐在 B 右手边隔一个空位的位子。
(2) C 坐在 D 的正对面。
(3) E 坐在 F 左手边隔一个空位的位子。
那么，如果 F 不是坐在 D 的隔壁，A 的右边会是谁呢？

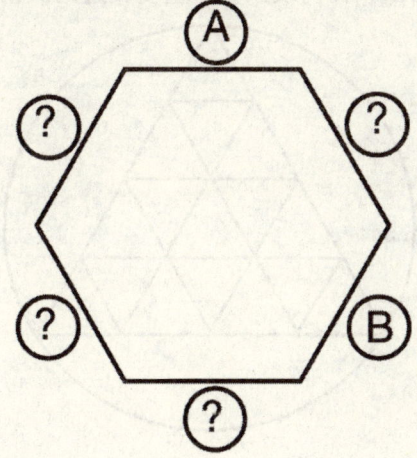

07. 分地【非常难】　限时　50　分钟

一个财主，家里有一块地，形状如下图。他有三个儿子，儿子长大后，财主决定把地分成 3 份给三个儿子。三个儿子关系不和，一定要求每个人的地不仅面积一样大，形状也得相同。你知道该怎样分吗？

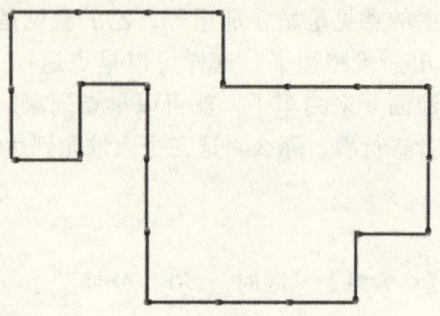

 08. 一笔画图【非常难**】 限时 40 分钟**

古希腊的很多建筑上都有一种特殊的符号,它是由圆和三角形组成的。如下图。

这个图可以一笔画出,任何线条都不重复画过两次以上。你知道怎么画吗?

 09. 转向何方【非常难**】 限时 30 分钟**

图中的黑色圆圈表示滑轮,白色圆圈表示齿轮,直线表示连接滑轮的传送带。那么,当右侧的传送带按箭头所示方向运动时,轮子 A 和 B 各往哪个方向转动?

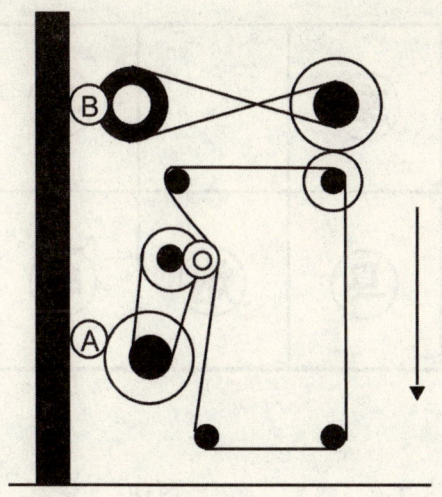

 10. 等分方孔图【非常难】 限时 *20* 分钟

将以下图形分为大小和形状均相同的六等份。

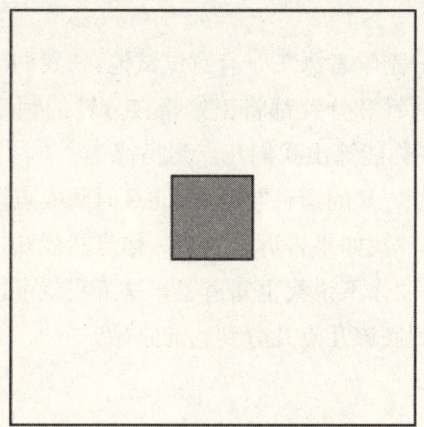

 11. 对调位置【非常难】 限时 *20* 分钟

6个方格中放着5颗棋子,现在要将"兵"和"卒"的位置对调一下。不准把棋子拿起来,只能把棋子推到相邻的空格,要推动几次以后,就能达到目的?车、马、炮不要求回原位。

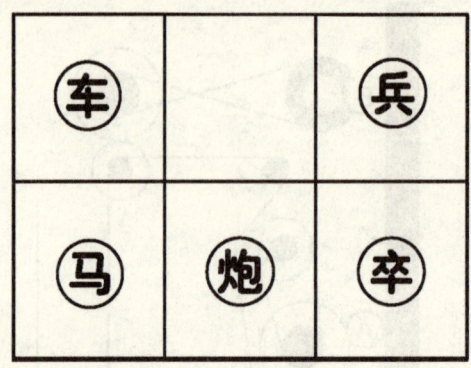

 12. 准点到达【超级难】　　限时　100　分钟

张教授乘坐高速列车去北京参加一个学术会议。他怕耽误了开会时间,就问列车上的乘务员:"火车什么时候到达北京站?"

"明天早晨。"乘务员答道。

"早晨几点呢?"

乘务员看张教授一副学者派头,有意试试他:"我们准时到达北京时,时钟的显示将很特别——时针和分针都将正好指在分针的刻度线上,两针的距离是13分或者26分。现在你能算出我们几点到吗?"

张教授想了一会儿,又问道:"我们是北京时间4点前还是4点后到呢?"

乘务员笑了一下:"我如果告诉你这个,你当然就知道了。"

张教授回之一笑:"你不说我也知道了,这下我就可以放心了。"

请问,这列火车到底该几点几分到达北京站?

 13. 一起滚的球【超级难】　　限时　120　分钟

两只小球从一矩形边上的同一点出发沿矩形滚动,一个在矩形内部,一个在外部——直到它们最终都回到起点。

如果矩形的宽是小球周长的两倍,而矩形的长是宽的两倍,那么,从起点出发再回到起点,两个小球自身各转了几圈?

形象思维法

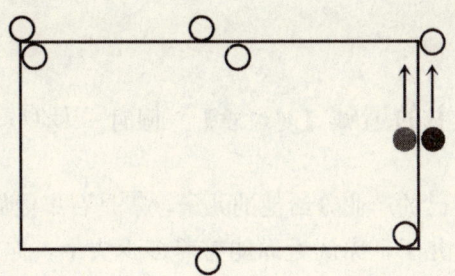

14. 猜年龄【超级难】　限时 *60* 分钟

办公室里,两名教授在聊天。教授甲说:昨天累死了,我带着三名女士游览了整整一天。

教授乙笑了:敢问三位女士芳龄几何?

教授甲思考了片刻说:把她们的年龄乘在一起得2450,加在一起恰好是你年龄的2倍。

教授乙摇了摇头说:条件还是不够。

教授甲补充道:是的,我忘了提起,我的年龄比那个年纪最大的小。

当然,两位教授是互相知道对方年龄的,

请问,你能算出他们的年龄吗?

15. 分图形【超级难】　限时 *40* 分钟

这是一道经典的几何分割问题。

请将这个图形分成四等分,并且每等分都必须是现在图形的缩小版。

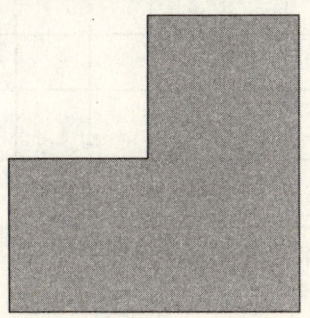

16. 大牧场主的遗嘱【超级难】　限时　120　分钟

有个牧场主把自己的产业分给他的儿子，于是召集他们宣读遗嘱。

他对大儿子说：儿子，你认为你能够养多少头牛，你就拿走多少；你的妻子可以取走剩下的牛的1/9。

他又对二儿子说：你可以拿走比大哥多一头牛，因为他有了先挑的机会。至于你的妻子，可以获得剩下的牛的1/9。

然后对其余的儿子说了类似的话，每人拿到比他大一点的哥哥的牛数多一头，而他们的妻子则获得剩下的牛的1/9。

当最后的儿子拿完牛之后，牛一头也没有了。

于是牧场主又说：马的价值是牛的2倍，剩下的7匹马要使每个家庭得到同样价值的牲口。

试问：大牧场主共有多少头牛？他有几个儿子？

 17. 有趣的棋盘【超级难】　限时　45　分钟

在一个6×6的棋盘中，已经有个两枚棋子（如下图所示），现在请你在棋盘中放入棋子，使得每行、每列、每条斜线上都不会有超过两枚棋子。

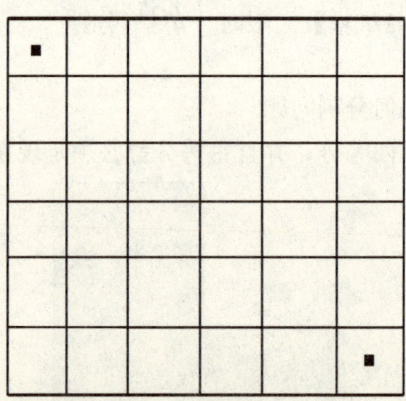

请问：这个棋盘上最多可以放多少枚棋子？

形象思维法

18. 财主分田【超级难】　限时　*200*　分钟

下面有四幅图，每幅图中都有 5 种不同的小图形，每种图形有 4 个。现在将这四幅图都分割成形状相同的 4 个部分，且这 5 种小图形每部分各含一个。你知道该怎么分吗？

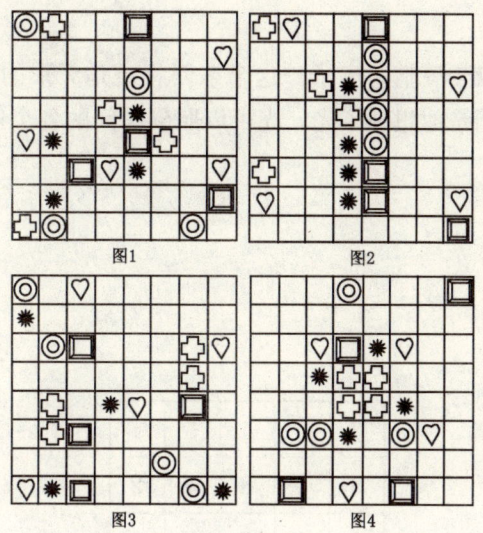

图1　　　图2
图3　　　图4

19. 天外来物【超级难】　限时　*200*　分钟

一位地质学家无意间捡到了三块陨石：甲、乙、丙。他想知道这三块石头的重量，可是他手上只有一个天平和一个 1 两、一个 5 两的两个砝码。于是他开始用天平来量石头的重量：

他先把丙放在一边，专注地测量甲和乙。他发现甲与乙都不足 4 两，但无论他怎么量都测不出甲、乙的真正重量！

接着，他将丙放在天平左侧，将甲、乙放在右侧测量。然后他又重新安排三块石头的位置并用上了砝码，并说："这次如果再量不出来，我就无法知道准确重量了！"而这次量完，他马上大叫："太幸运了，我测出来了！"

请问，甲、乙、丙三块石头各是多重？

参考答案

01. 聪明的小儿子

蜡烛。

什么东西才可以装满整间房子?这个东西肯定是无形的,因为有形的东西很难装满房间的。于是他想到了光,光可以照到房间的各个角落!

02. 测量地球

两块面积相等。

03. 重新排列

2	5	4	3	1
5	4	3	1	2
4	1	5	2	3
1	3	2	5	4
3	2	1	4	5

04. 圆桌会议

一共有 24 人参加会议。因为每个人都与两个性别相同的人相邻,所以张先生旁边的两个人可以是男士也可以是女士,如果是男士的话,那么所有与会者都是男士,这与题目不符,所以他旁边是两个女士,那么可以判断这张桌子旁的女士和男士是交替坐着的。

05. 等公交车

三人最终都坐在同一辆车上，当然也是同时返校。但是最聪明的是甲，他安逸地留在原站上等着，比另外两个人少走了一段路。

06. 坐座位

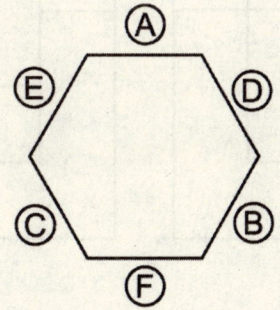

07. 分地

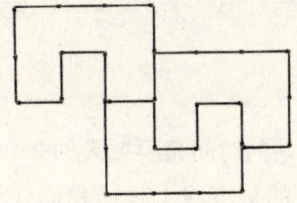

08. 一笔画图

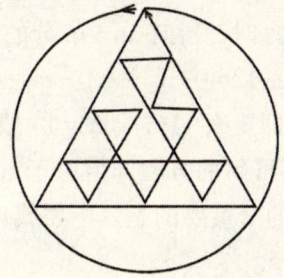

09. 转向何方

A 和 B 两个轮子都朝逆时针方向转动。

10. 等分方孔图

(1) (2)

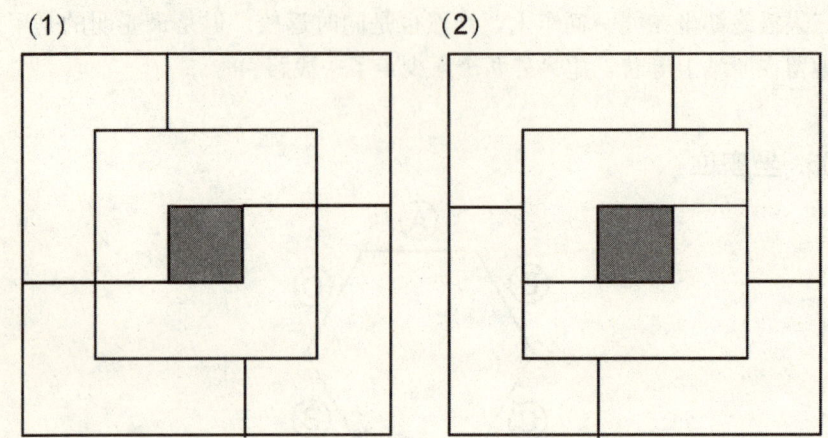

11. 对调位置

按下列顺序，把棋子移到相邻的空格中，就可以得到结果。推动 17 次，兵、卒、炮、兵、车、马、兵、炮、卒、车、炮、兵、马、炮、车、卒、兵。

12. 准点到达

这列火车准点驶入北京站的时间是第二天的 2∶48。

时针和分针都指在分针的刻度线上，让我们仔细看看钟表面刻度的分布：两个小时刻度之间有四个分针刻度，时针走过相邻两个分针刻度线需要 12 分钟。这说明这个时间必定是 n 点 12m 分，其中 n 是 0 到 11 的整数，m 是 0 到 4 的整数，即分针指向 12m 分，时针指向 5n+m 分的位置。又已知分针与时针的间隔是 13 分或者 26 分，要么 12m－(5n－4－m)＝13 或 26，要么 (5n+m)＋(60－12m)＝13 或 26，即要么 11m－5n＝13 或 26，要么 60－11m－5n＝13 或 26。这是一个看起来不可解的方程，但由于 n 和 m 只能是一定范围内的整数，所以还是能找出解来的（重要的是，不要找出一组解便满足了，否则此类题是做不出来的）。

张教授便是以此思路找出了所有三组解（若不细心便会在只找到两组解后便宣称此题无解）。

已知：m＝0、1、2、3、4；n＝0、1、2、3、4、5、6、7、8、9、10、11。

只有固定的取值范围,不难找到以下三组解:(1) n=2, m=4; (2) n=4, m=3; (3) n=7, m=2。

即这样三个时间:(1) 2:48;(2) 4:36;(3) 7:24。

面对这三个可能的答案,张教授当然得问一问乘务员了。乘务员的回答却巧妙地暗设了机关:

正面回答本来应该是4点前或是4点后。但若答案是4点后,乘务员的变通回答便不对了,因为这时张教授还是无法确定是4:36还是7:24。而乘务员的变通回答说明:若正面回答便能确定答案,这意味着这个正面回答只能是4点以前。即正点到站的时间是2:48。

13. 一起滚的球

当一个球滚动一周时,它平移的距离等于它的周长。长方形的周长等于圆周长的12倍,意味着外面的球沿长方形的边滚了12圈。而在每一个角上它还要滚上1/4圈。所以它总共滚了13圈。

而里面的球滚过的距离等于周长的12倍减去其半径的8倍。半径等于周长除以2π。所以它滚过的圈数为$12-(4/\pi)$,大约10.7圈。

14. 猜年龄

把2450分解因数得:$2\times5\times5\times7\times7$。

所以可能的情况有如下几种:

1、1、2450,和为2452;

1、2、1225,和为1228;

1、5、490,和为496;

1、7、350,和为358;

1、10、245,和为256;

1、14、175,和为190;

1、25、98,和为124;

1、35、70,和为106;

1、49、50,和为100;

2、5、245,和为252;

2、7、172,和为181;

2、25、49，和为 76；
2、35、35，和为 72；
5、5、98，和为 108；
5、7、70，和为 82；
5、10、49，和为 64；
5、14、35，和为 54；
7、7、50，和为 64；
7、10、35，和为 52；
7、14、25，和为 46。

其中只有 5、10、49 和 7、7、50 都是 64，所以教授乙才会认为条件不足。也就是说教授乙今年 32 岁。而当教授甲补充了条件"我的年龄比那个年纪最大的小"之后，教授乙就猜出来了，说明教授甲今年 49 岁。而三位女士的年龄分别为 7、7、50。

15. 分图形

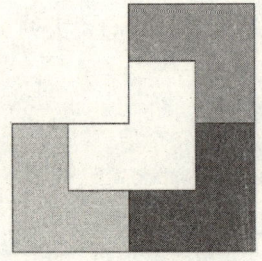

16. 大牧场主的遗嘱

大牧场主有 7 个儿子，56 头牛。大儿子拿了 2 头牛，他老婆拿了 6 头；第二个儿子拿了 3 头牛，他老婆拿了 5 头；第三个儿子拿了 4 头牛，他老婆也拿了 4 头。这样依此类推，直到最后，第七个儿子拿到 8 头牛，但牛已经全部分光。现在每个家庭都分到 8 头牛，所以每家可以再分到 1 匹马。于是他们都分到了价值相等的牲口。

17. 有趣的棋盘

棋盘中最多可以放 12 枚棋子，方法如下图所示：

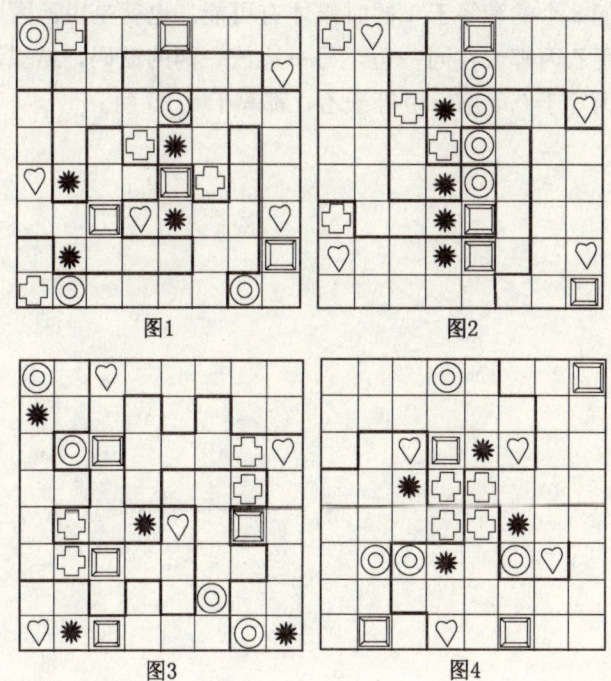

18. 财主分田

图1　　　　图2

图3　　　　图4

19. 天外来物

虽然有的答案看似可行，但最合理且正确的答案只有一组！

他用1两和5两的砝码测量，都量不出来，而且甲乙两块石头都不足4两。说明如果甲乙两块石头的重量都是整数，那么不可能是1两和4两。如果是2

两和3两,那么有3种可能:2两、2两;3两、3两;2两、3两。而用两个砝码可以测出的重量有1两、4两、5两、6两。所以这三种情况都不可能。答案一定是'非整数'了!

  他拿丙和甲乙一起测,这是他第一次量丙;之后又只量了一次,就知道答案,可见最后这次一定是平衡,确认了重量。不过最后一次三块石头都放上去,但那时他都还不知道甲乙的重量,所以在这之前有丙的那一次,一定是确认了丙和甲乙的相对关系,这答案只有一个情况才能确定,那就是平衡!换句话说,有丙参与的两次测量都是平衡的。第一次测量的结果是甲加乙等于丙,确认了甲乙和丙的关系!第二次放了砝码,确认了重量。只有这样才能确定结果。

  另外,他还可以量出甲、乙的和是否小于1两。如果和大于1两,他还有很多种量法。当他量出甲乙的和等于丙时,便知道他要想量出甲乙丙的正确重量,只有当他们3个的和等于1的时候才有可能。也就是甲乙丙的和要等于一两。于是他将甲乙丙都放在同一边,另一边放一两的砝码,结果真的平衡。甲加乙等于丙,丙等于0.5两,甲等于乙,都等于0.25两。

博弈思维法

决策双方相互影响

【定义】

博弈思维法就是在作决策之前要考虑自己的行为对他人的影响以及他人的行为对自己影响。博弈思维的前提之一是绝对理性人假设,也就是参与游戏的人全部都是绝顶聪明的人。

博弈方法是思维方法中比较复杂、难以把握的方法。由于竞争双方都在进行博弈,所以这种竞争的结果不仅依赖于自己的抉择,也依赖于参加竞争的所有人的行为。一旦实施,不论对错都无法挽回,只有一拼了。博弈方法需要借助于一定的心理分析。

你喜欢下棋吗?当你下棋的时候,是不是非常希望取胜?于是,在下棋过程中,你常常为一招棋冥思苦想,最后做出决策。也许你不知道,就在你冥思苦想要走出一招好棋的过程当中实际上就包含着"博弈论",也就是说,每走一步棋,你的脑海中必然想了好几种方法,同时,你会考虑你走了这步之后,对方会怎样应付,然后你是否还继续占有优势。你的大脑快速运转,比较了你想到的每一种方法的优劣,最终选择一种你认为最好的办法,这就是博弈思维法。

【方法应用】

博弈方法的基本步骤:

1. 诊断问题所在,确定目标

诊断问题所在,这是任何科学思维方法实际操作的前提。正如一位医生给病人看病,必先诊断一番,确定病因,才能对症下药。不知问题所在,不知行动的目标为何物,一切思考和行动都将是盲目的。

2. 探索和拟订各种可能的备选方案

目标明确之后,就要围绕目标寻找各种可能的方案,并尽可能安全。因为每一种可能的方案都有可能成为最后的决策。

3. 从各种备选方案中选出最合适的方案

博弈思维在生活中也经常会用到,尤其是在重大事情的选择时,一定要注意权衡利弊得失,注重长远的眼光。既要善于选择,还要学会放弃。

【生活实践】

囚徒困境

在博弈论中有一个经典案例"囚徒困境",说的是两个囚犯的故事。这两个囚徒一起做坏事,结果被警察发现抓了起来,分别关在两个独立的不能互通信息的牢房里进行审讯。在这种情形下,两个囚犯都可以做出自己的选择:坦白交代或保持沉默。

两个囚犯都知道,如果他俩都保持沉默的话,就都会被释放,因为只要他们拒不承认,警方是无法给他们定罪的。但警方对他俩说:如果他们中的一个人坦白了,即告发他的同伙,那么他就可以被无罪释放,同时还可以得到一笔奖金。而他的同伙就会被按照最重的罪来判决,并且为了加重惩罚,还要对他施以罚款,作为对告发者的奖赏。当然,如果这两个囚犯都选择坦白的话,两个人都会被按照最重的罪来判决,而且谁也不会得到奖赏。

那么,这两个囚犯该怎么办呢?是选择坦白还是沉默?

"囚徒困境"中的目标是最大限度地减少自己的痛苦和损失。

从表面上看,两个囚犯应该互相合作,保持沉默,因为这样他们俩都能得到最好的结果:自由。但他们不得不仔细考虑对方可能采取什么选择。囚犯甲不是个傻子,他马上意识到,他根本无法相信他的同伙。同伙很有可能会向警方提供对他不利的证据,然后带着一笔丰厚的奖赏出狱而去,让他独自坐牢。但他也意识到,他的同伙也会这样来设想他。

通过各种分析,囚犯甲的结论是,唯一理性的选择就是坦白交代,把一切都告诉警方,因为如果他的同伙保持沉默,那么他就会是带着那笔奖金出狱了。而如果他的同伙也根据这个逻辑向警方交代了,那么,囚犯甲反正也得服刑,起码他不必在这之上再被罚款。所以其结果就是,这两个囚犯都会不顾一切地做出选择:坐牢。

田忌赛马

齐国的大将田忌,很喜欢赛马。有一回,他和齐威王约定进行一场比赛。

他们商量好,把各自的马分成上、中、下三等。比赛的时候,上等马对上等马,中等马对中等马,下等马对下等马。由于齐威王每个等级的马都比田忌的马强一些,所以比赛结果总是田忌失败。

田忌觉得很扫兴,垂头丧气地离开赛马场。路上,他遇到了好友孙膑,就

向他诉苦，说了赛马的整个过程。

孙膑说："你很想赢吗？我可以帮你。"田忌听了很高兴，就问孙膑："太好了，可是我去哪换马呢？"

孙膑摇摇头说："你一匹马也不需要更换，我自有办法。"

齐威王得胜了，正在得意洋洋地夸耀自己的马匹，看见田忌陪着孙膑迎面走来，便讥讽地说："怎么，莫非你还不服气？"田忌说："当然不服气，咱们再赛一次！"

齐威王很痛快地答应了。一声锣响，比赛开始了。

孙膑先以下等马对齐威王的上等马，第一局输了。第二场比赛，孙膑拿上等马对齐威王的中等马，获胜了一局。第三局比赛，孙膑拿中等马对齐威王的下等马，又胜了一局。这下子，齐威王目瞪口呆。比赛结果是三局两胜，当然是田忌赢了齐威王。

【思维训练场】

 01. 该怎么下注【有点难】　限时　30　分钟

轮盘赌是一种很简单的游戏，在圆盘上标着譬如"奇数"、"偶数"、"3的倍数"、"5的倍数"等，只要你猜对了数字，你就可以得到相应倍数的钱。

在一次赌局中，已经到了最后决定胜负的关键时刻。占第一位的是赌圣周星星先生，他非常幸运地赢了700个金币。占第二位的赌神丽莎小姐，她赢了500个金币。其余的人都已经输了很多，所以这最后一局就只剩下周星星先生和丽莎小姐一决胜负了。

周星星先生还在犹豫着，考虑怎样才能赢得这次赌局。如果将手上筹码的全部押在"奇数"或者"偶数"上？赢的话他的赌金就会变成现在的两倍。当然他也可以只押一部分。而这时，丽莎小姐已经把所有的筹码都押在了"3的倍数"上，赢的话赌金就会变成现在的三倍，如果够幸运，她就可以赢到1500个金币，那样就可能反败为胜了。

想想，如果你是周星星先生，你应该怎么下注才能确保赢呢？

02. 纸条上的数字【有点难】　限时 40 分钟

老师出了一道测试题想考考皮皮和琪琪。她写了两张纸条，对折起来后，让皮皮、琪琪每人拿一张，并说："你们手中的纸条写的都是自然数，这两个数相乘的积是 8 或 16。现在，你们能通过手中纸条上的数字，推出对方手中纸条的数字吗？"

皮皮看了自己手中纸条上的数字后，说："我猜不出琪琪的数字。"

琪琪看了自己手中纸条上的数字后，也说："我猜不出皮皮的数字。"

听了琪琪的话后，皮皮又推算了会儿，说："我还是推不出琪琪的数字。"

琪琪听了皮皮的话后，重新推算了会儿，但也说："我同样推不出来。"

听了琪琪的话后，皮皮很快地说："我知道琪琪手中纸条的数字了。"并报出数字，果然不错。

你知道琪琪手中纸条上的数字是多少吗？

03. 是否改变选择【有点难】　限时 60 分钟

某娱乐节目邀请你去参加一个抽奖活动。有三个信封，让你挑选其中一个。并且告诉你其中一个信封里装着 10000 元，而另两个信封里面装的都是 100 元。当你选中一个之后，主持人把另两个信封打开一个，不是 10000 元。现在，主持人给你一个选择的机会，你要不要换一个信封？难题交给你了，你是换还是不换呢？

04. 巧胜扑克牌【有点难】　限时 65 分钟

现有扑克牌智力题如下：

甲方：一个 2、三个 K、三个 J、两个 9、两个 7、两个 6、两个 5、两个 4、一个 3

乙方：两个 A、两个 10

规定：由甲方先出，先出完者为胜。规则符合一般出牌规则，例外可出三带双（如：三个J带两个4），但不可出三带一（如：三个K带一个3）。可出五连顺（34567），但不可出四连顺（如：4567）。也不可出连对（如：44、55等）

问甲方如何胜出？

05. 不会输的游戏【有点难】 限时 70 分钟

有一种赌博游戏叫做"15点"。规则很简单，桌面上画着三行三列九个方格，上面标有1~9九个数字。庄家和参赌者轮流把硬币放在1~9这九个数字上，谁先放都一样。谁首先把加起来为15的3个不同数字盖住，那么桌上的钱就全数归他。

我们先看一下游戏的过程：一位参赌者先放，他把硬币放在7上，因为7被盖住，其他人就不可再放了。其他一些数字也是如此。庄家把硬币放在8上。参赌者把硬币放在2上，这样他以为下一轮再用一枚硬币放在6上就可以赢了。但庄家却看出了他的企图，把自己的硬币放在6上，堵住了参赌者的路。现在，他只要在下一轮把硬币放在1上就可获胜了。参赌者看到这一威胁，便把硬币放在1上。庄家笑嘻嘻地把硬币放到了4上。参赌者看到他下次放到5上便可赢了，就不得不再次堵住他的路，把一枚硬币放在5上。但是庄家却把硬币放在了3上，因为8+4+3=15，所以他赢了。可怜的参赌者输掉了这4枚硬币。

原来，只要知道了其中的秘密，庄家是绝对不会输一盘的。你知道如何做到吗？

06. 如何问路【非常难】 限时 90 分钟

一个岔路口分别通向天堂和地狱。路口站着两个人，已知一个来自天堂，另一个来自地狱，但是不知道谁来自天堂，谁来自地狱。只知道天堂的人永远说实话，地狱的人永远说谎话。现在你要去天堂，但不知道应该走哪条路，需要问这两个人。只许问一句，应该怎么问？

07. 将军的困境【非常难】 限时 *80* 分钟

两个将军各带领自己的部队埋伏在相隔一定距离的两个山上等候敌人。将军 A 得到可靠情报，说敌人刚刚到达，立足未稳。两位将军都知道敌人没有防备，如果两股部队一起进攻的话，就能够获得胜利；而如果只有一方进攻的话，进攻方将失败。但是 A 遇到了一个难题：如何与将军 B 协同进攻？那时没有电话之类的通信工具，而只有通过派情报员来传递消息。将军 A 派遣一个情报员去了将军 B 那里，告诉将军 B：敌人没有防备，两军于黎明时一起进攻。然而可能发生的情况是，情报员失踪或者被敌人抓获。即：将军 A 虽然派遣情报员向将军 B 传达"黎明一起进攻"的信息，但他不能确定将军 B 是否收到他的信息。还好，情报员顺利回来了，可是将军 A 又陷入了迷茫：将军 B 怎么知道情报员肯定回来了？将军 B 如果不能肯定情报员回来的话，他必定不会贸然进攻的。于是将军 A 又将该情报员派遣到 B 地。然而，他不能保证这次情报员肯定到了将军 B 那里……

如果你是这两位将军中的一个，你有什么办法？

08. 倒推法博弈【非常难】 限时 *100* 分钟

在某个城市，假定只有一家房地产开发商 A，我们知道任何没有竞争的垄断都会获得极高的利润，假定 A 此时每年的垄断利润是 10 亿元。

现在有另外一个企业 B，准备从事房地产开发。面对着 B 要进入其垄断行业，A 想：一旦 B 进入，A 的利润将受损很多，B 最好不要进入。所以 A 向 B 发出，你进入的话，我将阻挠你进入。假定当 B 进入时 A 阻挠的话，A 的利润降低到 2 亿，B 的利润是-1 亿。而如果 A 不阻挠的话，A 的利润是 4 亿，B 的利润也是 4 亿。

这是房地产开发商之间的博弈问题。A 的最好结局是"B 不进入"，而 B 的最好结局是"进入"而 A"不阻挠"。但是，这两个最好的结局却不能同时得到。那么结果是什么呢？

而对 B 来说，如果进入，A 真的阻挠的话，它将受损失-1 亿（假定-1 亿是

它的机会成本），当然此时 A 也有损失。对于 B 来说，问题是：A 的威胁可信吗？

09. 纽科姆悖论【非常难】　限时　200　分钟

一天，一个从外层空间来的超级生物欧米加在地球着陆。

欧米加搞出一个设备来研究人类的大脑。它可以十分准确地预言每一个人在二者择一时会选择哪一个。

欧米加用两个大箱子检验了很多人。箱子 A 是透明的，总是装着 1000 美元；箱子 B 不透明，它要么装着 100 万美元，要么空着。

欧米加告诉每一个受试者："你有两种选择，一种是你拿走两个箱子，可以获得其中的东西。可是，当我预计你这样做时，我就让箱子 B 空着。你就只能得到 1000 美元；另一种选择是只拿箱子 B。如果我预计你这样做时，我就往箱子 B 中放进 100 万美元。你能得到全部款项。"

说完，欧米加就离开了，留下了 2 个箱子供人选择。

一个男人决定只拿箱子 B。他的理由是——

我已看见欧米加尝试了几百次，每次他都预计对了。凡是拿两个箱子的人，只能得到 1000 美元。所以我只拿箱子 B，就会变成百万富翁。

一个女孩决定要拿两个箱子，她的理由是——

欧米加已经做完了他的预言，并已离开。箱子不会再变了。如果 B 是空的，那它还是空的；如果它是有钱的，它还是有钱。所以我要拿两个箱子，就可以得到里面所有的钱。

你认为谁的决定更好？两种看法不可能都对，哪一种错了？它为何错了？

10. 蜈蚣博弈的悖论【非常难】　限时　120　分钟

蜈蚣博弈是由罗森塞尔（Rosenthal）提出的。它是这样一个博弈：两个参与者 A、B 轮流进行策略选择，可供选择的策略有"合作"和"背叛"（"不合作"）两种。假定 A 先选，然后是 B，接着是 A，如此交替进行。A、B 之间的博弈次数为有限次，比如 10 次。假定这个博弈各自的支付如下：

```
A → B → A ┄┄ A → B → A → B →  (10,10)
↓   ↓   ↓     ↓   ↓   ↓   ↓
(1,1)(0,3)(2,2)(8,8)(7,10)(9,9)(8,11)
```

博弈从左到右进行，横向箭头代表合作策略，向下的箭头代表不合作策略。每个人下面对应的括号代表相应的人采取不合作策略。博弈结束后，各自的收益，括号内左边的数字代表 A 的收益，右边代表 B 的收益。

现在的问题是：A、B 应该如何进行策略选择？

11. 理性的困境 【非常难】 限时 *150* 分钟

两人分一笔总量固定的钱，比如 100 元。方法是：一人提出方案，另外一人表决。如果表决的人同意，那么就按提出的方案来分；如果不同意，两人将一无所得。比如 A 提方案，B 表决。如果 A 提的方案是 70∶30，即 A 得 70 元，B 得 30 元。如果 B 接受，则 A 得 70 元，B 得 30 元；如果 B 不同意，则两人将什么都得不到。

如果叫 A 来分这笔钱，A 会怎样分？

12. 猜扑克牌 【非常难】 限时 *140* 分钟

P 先生、Q 先生都具有足够的推理能力。这天，他们正在接受推理考试。"逻辑教授"在桌子上放了如下 16 张扑克牌：

红桃 A、Q、4

黑桃 J、8、3、2、7、4

草花 K、Q、5、4、6

方块 A、5

教授从这 16 张牌中挑出一张牌来，并把这张牌的点数告诉 P 先生，把这张牌的花色告诉 Q 先生。然后，教授问 P 先生和 Q 先生："你们能从已知的点数或花色中推知这是张什么牌吗？"

P 先生："我不知道这张牌。"

Q 先生："我知道你不知道这张牌。"

P 先生："现在我知道这张牌了。"
Q 先生："我也知道了。"
请问：这张牌是什么？

13. 抓豆子【超级难】　　限时　200　分钟

5 个囚犯，分别按 1～5 号的顺序在装有 100 颗绿豆的麻袋中抓绿豆，规定每人至少抓一颗，而抓得最多和最少的人将被处死，而且，他们之间不能交流，但在抓的时候，可以摸出剩下的豆子数。问他们中谁的存活概率最大？

提示：

(1) 他们都是很聪明的人；
(2) 他们的原则是先求保命，再去多杀人；
(3) 100 颗不必都分完；
(4) 若有重复的情况，则也算最大或最小，一并处死。

14. 是人还是吸血鬼【超级难】　　限时　200　分钟

在一个奇怪的岛上，住着两类居民：人和吸血鬼。有一年，这里发生了一场大瘟疫，有一半的人和吸血鬼都生了病而变得精神错乱了。这样一来，这里的居民就分成了四类：神志清醒的人、精神错乱的人、神志清醒的吸血鬼、精神错乱的吸血鬼。从外表上是无法将他们区分开的。他们的不同在于：凡是神志清醒的人总是说真话的，但是，一旦精神错乱了，他就只会说假话了。

吸血鬼同人恰好相反，凡是神志清醒的吸血鬼都是说假话的，但是，他们一旦精神错乱，反倒说起真话来了。这四类居民，讲话都很干脆，他们对任何问题的回答，只用两个词："是"或"不是"。

有一天，有位"逻辑博士"来到这个岛上。他遇见了一个居民 P。"逻辑博士"很想知道 P 是居于四类居民中的哪一类。于是，他就向 P 提出一个问题。他根据 P 的回答，立即就推定 P 是人还是吸血鬼。后来，他又提出了一个问题，又推定出 P 是神志清醒的，还是精神错乱的。

"逻辑博士"先后提的是哪两个问题呢？

 15. 老师的生日【超级难】 限时 *140* 分钟

张老师的生日是 M 月 N 日，他的两个学生小明和小强只知道张老师的生日是下列十组日期中的一天。现在，他把 M 值告诉了小明，把 N 值告诉了小强，张老师问他们知道他的生日是哪一天吗？

小明说：如果我不知道的话，小强肯定也不知道。

小强说：本来我也不知道，但是现在我知道了。

小明说：哦，那我也知道了。

请根据以上对话推断出张老师的生日是哪一天。

3月4日，3月5日，3月8日

6月4日，6月7日

9月1日，9月5日

12月1日，12月2日，12月8日

 16. 贴纸条猜数字【超级难】 限时 *120* 分钟

一个教逻辑学的教授，有三个学生，都非常聪明。一天教授给他们出了一道题，教授在每个人的脑门上贴了一张纸条并告诉他们，每个人的纸条上都写了一个正整数，且某两个数的和等于第三个数。（每个人可以看见另两个数，但看不见自己的数。）教授问第一个学生：你能猜出自己的数吗？回答：不能；问第二个，不能；问第三个，还是不能；回头再问第一个，不能；问第二个，不能；问第三个：我猜出来了，是 144！教授很满意地笑了。请问您能猜出另外两个人头上贴的数是什么吗？请说出理由！

 17. 纸片游戏【超级难】 限时 *150* 分钟

Q 先生、S 先生和 P 先生在一起做游戏。Q 先生用两张小纸片，各写一个数。这两个数都是正整数，差为 1。他把一张纸片贴在 S 先生的额头上，另一

张贴在 P 先生的额头上。于是，两个人只能看见对方额头上的数。

Q 先生不断地问："你们谁能猜到自己头上的数？"

S 先生说："我猜不到。"

P 先生说："我也猜不到。"

过了一会，Q 先生又问他们。

S 先生说："我还是猜不到。"

P 先生说："我也猜不到。"

Q 先生第三次问他们。

S 先生仍然猜不到；P 先生也猜不到。

可是，到了第四次，S 先生喊起来："我知道了！"

P 先生也喊道："我也知道了！"

问：S 先生和 P 先生头上各是什么数？

 18. 分遗产【超级难】 限时 200 分钟

有一对姐弟，父母过世后留下了一些财物，一共六样：冰箱、笔记本电脑、洗衣机、打火机、自行车、洗碗机。

他们约定，由姐姐先挑选，但只能拿一样，然后弟弟再拿，也只能拿一样；如此循环。

实际上，姐弟俩对于这六样东西的偏好程度有不同的排序：

姐姐：1. 冰箱，2. 笔记本电脑，3. 自行车，4. 洗碗机，5. 洗衣机，6. 打火机；

弟弟：1. 笔记本电脑，2. 打火机，3. 洗碗机，4. 自行车，5. 冰箱，6. 洗衣机。

若俩人诚实地选择，结果会是什么？（所谓诚实地选择，即指每个人选择时都是从剩下的物品中选择自己认为价值最高的物品。）

如果姐姐做出策略性选择，那结果会是什么？（所谓策略性选择就是选择那些对方认为价值最高的物品，而同时对手又不会拿走自己认为价值最高的物品。）

 19. 村口的一排树【超级难】　限时　*200*　分钟

在一个偏僻的山里，有一个村庄。村里有100家住户。每家住户都有一个还没有结婚的孩子。

在这个村里已经形成了一个奇特的风俗。孩子的父母如果发现自己的孩子恋爱的话，就要在当天去村口种一棵树为孩子许愿。当然，父母必须有确切的证据来证明自己的孩子恋爱了。由于害羞，孩子不会主动告诉父母自己恋爱了。其他村民发现某家孩子恋爱了也不会告诉那个孩子的父母，但会在村子里相互传递这一信息，因此，一个孩子恋爱后，除了其父母不知道外，其他村民都知道。

而事实上是，村子里的这100家住户的孩子都恋爱了，但由于村民不会把知道的事实告诉恋爱孩子的父母，因此没有人去村口种树。

村子里有一个辈份很高的老太太，她德高望重，诚实可敬。每个人都向她汇报村里的情况，因此她对村里的情况了如指掌，她知道每个孩子都恋爱了，当然，其他村民不知道她所知道的。

一天，这位老人说了一句很平常的话："你们的孩子当中至少有一个已经恋爱了。"于是，村里发生了这样一个事情：前99天，村里风平浪静，但到了第100天，所有的父母都去村口种树了。

为什么会这样呢？

 20. 海盗分金【超级难】　限时　*200*　分钟

五个海盗抢到了100颗宝石，每一颗都一样大小和价值连城。他们决定这么分：抽签决定自己的号码（1、2、3、4、5），然后由1号提出分配方案让大家表决，当且仅当超过半数的人同意时，按照他的方案进行分配，否则他将被扔进大海喂鲨鱼。如果1号死了，就由2号提出分配方案，然后剩下的4人进行表决，当且仅当超过半数的人同意时，按照他的方案进行分配，否则将被扔入大海喂鲨鱼，依此类推。每个海盗都是很聪明的人，都能很理智地作出判断，从而作出选择。那么第一个海盗提出怎样的分配方案才能使自己的收益最大化？

参考答案

01. 该怎么下注

跟丽莎小姐一样，押500个金币在"三的倍数"上就可以了。

基本上只要跟丽莎小姐用同样的方法下注就可以了。如果丽莎小姐赢了，周星星先生也会得到同样的报酬，他们的名次就不会受到影响。要是丽莎小姐输了的话，就更不会影响到周星星先生的名次了。

事实上周星星先生只要押401个以上的金币，赢的话金币就会在1502个以上，仍然是第一名。所以，在这种场合手里有较多金币的人便是赢家。

02. 纸条上的数字

两人手中纸条上的数字都是4。两个自然数的积为8或16时，这两个自然数只能为1、2、4、8、16。可能的组合为：1×8，1×16，2×4，2×8，4×4。

当皮皮第一次说推不出来时，说明皮皮手中的数字不是16，如是16，他马上可知琪琪手中的数字是1，因为只有16×1才能满足条件。他猜不出来，说明他手中的数字不是16，可能为1、2、4、8。同理，当琪琪第一次说推不出时，说明她手中的数不是16，也不是1，如是1，她马上可知皮皮手中的数为8，因前面已排除了16，只有8×1=8符合条件了，她手中的数可能为2、4、8。

皮皮第二次说推不出，说明他手中的数不是1或8，如是1，他能推出琪琪手中的数是8，同理是8的话，能推出琪琪手中的数是2，这样皮皮手中的数只能为2或4。琪琪第二次说推不出时，说明琪琪手中的数只可能为4，只有为4时才不能确定皮皮手中的数；如果是2，她可推出皮皮的数只能为4，因只有2×4=8符合条件；如果是8，皮皮手中的数只能为2，因只有8×2=16符合条件。

因此第三轮时，皮皮能推出琪琪手中纸条上的数字是4。

03. 是否改变选择

开始的时候,你选中的机会始终都是1/3,选错的机会始终都是2/3。这点是确定的。

当打开一个100元的信封之后,如果你坚持选择那个信封的话:

如果10000元确实是在那个信封里,那么不管主持人打不打开那个100元的信封,你都一定会中奖,所以概率都是1/3×1=1/3。但是如果10000元不在那个信封里,那么在主持人打开100元的信封后,剩下的那个信封100%是那个有10000元钱的。所以如果你还是坚持1号门,中奖的概率是2/3×0=0。那么加在一起,你中奖的概率是1/3。

如果你改变你的决定的话:

如果10000元确实是在你选择的那个信封里,那么改选另一个信封的话,你中奖的概率是1/3×0=0。但是如果你原先猜错了,那么在主持人打开100元的信封之后,剩下的那个信封100%是那个有10000元的。那样中奖的概率是2/3×1=2/3。那么加在一起,你中奖的概率是2/3。

所以说,在这种情况下只要你改变你原先的选择,中奖的可能性就会翻一番!

04. 巧胜扑克牌

甲先出3,然后将对子全都拆开单出,直至乙拆开一个对子。如果拆的是10,则用J或者K管;如果拆的是A,则用2管。然后一直出对,乙必定会剩下一个单张。(如果有3个K或者3个J存在,记得留下一个对子三带二)

05. 不会输的游戏

要明白"15点"游戏的道理,其诀窍在于看出它在数学上是等价于"井"字游戏的!使人感到惊奇的是,该等价关系是在著名的3×3魔方(也就是九宫格)的基础上建立的,而3×3魔方在中国古代就已发现。要了解这种魔方的妙处,先列出其和均等于15的所有3个数字的组合(不能使两个数字相同,不能有零)。这样的组合只有8组:

1+5+9=15
1+6+8=15

2＋4＋9＝15
2＋5＋8＝15
2＋6＋7＝15
3＋4＋8＝15
3＋5＋7＝15
4＋5＋6＝15

现在我们仔细观察一下以下独特的3×3魔方：

2	9	4
7	5	3
6	1	8

应当注意的是，这里有8组元素，8组都在8条直线上：三行、三列、两条主对角线。每条直线等同于8组三个数字（它们加起来是15）中的一组。因此，在比赛游戏中每组获胜的3个数字，都由某一行、某一列或某条对角线在方阵上代表着。

很明显，每一次游戏与在方阵上玩"井"字游戏是一样的。庄家在一张卡片上画上幻方图，把它放在游戏台下面，只有他能看到。

在进行"15点"游戏时，庄家暗自在玩卡片画上的相应的"井"字游戏。玩这种游戏是决不会输的，假如双方都正确无误地进行，最后就会出现和局。然而，被拉进游戏比赛的人总是处于不利的地位，因为他们没有掌握"井"字游戏的秘诀。因此，庄家很容易设置埋伏，让自己轻松获胜。

06. 如何问路

随便问一个人："如果我问另一个人这样的问题：'去天堂应该走哪条路？'他会指给我哪条路？"然后根据他的答案走相反的那条路就可以到达了。或者指着其中的一条路问其中的一个："你认为另外一个人会说这是通往天堂的路吗？"由于他们的回答必须糅合自己的和另外一个人的观点，所以，他们的答案是一样的，并且都是错误的。如果你指的正好是去天堂的路，那么他们都会回答"不是"；如果是去地狱的路，他们都回答"是"。

当然，还有类似的其他问法。

07. 将军的困境

这就是"协同攻击难题",它是由格莱斯(J.Gray)于1978年提出的。糟糕的是,有学者证明,不论这个情报员来回成功地跑多少次,都不能使两个将军一起进攻。问题在于,两个将军协同进攻的条件是:"于黎明一起进攻",这是将军A、B之间的公共知识,然而,无论情报员跑多少次,都不能够使A、B之间形成这个公共知识!

08. 倒推法博弈

B通过分析得出:A的威胁是不可信的。原因是:当B进入的时候,A阻挠的收益是2,而不阻挠的收益是4。4>2,理性人是不会选择做非理性的事情的。也就是说,一旦B进入,A的最好策略是合作,而不是阻挠。因此,通过分析,B选择了进入,而A选择了合作。双方的收益各为4。

在这个博弈中,B采用的方法为倒推法,或者说逆向归纳法,即:当参与者作出决策时,他要通过对最后阶段的分析,准确预测对方的行为,从而确定自己的行为。

在这里,双方必须都是理性的。如果不满足这个条件,就无法进行分析了。

另外,作为A,从长远的利益出发,为了避免以后还有人进入该市场,A会宁可损失,也要对进入者做些惩罚。这样的话,就会出现其他结果。大家可以继续深入思考一下。

09. 纽科姆悖论

这是一个新的悖论,而专家们还不知道如何解决它。

这个悖论是物理学家威廉·纽科姆发明的,称为纽科姆悖论。哈佛大学的哲学家罗伯特·诺吉克首先发表并分析了这个悖论。他分析的依据主要是数学家称之为"博弈论"或"对策论"的法则。

男孩决定只拿B箱是很容易理解的。为了使女孩的论据明显起来,要记住欧米加已经走了。箱子里也许有钱,也许空着,这是不会再改变的。如果有钱,它仍然有钱;如果空着,它仍然空着。让我们思考一下这两种情况。

如果B中有钱,女孩只拿箱子B,她得到100万美元。如果她两个箱子都要,就会得到100万加1000元。

如果 B 箱空着,她只拿 B 箱,就什么也得不到。但如果她拿两个箱子,她就至少得到 1000 美元。

因此,每一种情况下,女孩拿两个箱子都多得 1000 元。

这条悖论,是试验一个人是否相信自由意志论的"石蕊试纸"类型的悖论。对这个悖论的反应公平地区分出,愿意拿两个箱子的是自由意志论者,愿意拿 B 箱者是决定论(宿命论)者。而另一些人则争辩道:不管未来是完全决定的,还是不完全决定的,这个悖论所要求的条件都是矛盾的。

很显然,在这个问题上可以有两大派:一派主张正确的答案是只要第二个盒子,他们是一盒论者(one—boxers);另外一派主张正确的答案是两个盒子都要,他们是两盒论者(two—boxers)。在这个问题上,双方不但需要千方百计地使自己的理论和方法更严谨、无漏洞,使自己的主张更有说服力,而且需要指出对方的错误和疏漏之所在。

之所以出现一盒论和两盒论的争论,关键在于原来设定的问题情景中有许多不确定性和模糊的地方,所以争论双方都不但需要按照自己的理解用语义分析和逻辑的方法去消除这样不确定和模糊性,而且需要找出对方在语义分析和论证中有何错误之处。

10. 蜈蚣博弈的悖论

如果一开始 A 就选择不合作,则两人各得 1 的收益,而 A 如果选择合作,则轮到 B 选择,B 如果选择不合作,则 A 收益为 0,B 的收益为 3,如果 B 选择合作,则博弈继续进行下去。

可以看到每次合作后总收益在不断增加,合作每继续一次总收益增加 1,如第一个括号中总收益为 1+1=2,第二个括号为 0+3=3,第二个括号则为 2+2=4。这样一直下去,直到最后两人都得到 10 的收益,总体效益最大。遗憾的是这个圆满结局很难实现!

大家注意,在上图中最后一步由 B 选择时,B 选择合作的收益为 10,选择不合作的收益为 11。根据理性人假设,B 将选择不合作,而这时 A 的收益仅为 8。A 考虑到 B 在最后一步将选择不合作,因此他在前一步将选择不合作,因为这样他的收益为 9,比 8 高。B 也考虑到了这一点,所以他也要抢先 A 一步采取不合作策略……如此推论下去,最后的结论是:在第一步 A 将选择不合作,此时各自的收益为 1! 这个结论是令人悲哀的。

不难看出,这个结论是不合理的。因为一开始就停止的策略 A、B 均只能获取1，而采取合作性策略有可能均获取10，当然A一开始采取合作性策略有可能获得0，但1或者0与10相比实在是很小。直觉告诉我们采取"合作"策略是好的。而从逻辑的角度看，A一开始应选择"不合作"的策略。人们在博弈中的真实行动"偏离"了运用逆推法关于博弈的理论预测，造成二者间的矛盾和不一致，这就是蜈蚣博弈的悖论。

11. 理性的困境

A提方案时要猜测B的反应，A会这样想：根据理性人的假定，A无论提出什么方案给B——除了将所有100元留给自己而一点不给B留这样极端的情况，B只有接受，因为B接受了还有所得，而不接受将一无所获——当然此时A也将一无所获。此时理性的A的方案可以是：留给B一点点比如1分钱，而将99.99元归为己有，即方案是：99.99∶0.01。B接受了还会有0.01元，而不接受，将什么也没有。

这是根据理性人的假定的结果，而实际则不是这个结果。英国博弈论专家宾莫做了实验，发现提方案者倾向于提50∶50，而接受者会倾向于：如果给他的少于30%，他将拒绝；多于30%，则不拒绝。

这个博弈反映的是"人是理性的"这样的假定，在某些时候存在着与实际不符的情况。

理论的假定与实际不符的另外一个例子是"彩票问题"。

我们说理性的人是使自己的效益最大，如果在信息不完全的情况下则是使自己的期望效益最大。但是这难以解释现实中人们购买彩票的现象。

人们愿意掏少量的钱去买彩票，如买福利彩票、体育彩票等，以博取高额的回报。在这样的过程中，人们自己的选择理性发挥不出来，惟有靠运气。在这个博弈中，人们要在决定购买彩票还是决定不买彩票之间进行选择，根据理性人的假定，选择不买彩票是理性的，而选择买彩票是不理性的。

彩票的命中率肯定是很低的，并且命中率与命中所得相乘肯定低于购买的付出，因为彩票的发行者早已计算过了，他们通过发行彩票将获得高额回报，他们肯定赢。在这样的博弈中，彩票购买者是不理性的：他未使自己的期望效益最大。但在社会上有各种各样的彩票存在，也有大量的人来购买。可见，理性人的假定是不符合实际情况的。

当然我们可以给出这样一个解释：现实中人的理性的计算能力往往用在不符合实际情况的"高效用"问题上，而在"低效用"问题上，理性往往失去作

用,对于人来说,存在着"低效用的区决策陷阱"。在购买彩票问题上,付出少量的金钱给购买者带来的损失不大,损失的效用几乎为零,而所能命中的期望也几乎是零,这时候,影响人抉择的是非理性的因素。比如,考虑到如果自己运气好的话,可以获得高回报,这样可以给自己带来更大的效用,等等。彩票发行者正是利用人存在着"低效用区的决策陷阱"而寻求保证赚钱的获利途径。

12. 猜扑克牌

这张牌是方块5。

Q先生的推理过程是:

P先生知道这张牌的点数,而判断不出这是张什么牌,显然这张牌的点数不可能是J、8、2、7、3、K、6。因为J、8、2、7、3、K、6这7种点数的牌,在16张扑克牌中都只有一张。如果这张牌的点数是以上7种点数中的一种,那么,具有足够推理能力的P先生立即就可以断定这是张什么牌了。例如,如果教授告诉P先生:这张牌的点数是J,那么,P先生马上就知道这张牌是黑桃J了。由此可知,这张牌的点数只能是4或5或A或Q。

接下来,P先生分析了Q先生所说的"我知道你不知道这张牌"这句话。

Q先生知道这张牌的花色,同时又作出"我知道你不知道这张牌"的断定,显然这张牌不可能是黑桃和草花。为什么?因为如果这张牌是黑桃或草花,Q先生就不会作出"我知道你不知道这张牌"的断定。

P先生是这样分析的:如果这张牌是黑桃,而且如果这张牌的点数是J、8、2、7、3,P先生是能够知道张是什么牌的;假设这张牌是草花,同理,Q先生也不能作出这样的断定,因为假如点数为K、6时,P先生能马上知道这张牌是什么牌,在这种情况下,Q先生当然也不能作出"我知道你不知道这张牌"的断定。因此,P先生从这里可以推知这张牌的花色或者是红桃,或者是方块。

而具有足够推理能力的P先生听到Q先生的这句话,当然也能够和Q先生得出同样的结论。这就是说,Q先生的"我知道你不知道这张牌"这一断定,在客观上已经把这张牌的花色暗示给P先生了。

得到Q先生的暗示,P先生作出"现在我知道这张牌了"的结论。从这个结论中,具有足够推理能力的Q先生必然能推知这张牌肯定不是A。为什么?Q先生这样想:如果是A,仅仅知道点数和花色范围(红桃、方块)的P先生还不能作出"现在我知道这张牌了"的结论,因为它可能是红桃A,也可能是方块A。既然P先生说"现在我知道这张牌了",可见,这张牌不可能是A。排除 A 之后,这张牌只有 3 种可能:红桃 Q、红桃 4、方块 5。这样一来范围就很小了。P 先生这一断定,当然把这些信息暗示给了 Q 先生。

得到 P 先生第二次提供的暗示之后,Q 先生作了"我也知道了"的结论。从 Q 先生的结论中,P 先生推知,这张牌一定是方块 5。为什么?P 先生可以用一个非常简单的反证法论证。因为如果不是方块 5,Q 先生是不可能作出"我也知道了"的结论的(因为红桃有两张,仅仅知道花色的 Q 先生,不能确定是红桃 Q 还是红桃 4)。现在 Q 先生作出了"我也知道了"的结论,这张牌当然是方块 5。

13. 抓豆子

设 1 号拿的为 N 个。

A:当 N≥49 时,根据题意,每人至少要能拿一个,无论后面怎么拿,一个人最多能拿 48 颗,1 号必死。

B:当 22≤N≤48 时,无论 N 取何值,2 号都会取 N−1 个,因为 2 号能判断他后面无论怎么取都至少有一人少于他。3 号,则取 N−2 个,因为他知道前面两个人手中绿豆的和后,能判断必然有一个人手中的绿豆 N−2,并且当他取 N−2 个后,他后面也必然有一个人少于 N−2。4 号同理,取 N−3。轮到 5 号时,无论 5 号取多少,1 和 5 都死。

C:当 N=21 时,2 号取 20,3 号取 19,这时剩 40 颗。因为抓 19,20,21 都会重复,必死,而 22 颗是最大,抓 17 颗是自杀救第五人的办法。因为原则是先求保命,所以第四人会选择抓 18,最后剩下 22,不管 5 号抓多少都要死,抓 1~17 是最少,1 号和 5 号死。取 18 时,1 号、4 号、5 号死。取 19 时,1 号、3 号、4 号、5 号死,只有 2 号生。选 20 时,1 号、2 号、4 号、5 号死,只有 3 号生。选 21 时,1 号、4 号、5 号死。而只有 5 号抓 22 的时候,1 号才能生,这时 4 号、5 号死。当 5 号意识到自己必死的时候,必然要多拖几个人下水,所以最有可能出现的情况就是:取 19,1 号、3 号、4 号、5 号死,只有 2 号生。或选 20,1 号、2 号、4 号、5 号死,只有 3 号生。

D:当 2≤N≤20 时,无论 N 取何值,2 号取绿豆有 2 种可能,N−1 或 N+1。因为,如果 2 号取的绿豆和 1 号之差超过 1 个,即 N−2 或 N+2,3 号就能判断前面至少有一个人手中的绿豆是≥(N+N+2)/2 或≥(N+N−2)/2,取 N+1 或 N−1 是 3 号最佳的选择,这样 3 号就必生。所以 2 号肯定得紧贴着 1 号的数取豆。

D_1：若 N=20，2 号取 21 时，3 号取 19，此时剩 40 颗，回到 C 的情况。

D_2：若 N=20，2 号取 19 时，3 号取 18，4 号取 17，此时剩 26，5 号必死，回到 C 的情况。取 1 到 16 时，1 号、5 号死。取 17 时，1 号、4 号、5 号死。取 18 时，1 号、3 号、4 号、5 号死。取 19 时，1 号、2 号、4 号、5 号死。取 20 时，1 号、4 号、5 号死。取大于或等于 21 时，4 号、5 号死。所以最有可能出现的情况就是：取 18，1 号、3 号、4 号、5 号死，2 号生。取 19，1 号、2 号、4 号、5 号死，3 号生。

依次类推……

若 N=6，2 号取 5，3 号取 4，4 号取 3，回到 D_2 的情况，5 号必死。最有可能出现的情况就是：取 4，1 号、3 号、4 号、5 号死，2 号生。取 5，1 号、2 号、4 号、5 号死，3 号生。

若 N=5，2 号取 4，3 号取 3，4 号取 2，回到 D_2 的情况，5 号必死。最有可能出现的情况就是：取 3，1 号、3 号、4 号、5 号死，2 号生。取 4，1 号、2 号、4 号、5 号死，3 号生。

若 N=4，2 号取 3，3 号取 2，4 号取 5，此时 5 号必死。5 号取 1，4 号、5 号死。取 2，3 号、4 号、5 号死。取 3，2 号、3 号、4 号、5 号死，1 号生。取 4，1 号、3 号、4 号、5 号死，2 号生。取 5，3 号、4 号、5 号死。取大于或等于 6 时，3 号、5 号死。所以最有可能出现的情况就是：取 3，2 号、3 号、4 号、5 号死，1 号生。取 4，1 号、3 号、4 号、5 号死，2 号生。

若 N=3，2 号取 2，3 号取 4，此时回到上一种情况，4 号取 5。所以最有可能出现的情况就是：5 号取 3，1 号、2 号、4 号、5 号死，3 号生。取 4，2 号、3 号、4 号、5 号死，1 号生。

若 N=2，2 号取 3，3 号取 4，此时回到上一种情况，4 号取 5。所以最有可能出现的情况就是：5 号取 3，1 号、2 号、4 号、5 号死，3 号生。取 4，1 号、3 号、4 号、5 号死，2 号生。

E：N 取 1 时，1 号必死。

所以 1 号考虑完上述情况后，他必然会选择生还希望最大的 3 或 4。这时最有可能活下来的就是 1 号、2 号、3 号。其中，1 号活下来的概率最大，为 50%！

14. 是人还是吸血鬼

第一个问题：你神志清醒吗？回答"是"就是人，回答"不是"就是吸血鬼；

或者问：你神经错乱吗？回答"不是"就是人，回答"是"就是吸血鬼。

第二个问题：你是吸血鬼吗？回答"是"就是神经错乱的，回答"不是"就是神志清醒的。

或者问：你是人吗？回答"是"就是神志清醒的，回答"不是"就是神经错乱的。

15. 老师的生日

张老师生日只能是9月1日。

由10组数据3月4日，3月5日，3月8日，6月4日，6月7日，9月1日，9月5日，12月1日，12月2日，12月8日可知——4、8日、5日、1日分别有两组，2日和7日只有一组。如果生日是6月7日或12月2日，小强一定知道。（例如：老师告诉小强N＝7，则小强就知道生日一定为6月7日；如果老师告诉小强N＝4，则生日是3月4日还是6月4日，小强就无法确定了）

1."小明说：如果我不知道的话，小强肯定也不知道"——老师告诉小明的是月份M值，若M＝6或12，则小强有可能知道（6月7日或12月2日）这与"小强肯定也不知道"相矛盾，所以不可能为6月和12月。从而老师的生日只可能是3月4日，3月5日，3月8日，9月1日，9月5日。

2."小强说：本来我也不知道，但是现在我知道了"——若老师告诉小强N＝5，那么小强无法知道是3月5日还是9月5日，这与"现在我知道了"相矛盾，所以N不等于5。则生日只能为3月4日，3月8日，9月1日。

3."小明说：哦，那我也知道了！"——若老师告诉小明M＝3，则小明就不知道是3月4日还是3月8日。这与"那我也知道了"相矛盾。所以M不等于3即生日不是3月4日，3月8日。

16. 贴纸条猜数字

答案是：36和108。

首先说出此数的人应该是二数之和的人，因为另外两个加数的人所获得的信息应该是均等的，在同等条件下，若一个推不出，另一个也应该推不出（当然，这里只是说这种可能性比较大，因为毕竟还有个回答的先后次序，在一定

程度上存在信息不平衡。)

另外,只有在第三个人看到另外两个人的数一样时,才可以立刻说出自己的数。

以上两点是根据题意可以推出的已知条件。

如果只问了一轮,第三个人就说出144,那么根据推理,可以很容易得出另外两个是48和96,怎样才能让老师问了两轮才得出答案了,这就需要进一步考虑:

A:36(36/152) B:108(108/180) C:144(144/72)

括号内是该同学看到另外两个数后,猜测自己头上可能出现的数。现推理如下:

A、B先说不知道,理所当然,C在说不知道的情况下,可以假设如果自己是72的话,B在已知36和72的条件下,会这样推理——"我的数应该是36或108,但如果是36的话,C应该可以立刻说出自己的数,而C并没说,所以应该是108!"然而,在下一轮,B还是不知道,所以,C可以判断出自己的假设是错的,自己的数只能是144!

17. 纸片游戏

第一次,甲方说不知道,说明乙方肯定不是1,甲方也说不知道,说明甲方不是2。为什么?因为如果乙方是1,甲方马上就知道自己是2了。他说不知道,乙方就知道自己肯定不是1,如果这个时候甲方是2的话,乙方就能肯定自己应该是3了。所以甲方不是2。

第二次,甲方说不知道,说明乙方不是3,因为前一次乙方说不知道,甲方知道自己肯定不是2,如果乙方是3的话,甲方马上就知道自己是4了,所以乙方不是3,而乙方又说不知道,说明甲方不是4,因为乙从甲又说不知道,得知自己不是3,如果甲方是4,乙马上就能知道自己应该是5了,所以甲也不是4。

第三次,甲又说不知道,说明乙方不是5,因为第二次最后乙说不知道,甲就知道自己不是4了,如果乙方是5,甲马上知道自己是6,同样,甲不是6,因为乙方从甲说不知道中得知自己不是5,如果甲方是6的话,乙就马上知道自己应该是7了,所以乙还是不知道。最后,甲说他知道了!因为他从乙不知道,得知自己不是6,而他看到乙头上的号码是7,他就知道自己是8了。所以他知道了,而乙听到甲说知道了,就判断出甲8了,所以乙马上知道自己是7。

18. 分遗产

我们先考虑一种简单的情况，假如姐姐和弟弟的偏好排序如下：

姐姐：1. 冰箱，2. 洗衣机，3. 自行车，4. 洗碗机，5. 笔记本电脑，6. 打火机；

弟弟：1. 笔记本电脑，2. 打火机，3. 洗碗机，4. 自行车，5. 冰箱，6. 洗衣机。

如果诚实地选择，结果会是：姐姐选了冰箱、洗衣机和自行车，而弟弟选了笔记本电脑、打火机和洗碗机。

姐姐得到了 6 样物品中她认为价值最高的 3 样物品，弟弟同样得到了他希望得到的价值在前 3 位的物品。两人对分配均满意。这是一个双赢分配。

这里所实现的"双赢"分配，其基础是：我们假定了他们对不同的物品的估价"差别较大"，或者说不同物品在不同的人那里其"效用"是不同的。为了分析这里的分配是双赢的结果，我们设定他们对每件物品进行打分，假定总分为 100 分，姐姐和弟弟分别将这 100 分分配给不同的物品。如下：

姐姐：1. 冰箱 28 分，2. 洗衣机 22 分，3. 自行车 20 分，4. 洗碗机 15 分，5. 笔记本电脑 10 分，6. 打火机 5 分；

弟弟：1. 笔记本电脑 30 分，2. 打火机 25 分，3. 洗碗机 20 分，4. 自行车 15 分，5. 冰箱 5 分，6. 洗衣机 5 分。

这样，姐姐总共得到了 70 分，而弟弟得到了 75 分。两人分配得到的结果都大大超过了 50 分。勃拉姆兹教授在《双赢解》一书中还提出了分配的"无嫉妒原则"。也就是说，姐姐的所得为 70 分，弟弟的所得为 75 分，姐姐也不会嫉妒弟弟。如此看来，这样的分配确实是双赢的。

在上述的分配中，我们假定了姐姐和弟弟对不同物品的估价或者排序是不同的。如果他们的估价差不多，情形又将如何呢？

假定姐姐和弟弟对不同物品估价后进行的排序如下：

姐姐：1. 冰箱，2. 笔记本电脑，3. 自行车，4. 洗碗机，5. 洗衣机，6. 打火机；

弟弟：1. 笔记本电脑，2. 打火机，3. 洗碗机，4. 自行车，5. 冰箱，6. 洗衣机。

同样，由姐姐先选。

在这样的选择中，如果每个人进行的选择是诚实的，即每个人进行选择时，

都是从剩下的物品中选择自己认为价值最高的物品,那么结果是:

姐姐选择了冰箱、自行车和洗碗机;

弟弟选择了笔记本电脑、打火机和洗衣机。

在这个分配中,姐姐获得了她认为的价值"第一"、"第三"和"第四"的物品,而弟弟获得了他认为价值"第一"、"第二"和"第六"的物品。

这样的分配对双方来说,虽然不是最好的结果,但是双方应该对这个分配结果感到满意的。

在这个例子中,聪明的读者会想到:如果姐姐第一次不选择冰箱,而先选择笔记本电脑,情形会怎样呢?即:姐姐的选择是策略性的,而不是诚实的。因为,姐姐知道在弟弟那里笔记本电脑排第一,而冰箱排倒数第二。姐姐第一次选择了笔记本电脑,轮到弟弟选择时,弟弟也不会选择冰箱,而会选择打火机。那样结果就会如下:

姐姐选择了冰箱、笔记本电脑和自行车;

弟弟选择了打火机、洗碗机和洗衣机。

这样姐姐得到了她认为的最值钱的前三位东西。而弟弟得到了他认为的第二、第三及第六位价值的物品。

当然,如果弟弟对自己的分配所得的结果不满意,他同样可以采取策略行为。当他看到姐姐采取策略性行为而选择了笔记本电脑时,轮到他选择时,他先选择冰箱!尽管冰箱在他看来价值最低,但他知道冰箱在姐姐那里价值最高,当他选择了冰箱后,他可以用它与姐姐交换笔记本电脑!这样一来,情形就较复杂。大家不妨自己分析一下此时的结果。

19. 村口的一排树

在老太太作了宣布之后的第一天,如果村里只有一个孩子恋爱的话,这个孩子的父母在老太太宣布之后就能知道。因为,如果其他孩子恋爱的话,她应当事先知道,既然不知道并且至少有一个孩子恋爱,那么肯定是自己的孩子了。因此,村里如果只有一个孩子恋爱的话,老太太宣布之后,当天这个孩子的父母就会去村口种树。

如果村里有两个孩子恋爱,这两个孩子的父母第一天都不会怀疑到自己的孩子,因为他们知道另外一个孩子恋爱了。但是当第一天过后他们发现那孩子的父母没去村口种树,那么他们会想,肯定有两个孩子恋爱了,否则他们知道的那个恋爱孩子的父母在第一天就会去种树的。既然有两个孩子恋爱了,但他

们只知道一个,那么另一个肯定是自己的孩子了。

事实上这个村子里的 100 个孩子都恋爱了,那么,这样推理会继续到第 99 天,就是说,前 99 天每个父母都没怀疑到自己的孩子恋爱了,而当第 100 天的时候,每个父母都确定地推理出自己孩子恋爱了,于是都去村口种树了。

这里,在老太太宣布"至少一个孩子恋爱了"这样一个事实时,每个父母其实都知道这个事实(村子里的规则他们也知道),老太太对这个事实的宣布似乎并没有增加这些村民的知识——关于村里孩子恋爱的知识。但为什么老太太的宣布使得村里的父母都去种树了呢?这是因为,老太太的宣布使得这个群体里的知识结构发生了变化,本来"至少一个孩子恋爱了"对每个村民都是知识,但不是公共知识,而老太太的宣布使得这个事实成为公共知识。

所谓公共知识是指,一个群体的每个人不仅知道这个事实,而且每个人知道该群体的其他人知道这个事实,并且其他人也知道其他的每个人都知道这个事实⋯⋯这涉及一个无穷的知道过程。

在上述例子中,老太太未宣布之前,对村子里的村民来说,"至少一个孩子恋爱了"不是一个公共知识。设想一下,假定共有 3 个村民 A、B、C,那么在未宣布之前,A 想:由于自己不知道自己的孩子恋爱了,其他两个女人 B、C 也同样不知道,那么 A 想 B 不知道 C 是否知道"至少有一个孩子恋爱了"。而当老太太宣布了"至少一个孩子恋爱了"之后,"至少一个孩子恋爱了"便成了 A、B、C 之间的公共知识。

在这个 100 家住户组成的小村里,老太太的宣布使得"至少一个孩子恋爱了"成了公共知识。于是,推理与行动便开始了。这是第一百天的时候一起种树的原因。

20. 海盗分金

数学的逻辑有时会推导出看来十分怪异的结论。一般的规则是,如果逻辑推理没有漏洞,那么结论就必定站得住脚,即使它与你的直觉矛盾。本题是加利福尼亚州的 Stephen. M. Omohundro 编写的一道难题,它恰好就属于这一类。这难题已经流传了至少十年,但是 Omohundro 对它作了改动,使它的逻辑问题变得更加复杂。

先来看看此难题原先的形状。10 名海盗抢得了窖藏的 100 块金子,并打算瓜分这些战利品。这是一些讲民主的海盗(当然是他们自己特有的民主),他们的习惯是按下面的方式进行分配:最厉害的一名海盗提出分配方案,然后所有

的海盗（包括提出方案者本人）就此方案进行表决。如果50%或更多的海盗赞同此方案，此方案就获得通过并据此分配战利品。否则提出方案的海盗将被扔到海里，然后由下一位提名最厉害的海盗重复上述过程。

所有的海盗都乐于看到他们的一位同伙被扔进海里，不过，如果让他们选择的话，他们还是宁可得一笔现金。他们当然也不愿意自己被扔到海里。所有的海盗都是有理性的，而且知道其他海盗也是有理性的。此外，没有两名海盗是同等厉害的——这些海盗完全按照由上到下的等级排好了座次，并且每个人都清楚自己和其他所有人的等级。这些金块不能再分，也不允许几名海盗共有金块，因为任何海盗都不相信他的同伙会遵守关于共享金块的安排。这是一伙每人都只为自己打算的海盗。

最凶的一名海盗应当提出什么样的分配方案才能使他获得最多的金子呢？

为方便起见，我们按照这些海盗的怯懦程度来给他们编号。最怯懦的海盗为1号海盗，次怯懦的海盗为2号海盗，如此类推。这样最厉害的海盗就应当得到最大的编号，而方案的提出就将倒过来从上至下地进行。

分析所有这类策略游戏的奥妙就在于应当从结尾出发倒推回去。游戏结束时，你容易知道何种决策有利而何种决策不利。确定了这一点后，你就可以把它用到倒数第2次决策上，如此类推。如果从游戏的开头出发进行分析，那是走不了多远的。其原因在于，所有的战略决策都是要确定："如果我这样做，那么下一个人会怎样做？"

因此在你以下的海盗所作的决定对你来说是重要的，而在你之前的海盗所作的决定并不重要，因为你对这些决定无能为力了。

记住了这一点，就可以知道我们的出发点应当是游戏进行到只剩两名海盗——1号和2号——的时候。这时最厉害的海盗是2号，而他的最佳分配方案是一目了然的：100块金子全归他一人所有，1号海盗什么也得不到。由于他自己肯定为这个方案投赞成票，这样就占了总数的50%，因此方案获得通过。

现在加上3号海盗。1号海盗知道，如果3号的方案被否决，那么最后将只剩两名海盗，而1号将肯定一无所获——此外，3号也明白1号了解这一形势。因此，只要3号的分配方案给1号一点甜头使他不至于空手而归，那么不论3号提出什么样的分配方案，1号都将投赞成票。因此3号需要分出尽可能少的一点金子来贿赂1号海盗，这样就有了下面的分配方案：3号海盗分得99块金子，2号海盗一无所获，1号海盗得1块金子。

4号海盗的策略也差不多。他需要有50%的支持票，因此同3号一样也需

博弈思维法

再找一人做同党。他可以给同党的最低贿赂是 1 块金子，而他可以用这块金子来收买 2 号海盗。因为如果 4 号被否决而 3 号得以通过，则 2 号将一文不名。因此，4 号的分配方案应是：99 块金子归自己，3 号一块也得不到，2 号得 1 块金子，1 号也是一块也得不到。

5 号海盗的策略稍有不同。他需要收买另两名海盗，因此至少得用 2 块金子来贿赂，才能使自己的方案得到采纳。他的分配方案应该是：98 块金子归自己，1 块金子给 3 号，1 块金子给 1 号。

这一分析过程可以照着上述思路继续进行下去。每个分配方案都是唯一确定的，它可以使提出该方案的海盗获得尽可能多的金子，同时又保证该方案肯定能通过。照这一模式进行下去，10 号海盗提出的方案将是 96 块金子归他所有，其他编号为偶数的海盗各得 1 块金子，而编号为奇数的海盗则什么也得不到。这就解决了 10 名海盗的分配难题。

Omohundro 的贡献是他把这一问题扩大到有 500 名海盗的情形，即 500 名海盗瓜分 100 块金子。显然，类似的规律依然成立——至少是在一定范围内成立。事实上，前面所述的规律直到第 200 号海盗都成立。200 号海盗的方案将是：从 1～199 号的所有奇数号的海盗都将一无所获，而从 2 到 198 号的所有偶数号海盗将各得 1 块金子，剩下的 1 块金子归 200 号海盗自己所有。

乍看起来，这一论证方法到 200 号之后将不再适用了，因为 201 号拿不出更多的金子来收买其他海盗。但是即使分不到金子，201 号至少还希望自己不会被扔进海里，因此他可以这样分配：给 1～199 号的所有奇数号海盗每人 1 块金子，自己一块也不要。

202 号海盗同样别无选择，只能一块金子都不要了——他必须把这 100 块金子全部用来收买 100 名海盗，而且这 100 名海盗还必须是那些按照 201 号方案将一无所获的人。由于这样的海盗有 101 名，因此 202 号的方案将不再是唯一的——贿赂方案有 101 种。

203 号海盗必须获得 102 张赞成票，但他显然没有足够的金子去收买 101 名同伙。因此，无论提出什么样的分配方案，他都注定会被扔到海里去喂鱼。不过，尽管 203 号命中注定死路一条，但并不是说他在游戏进程中不起任何作用。相反，204 号现在知道，203 号为了能保住性命，就必须避免由他自己来提出分配方案这么一种局面，所以无论 204 号海盗提出什么样的方案，203 号都一定会投赞成票。这样 204 号海盗总算侥幸捡到一条命：他可以得到他自己的 1 票、203 号的 1 票、以及另外 100 名收买的海盗的赞成票，刚好达到保命所需

的50%。获得金子的海盗，必属于根据202号方案肯定将一无所获的那101名海盗之列。

205号海盗的命运又如何呢？他可没有这样走运了。他不能指望203号和204号支持他的方案，因为如果他们投票反对205号方案，就可以幸灾乐祸地看到205号被扔到海里去喂鱼，而他们自己的性命却仍然能够保全。这样，无论205号海盗提出什么方案都必死无疑。206号海盗也是如此——他肯定可以得到205号的支持，但这不足以救他一命。类似地，207号海盗需要104张赞成票——除了他收买的100张赞成票以及他自己的1张赞成票之外，他还需3张赞成票才能免于一死。他可以获得205号和206号的支持，但还差一张票却是无论如何也弄不到了，因此207号海盗的命运也是下海喂鱼。

208号又时来运转了。他需要104张赞成票，而205、206、207号都会支持他，加上他自己一票及收买的100票，他得以过关保命。获得他贿赂的必属于那些根据204号方案肯定将一无所获的人（候选人包括2到200号中所有偶数号的海盗以及201、203、204号）。

现在可以看出一条新的、此后将一直有效的规律：那些方案能过关的与海盗（他们的分配方案全都是把金子用来收买100名同伙而自己一点都得不到）相隔的距离越来越远，而在他们之间的海盗则无论提什么样的方案都会被扔进海里——因此为了保命，他们必会投票支持比他们厉害的海盗提出的任何分配方案。得以避免葬身鱼腹的海盗包括201、202、204、208、216、232、264、328、456号，即其号码等于200加2的某一次方的海盗。

现在我们来看看哪些海盗是获得贿赂的幸运儿。分配贿赂的方法是不唯一的，其中一种方法是让201号海盗把贿赂分给1~199号的所有奇数编号的海盗，让202号分给2到200号的所有偶数编号的海盗，然后是让204号贿赂奇数编号的海盗，208号贿赂偶数编号的海盗，如此类推，也就是轮流贿赂奇数编号和偶数编号的海盗。

结论是：当500名海盗运用最优策略来瓜分金子时，头44名海盗必死无疑，而456号海盗则给从1~199号中所有奇数编号的海盗每人分1块金子，问题就解决了。由于这些海盗所实行的那种民主制度，他们的事情就搞成了最厉害的一批海盗多半都是下海喂鱼，不过有时他们也会觉得自己很幸运——虽然分不到抢来的金子，但总可以免于一死。只有最怯懦的200名海盗有可能分得一份赃物，而他们之中又只有一半的人能真正得到一块金子，的确是怯懦者继承财富。

直觉思维法

用直觉印象直接把握事物本质

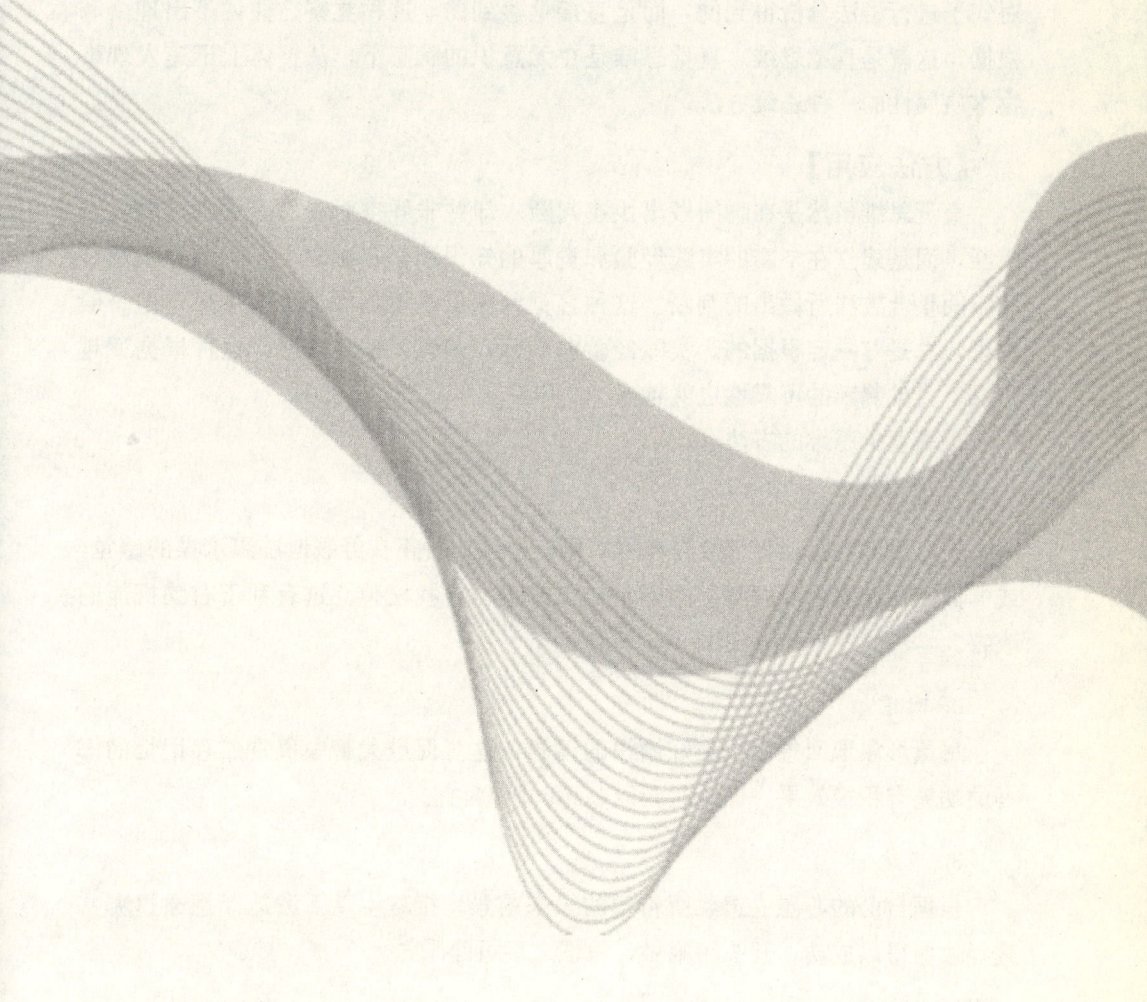

【定义】

直觉思维是指对一个问题未经逐步分析,仅依据感知迅速地对问题做出判断、猜想和设想,或者在对疑难百思不得其解时,突然对问题有了"灵感"和"顿悟",甚至对未来事物的结果有"预感"、"预言"等都是直觉思维。

你是不是经常会在读文章的时候觉得某个句子不太通顺?这往往不是通过对句子进行语法分析得到的,而是直接觉察到的,这种觉察往往说不出理由和根据,这就是直觉思维。直觉思维是在无意识的状态下,从整体上迅速发现事物本质属性的一种思维方法。

【方法应用】

直觉思维虽然是在瞬间做出快速判断,却并非凭空而来的毫无根据的主观臆断,而是建立在丰富的实践经验和宽厚的知识积累基础之上,运用直观透视和空间整合方法所做出的判断。这种直觉判断虽然不能保证绝对可靠,但一般来说,总是有一定根据的。实践经验愈丰富,知识积累越宽厚,这种根据就越可靠,直觉判断的可靠性也就越高。

提高直觉思维的方法有:

1. 松弛

把右手的食指轻轻地放在鼻翼右侧,产生一种正在舒服地洗温水澡的感觉,或仰面躺在碧野上凝视晴空的感觉,以此进行自我松弛。这有利于右脑机能的改善。

2. 回想

尽量形象地回想以往美好愉快的情景,这对促进大脑中负责贮存记忆的海马的功能有积极效果。训练时间以2~3分钟为宜。

3. 想象

根据自己的心愿去想象所希望的未来前景。接着生动活泼地浮想通过哪些途径才能得以成功。开头闭眼做,习惯之后可睁眼做。

4. 听古典音乐

听莫扎特的曲子,直接接触他的感情,会使直觉变得敏锐。《梁祝协奏曲》、

《平湖秋月》等乐曲，也很适合于镇定暴躁的心情和作为思考问题时的伴音。

5. 使用指尖

玩打弹子等活动，最需要速断力，可培养"秒的直觉力"。

6. 进行自由联想

将空中飘浮不定的朵朵白云，想象成各种形象，这能提高进行逻辑思维的左脑和记忆贮藏库海马的功能，进而提高思维的集中能力。

7. 用左手拿筷子

不妨先试两天，然后中间休息一天，再继续两天，如此坚持一个月左右。

8. 在书店立读

即使忙得不可开交，也要抽空逛逛书店。牢牢地盯着目录来推想书中写着什么。

9. 向似乎办不到的事情挑战

有时，灵感是在被逼得走投无路时突然产生的，就像绝路逢生，不要惧怕艰难的工作，要勇敢地去挑战。

10. 唤回童心

回想幼儿时期唱过的歌，玩过的游戏，并历历在目地描绘出当时的情景，有助于增强记忆源泉——海马的功能。

【生活实践】

海带汤怎么会这么鲜？

1908年的一个晚上，日本东京帝国大学化学教授池田菊苗正在品味妻子给他做的晚餐。妻子做的是海带汤，池田菊苗吃了一口，觉得特别鲜美。突然，教授站了起来，直奔实验室。

原来，池田菊苗教授觉得海带汤太鲜美了，直觉告诉他，海带当中肯定含有一种特殊的鲜味物质。教授取来了很多海带进行化学分析，经过半年多的努力，终于从10千克的海带当中提炼出了2克谷氨酸钠。教授把它放进菜肴里，果然，鲜味大大提高了。

这就是味精。

梦中的元素周期表

门捷列夫研究元素周期律，花费了20年的时间，简直是如醉如痴。

有一次,他的朋友来看望他,见到他在办公室里走来走去,紧皱双眉,桌上还铺满了卡片,原来门捷列夫为了研究元素周期表,已经几天没出办公室了。他尝试了各种可能的表格形式都不成功,但是他并没有气馁,继续努力着。

一天夜里,已经三天三夜没有合眼的门捷列夫实在是困得不行了,他离开书房去睡觉,迷迷糊糊地很快就入睡了。梦中,他仍在继续摆着元素周期表。突然,他蓦地醒了过来,因为他梦见了一张清晰的元素周期表。他马上找来一张小纸片,把63个元素的位置记录下来,成为一张表,这个表就是化学元素周期表的雏形。

门捷列夫兴奋地对朋友说:"真有趣,我梦见了元素周期表,各种元素都按它们应该在的位置排好了,只需修改一处,就成为我一直在探寻的那张周期表了。"

【思维训练场】

 01. 铁球与水【有点难】　　限时　10　分钟

在一个装了很多水的大水缸里浮着一个小塑料盆,小塑料盆里装着一个铁球。请问:如果将这个铁球从小塑料盆里取出来直接放进水缸里,水缸的水面比刚才上升了还是下降了?

 02. 酒精和水【有点难】　　限时　20　分钟

桌子上放着同样大小的两个瓶子,一瓶装着酒精,一瓶装着水,两个瓶子里的液体一样多。如果用小勺从第一个瓶子中取出一勺白酒,倒入第二个瓶子中,搅匀后,再从第二个瓶子中取一勺混合液,倒回第一个瓶子中。那么这时是酒精中的水多呢,还是水中的酒精多?

 03. 多少岁【有点难】　　限时　15　分钟

一个人在公元前10年出生,在公元10年的生日前一天死去。请问:这个

直觉思维法

人去世时是多少岁?

04. 荒谬的国王【有点难】　限时　10　分钟

古时候,有一个国家的国王为了能有更多男子当兵打仗,就颁布了这样一条法律:一位母亲只有生了男孩以后才可以继续生孩子;如果生了女儿,她就不能再生小孩。这样的话,有些家庭就会有几个男孩而只有一个女孩,但是任何一个家庭都不会有一个以上的女孩,所以,用不了多久男人的数量就会大大超过女人了。你认为这条法律可以实现国王的"愿望"吗?

05. 错在哪里【有点难】　限时　10　分钟

传说18世纪法国有名的数学家达兰倍尔发现了一个问题:拿两个五分钱硬币往下扔,会出现的情况只有三种:两个都是正面;一个是正面,一个是背面;两个都是背面。因此,两个都出现正面的概率是1/3。
你想想,错在哪里?

06. 奇怪的吵架【有点难】　限时　20　分钟

局长在跟一位老人谈话,突然跑来一个小孩。小孩对局长说:你爸爸跟我爸爸在吵架。老人问局长:这小孩是谁?局长说:这小孩是我儿子。那么小孩提到的两个人分别是局长的什么人?

07. 穿过自己的带子【非常难】　限时　25　分钟

这条带子自己穿过自己,如下图所示。你知道如果你沿着中间的线把它们剪开,会发生什么情况吗?

 08. 连在一起吗【非常难】 限时 30 分钟

下图中的纸带一共有几条？如果不止一条，是连在一起的还是分开的？

 09. 交叉的莫比乌斯带【非常难】 限时 50 分钟

下图是将一个十字形纸片对边的两条纸带分别相连组成的两个闭合圆环：一个莫比乌斯带和一个普通的环。（不是两个环套在一起，而是其中一部分相连。）如果你沿着中间的线把它们分别剪开，它会变成什么样子？

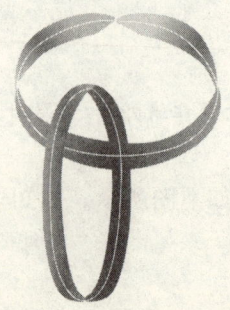

 10. 丢失的正方形【非常难】 限时 *40* 分钟

把一张方格纸贴在纸板上，然后沿图示的直线切成 5 小块。当你照图 2 的样子把这些小块拼成正方形的时候，中间居然出现了一个洞！

图 1 的正方形是由 49 个小正方形组成的。图 2 的正方形却只有 48 个小正方形。哪一个小正方形没有了？它到哪儿去了？

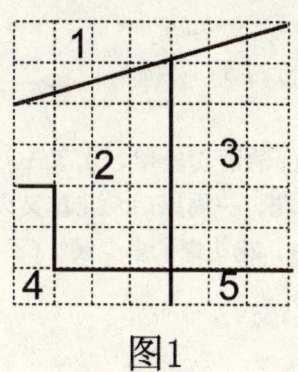

图1

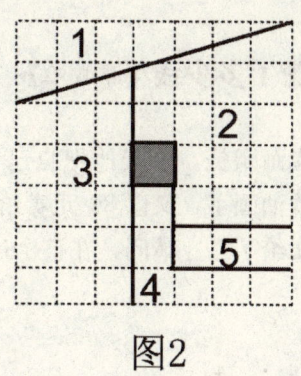

图2

 11. 兄弟赛跑【非常难】 限时 *25* 分钟

小明跑步速度为 3 米/秒，哥哥速度为 4 米/秒，现在兄弟俩要跑 400 米，问：哥哥要退后几米，他们才可以同时到达终点？

 12. 过桥【非常难】 限时 *40* 分钟

（1）一桥长 100 米，承重 100.999 斤，一杂技演员重 99 斤，提了 2 瓶酒，每瓶重 1 斤，问此人如何把酒带过桥？

（2）一桥长 2 米，承重 2.599 吨，一卡车重 2.6 吨，问卡车如何过桥？

13. 招牌应该写什么【非常难】　限时 20 分钟

在老上海滩,同一条街道上住着三个才艺不相伯仲的裁缝。一天,其中一个在招牌上写:上海最好的裁缝。另一个写:中国最好的裁缝。如果你是第三个裁缝,你会在招牌上写什么呢?

14. 赚了多少钱【非常难】　限时 15 分钟

花花靠卖画赚钱,一天他把自己创作的油画卖给甲,卖了 100 元。不久,甲因为不喜欢油画了,又以 80 元卖给了花花。一周以后,花花又以 90 元的价格把这幅画卖给了乙。请问,在整个过程中,花花赚了多少钱?(不计油画的成本)

15. 请在10秒内做出【非常难】　限时 2 分钟

第一题:
你正在 100 米赛跑,几经辛苦,你终于超过第二名,你现在是第几名?
第二题:(不可以用多过第一题的时间)
你参加 100 米赛跑,跑呀跑,超过了最后一名,你现在是第几名?

16. 国王的重赏【非常难】　限时 40 分钟

传说,印度的舍罕国王打算重赏国际象棋的发明人——大臣西萨·班·达依尔。这位聪明的大臣跪在国王面前说:陛下,请你在这张 8×8 的棋盘的第一个小格内,赏给我 1 粒麦子,在第二个小格内给 2 粒,在第三个小格内给 4 粒,照这样下去,每一小格内都比前一小格加 1 倍,就可以了。国王说:你的要求不高,我会让你如愿以偿的。说着,他下令把一袋麦子拿到宝座前,计算麦粒

直觉思维法

的工作开始了。但是,令人吃惊的事情出现了:还没到第二十小格,袋子已经空了,一袋又一袋的麦子被扛到国王面前来。但是,麦粒数增长得那样迅速,而格数却增长得很慢。国王很快发现,即使拿出来全国的粮食,也兑现不了他对象棋发明人许下的诺言。算算看,国王应给象棋发明人多少粒麦子?

 17. 免费的午餐【非常难】 限时 *30* 分钟

傻熊开了一家餐馆,这个餐馆有一个特点,所有的菜价格都是相同的。一天中午,猴子来吃饭。

猴子先要了一份麻婆豆腐,可菜一端上来,猴子一看就斯哈着气说,太辣了,怎么吃呀,给我换一个吧。换了一份热气腾腾的蘑菇炖面,猴子又说,太烫了,再换一份。换上了第三盘松仁玉米,猴子一尝,真甜,于是眉开眼笑,很快吃完了。

猴子吃完,拍拍屁股想走,傻熊追过来说,您还没付钱呢!

猴子说,我付什么钱呀?

傻熊说,您吃饭不需要付钱呀!

可我吃的松仁玉米是用蘑菇炖面换的呀。

您吃蘑菇炖面也要付钱呀。

可我的炖面又是用麻婆豆腐换的呀。

那麻婆豆腐也要付钱呀。

麻婆豆腐我没吃,给退了,付什么钱呢?

傻熊挠挠头,好像是这回事,于是让猴子走了。

请问这到底是怎么回事,吃了东西不用付钱吗?

 18. 找相同【超级难】 限时 *40* 分钟

一个人在观察下图中的立方体时,画下了不同角度的图形。但是其中只有一个是正确的,你知道是哪一个吗?

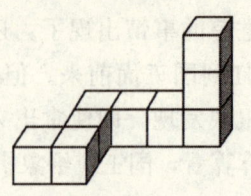

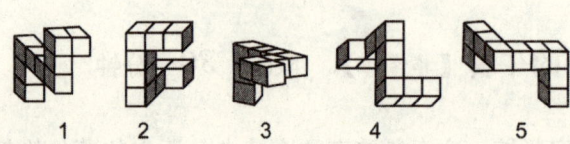

1　　　2　　　3　　　4　　　5

 19. 时钟的问题【超级难】　限时 *50* 分钟

时钟 12 点整的时候，钟表的时针和分针重合在一起。但想必你一定已经注意到了，两枚指针不止在 12 点整的时候才重合，在 12 小时之内两者要重合好几次，你能说出在什么时候两枚指针会互相重合吗？

 20. 智力测验【超级难】　限时 *100* 分钟

这个智力测验已有 50 年以上的历史，据说比尔·盖茨（微软公司创办人）也做过这份测验，而且只得到 3 分。希望大家也能试试看，再和朋友们对照一下成绩。

(1) 英国有没有七月四日（美国独立纪念日）？
A. 有　B. 没有

(2) 一个人一辈子有几个生日？
A. 1　B. 2　C. 3—10 个　D. 10 个以上　E. 不一定

(3) 大月有 31 天，小月有 30 天，那么一年中几个月有 28 天？
A. 1　B. 2　C. 3　D. 6　E. 9　F. 12

(4) 棒球比赛每一局有几人出局？
A. 2　B. 3　C. 6　D. 8

(5) 在美国加州，一个男人可否和他的寡妇姊姊或妹妹合法结婚？
A. 可以　　B. 不可以

直觉思维法

(6) 30 除以二分之一再加上 10 等于多少？

A. 10　B. 35　C. 50　D. 70　E. 90

(7) 桌上有 3 个苹果，你拿起 2 个，你还有几个？

A. 1　B. 2　C. 3

(8) 医生给你 3 个药丸，要你每 30 分钟吃 1 个，这些药丸多久后会被吃完？

A. 20　B. 40　C. 60　D. 90

(9) 农夫有 17 只羊，除了 9 只以外都病死了，农夫还剩几只羊？

A. 3　B. 5　C. 7　D. 8　E. 9　F. 17

(10) 摩西将每种动物选了几只带上方舟？

A. 3　B. 2　C. 1　D. 0

(11) 一打每张价值叁元的邮票共有几张？

A. 1　B. 3　C. 6　D. 9　E. 12

参考答案

01. 铁球与水

水位当然下降了。因为铁的比重远大于水,当铁球放在小塑料盆里时,所排走的水的重量等于铁块的重量,体积大约为铁块体积的7.8倍。而铁块在水里所能排走的水量仅等于铁块的体积,所以水位会下降。

02. 酒精和水

一样多。因为第二次取出的那勺水和第一勺体积相等,都设为a。假设这勺混合液中白酒所占体积为b,那么倒入第一杯白酒的水的体积为a—b。第一次倒入水的白酒为a,第二次舀出b体积白酒,则水里还剩a—b体积白酒。所以白酒杯里的水和水杯里的白酒一样多。

03. 多少岁

这个人去世时18岁。因为年号里没有0年,而生日前一天或者后一天之差,在年龄上就差一岁。

04. 荒谬的国王

不可能。

妇女所生的第一胎中,男女比例各占一半。母亲生了女孩的不能再生孩子,生了男孩仍然可以生第二胎,这第二胎中的男女比例也是各占一半。生女孩的母亲被禁止生育,留下来的仍然可以生第三胎。在每一轮比例中,男女的比例还是各占一半。因此,将各轮生育的结果相加起来,男女比例始终相等。

05. 错在哪里

一个正面一个背面有两种情况,所以应该是1/4。

06. 奇怪的吵架

局长是女的，两个人分别是局长的丈夫和爸爸。

07. 穿过自己的带子

结果是两根带子，一根顺时针扭曲，一根逆时针扭曲。

08. 连在一起吗

它由两根分开的纸带组成，可以把它们分开。

09. 交叉的莫比乌斯带

你将得到一个普通的正方形环——两条横边，两条竖边，且没有扭曲，如下图所示。

10. 丢失的正方形

五小块中最大的两块对换了一下位置之后，被那条对角线切开的每个小正

方形的高都比宽大了一点点。这意味着这个大正方形不再是严格的正方形。

它的高增加了，从而使得面积增加，所增加的面积恰好等于那个洞的面积。

11. 兄弟赛跑

小明跑 400 米所用的时间是 400/3，在这段时间里，哥哥可以跑 400/3×4＝1600/3 米。所以哥哥要退后 1600/3－400＝400/3 米。

12. 过桥

（1）每次带一瓶，分两次带过去。

（2）直接开过去即可。因为卡车要远比 2 米长，不会完全压在桥上，足够撑得住。

13. 招牌应该写什么

写"本条街上最好的裁缝。"

14. 赚了多少钱

第一次赚了 100 元，第二次赚了 10 元，所以一共赚了 110 元。

15. 请在 10 秒内做出

第一题：你并不是第一名，而是第二名。你只是取代了第二名的位置。

第二题：不能确定。你超过最后一名，那你是哪来的？

16. 国王的重赏

8×8 一共有 64 个格，总数相当于 $2^{64}-1=18446744073709551615$。

17. 免费的午餐

"麻婆豆腐我没吃，给退了，付什么钱呢？"这句话错了。因为猴子用麻婆豆腐换了蘑菇炖面，而不是退了。

18. 找相同

图 3。

原图有 7 个立方体排列在平面上，请注意它们排列的相对位置（图中灰色的部分），只有图 3 是相同的。

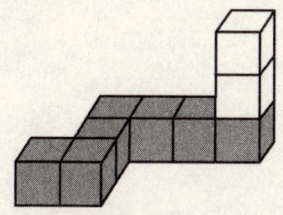

19. 时钟的问题

12 个小时中有 11 次重合的机会。而这些机会是均等的，所以每隔 12/11 小时就会出现一次。具体时刻大家可以自己算一下。

20. 智力测验

(1) 英国有没有七月四日（美国独立纪念日）？有。每个国家都有七月四日。

(2) 一个人一辈子有几个生日？一个。

(3) 大月有 31 天，小月有 30 天，那么一年中几个月有 28 天？12 个。每个月都有。

(4) 棒球比赛每一局有几人出局？6 个。上下半局各 3 个。

(5) 在美国加州，一个男人可否和他的寡妇的姊姊或妹妹合法结婚？不能。他已经死了。

(6) 30 除以 1/2 再加上 10 等于多少？70。

(7) 桌上有 3 个苹果，你拿起 2 个，你还有几个？2 个。因为你只拿了 2 个。

(8) 医生给你 3 个药丸，要你每 30 分钟吃 1 个，这些药丸多久后会被吃完？60 分钟。第 1 个；间隔 30 分钟，第 2 个；间隔 30 分钟，第 3 个；共 60 分钟。

(9) 农夫有 17 只羊，除了 9 只以外都病死了，农夫还剩几只羊？9 只。

(10) 摩西将每种动物选了几只带上方舟？0 只。方舟是诺亚建造的，和摩西没有关系。

(11) 一打每张叁元的邮票共有几张？12 张。

假设思维法

提出假设,再去证实

【定义】

假设思维法是根据已知的科学原理和一定的事实材料对事物存在的原因、普遍规律或因果关系做出有根据的假定、说明和科学解释的方法。

人们为一定目的而建立的假设只是对事物的存在原因和规律性的初步假定说明,因此,它具有推测的性质,它提供给人们的知识并不确凿可靠,还需要科学的论证和实践的检验,因此假设的建立离不开实践验证。

【方法应用】

假设思维法的运用和操作有一定的步骤:假设和论证。

假设是假设思维法的第一步。

在制定假设之前,为了回答特定的问题,就要围绕问题,收集相关的、为数不多的事实材料和已有的科学原理,调动自己大脑中已有的知识,并充分发挥自己的创造性思维能力,对要求回答的问题的规律和本质提出初步的推测和假定,即提出假设。

论证是假设思维法的第二步。

假设只是初步的猜测和假定。还必须利用有关理论和尽可能多的经验事实材料,进行广泛的验证。这样,一方面,可以充实假设;另一方面,可以修正假设,使其趋于合理。

【生活实践】

松赞干布和文成公主

唐朝的时候,唐太宗为了"和蕃",将文成公主下嫁吐蕃国君松赞干布,这是历史上的美谈。

据说在决定嫁出文成公主之前,曾有来自各地的4位少数民族使者,请求唐太宗将文成公主嫁给他们的国君。唐太宗十分为难,为求公平,他出了5道难题让各国使者来比赛,哪国使者赢了,公主就嫁给该国国君。吐蕃国君松赞干布的使者禄东赞也是其中的一位使者。

其中有两道难题是这样的:

第一题,太监拿来一颗孔内有9道弯的"九曲明珠",让大家分别用一根很细的丝线穿过去。各位使者不停地用手去穿线,丝线一直穿不过去。这时只见

假设思维法

禄东赞找人捉来了一只大蚂蚁,将丝线轻轻拴在蚂蚁身上放入孔内,而在另一个孔端抹上一些蜜糖。很快地,蚂蚁就由这一端爬到另一端,而将丝线也带了出去。

第二题,马厩的两边各关 100 匹母马和 100 匹小马。太监要使者们轮流辨认出每匹小马的妈妈。

使者们将栅栏打开,让小马到母马堆里,认为小马总是对母马会比较亲近。但是,事实并不如此,因为母马看也不看小马一眼,小马也自顾自地玩耍。许多使者只好根据马身上的花纹随便乱猜乱配。

最后轮到禄东赞来辨马时,他要仆役将小马关上一天,并且不给水喝。第二天仆役打开了栅栏,渴极了的小马纷纷奔向自己的妈妈找奶吃,于是,禄东赞轻而易举地辨认出了小马的妈妈。

就这样,聪明的禄东赞为他年轻的吐蕃国君松赞干布娶回了文成公主。

禄东赞的聪明在于,他是先假定问题是可解的。

首先,第一题中,他假定丝线会像眼睛似地走过 9 道弯,顺利地由另一端出去,于是再动脑筋想什么东西可以钻过小孔,又长眼睛?又怎么引诱它走出去?然后就想到了蚂蚁,以及用蜜糖来引诱蚂蚁。

第二题中,他假定小马都会自动奔向母马,用什么方法去诱导它们呢?当然是小马的天性,即吃奶!这种假设思考帮助禄东赞由结果往前推理,从而顺利地解开了难题。

这种为了解决问题而提出一些假设、围绕假设再进行质疑的思考问题的方法就是假设思维法。假设思维法的主要特征是"有目标性的质疑",这样就容易得到解决问题的办法。

【思维训练场】

 01. 真真假假【有点难】 限时 **15** 分钟

A、B、C 三人的名字分别叫真真、假假、真假(不对应),真真只说真话,假假只说假话,而真假有时说真话有时说假话。

有一个人遇到了他们,于是问 A:"请问,B 叫什么名字?" A 回答说:"他叫真真。"

这个人又问 B:"你叫真真么?" B 回答说:"不,我叫假假。"

这个人又问 C："B 到底叫什么？" C 回答说："他叫假假。"

请问：你知道 A、B、C 中谁是真真，谁是假假，谁是真假吗？

02. 哪天说实话【有点难】　限时　20　分钟

A 很爱撒谎，一周有 6 天在说谎，只有一天说实话。下面是他在连续 3 天里说的话：

第一天：我星期一、星期二撒谎。

第二天：今天是星期四、星期六或是星期日。

第三天：我星期三、星期五撒谎。

请问：A 哪天说实话呢？

03. 选择接班人【有点难】　限时　40　分钟

有一个商人，想找一个接班人替他经商，但是，他要求这个接班人必须十分聪明才行。最后选出了 A、B 两个候选人，商人为了试一试他们两个人中哪一个更聪明一些，就把他们带进一间伸手不见五指的黑房子里。商人打开电灯说："这张桌子上有 5 顶帽子，2 顶是红色的，3 顶是黑色的。现在，我把灯关掉，并把帽子摆的位置搞乱，然后，我们 3 人每人摸一顶帽子戴在头上。当我把灯开亮时，请你们尽快地说出自己头上戴的帽子是什么颜色的。谁先说出来，我就选谁做接班人。"

说完之后，商人就把电灯关掉了，然后，3 个人都摸了一顶帽子戴在头上；同时，商人把余下的两顶帽子藏了起来。待这一切做完之后，商人把电灯重新打开。这时候，那两个人看到商人头上戴的是一顶红色的帽子。

过了一会儿，A 喊道："我戴的是黑帽子。" A 是如何推理的？

04. 猜帽子【有点难】　限时　30　分钟

有 3 顶白帽子和 2 顶红帽子，一个智者让 3 个聪明人分别戴一顶，每个人可以看到其他两个人的帽子，但是看不到自己的，智者让大家说出自己的戴的是什么帽子，过了一会儿没人说，又过了一会儿，还是没人说，这时，大家都知道了自己戴什么帽子了，请问这是为什么？

05. 两兄弟【有点难】　限时　40　分钟

一家有兄弟姐妹 6 人，其中有两个男性，他们都是艺术品收藏家。一天，他们一起去了一家商场，各自购买了一些艺术品。购买情况如下：

（1）每件艺术品的价格都以分为最小单位；

（2）老大购买了 1 件艺术品，老二购买了 2 件，老三购买了 3 件，老四购买了 4 件，老五购买了 5 件，而老六购买了 6 件；

（3）兄弟俩购买的艺术品，每件的单价都相同；

（4）其他四姐妹购买的艺术品，每件的单价都是兄弟俩所购艺术品单价的 2 倍；

（5）这六人总共花了 1000 元。

这 6 人中哪两个人是兄弟？

06. 谁有钱【非常难】　限时　50　分钟

在一个灾荒之年，可怜的父亲都要面临断炊了，所以不得不求助于 5 个都已成家立业的儿子。他不知道哪个儿子有钱，但他知道，兄弟之间彼此知道底细，且有钱的说的都是假话，没钱的才说真话。

老大说："老三说过，我的四个兄弟中，只有一个有钱。"

老二说："老五说过，我的四个兄弟中，有两个有钱。"

老三说："老四说过，我们兄弟五个都没钱。"

老四说："老大和老二都有钱。"

老五说："老三有钱，另外老大承认过他有钱。"

你知道几个儿子中谁有钱吗？

07. 猴子的谎言【非常难】　限时 *55* 分钟

有3只猴子（大猴子、中猴子、小猴子）在果园里摘桃，它们都摘到了桃，但是都没有超过3个。回来的路上，3只猴子说了下面三句话。如果这句话说的是比自己摘桃多的一方，那么这句话就是假的，否则就是真的。

大猴子："中猴子摘到了2个桃。"

中猴子："小猴子摘到的不是2个桃。"

小猴子："大猴子摘到的不是1个桃。"

请问：它们各自摘了多少个桃？

08. 美丽的玫瑰花【非常难】　限时 *40* 分钟

在一次聚会上来了4位漂亮的姑娘，她们成为了焦点，很多男士纷纷给她们送花。她们每人都得到了玫瑰花，并且得到的玫瑰花的总数是10朵。关于每个人得到花的数量，4位姑娘分别说了一句话。其中，得到2朵玫瑰花的人说了假话，其他的人说了真话。（得到2朵玫瑰花的人可能不止一人）

甲："乙和丙的玫瑰花总数为5。"

乙："丙和丁的玫瑰花总数为5。"

丙："丁和甲的玫瑰花总数为5。"

丁："甲和乙的玫瑰花总数为4。"

请问：她们每个人分别的到了多少朵玫瑰花？

09. 谁是凶手【非常难】　限时 *60* 分钟

四个男人在一家饭店的包厢里用餐，他们围坐在一张正方形桌子旁边。其中一位A先生突然中毒身亡，B、C、D这三人的妻子也目击了这一幕。警察找来三位妻子进行讯问，她们每人作了如下的两条供词：

B的妻子：

(1) B坐在C的旁边；
(2) 不是C就是D坐在B的右侧。
C的妻子：
(3) C坐在D的旁边；
(4) 不是B就是D坐在A的右侧，他不可能毒死A。
D的妻子：
(5) D坐在A的旁边；
(6) 如果我们当中只有一个人说谎，那她就是凶手的妻子。
警察经过调查得知：
(7) 三人当中只有一个人说了谎话。
究竟谁是凶手？

 10. 真话与假话【非常难】 限时 20 分钟

警察在火车站的候车室发现了3个可疑的人。这3个人中有一个是小偷，讲的全是假话；一个是从犯，说起话来真真假假；还有一个是好人，句句话都是真的。在问及他们的职业时，得到如下回答：
甲：我是教师，乙是司机，丙是广告设计师；
乙：我是医生，丙是学生，甲呀，你要问他，他肯定说他是教师；
丙：我是学生，甲是广告设计师，乙是司机。
请问，谁是说假话的小偷？

 11. 谁是哥哥【非常难】 限时 40 分钟

有兄弟二人，哥哥上午说实话，下午说谎话；而弟弟正好相反，上午说谎话，一到下午就说实话。有一个人问这兄弟二人："你们谁是哥哥？"较胖的说："我是哥哥。"较瘦的也说："我是哥哥。"那个人又问："现在几点了？"较胖的说："快到中午了。"较瘦的说："已经过中午了。"
请问：现在是上午还是下午？谁是哥哥？

12. 赚了多少钱【非常难】   限时 *20* 分钟

一个商人以50元卖出了一辆自行车，然后又花了40元买了回来，这样显然他赚了10元钱，因为原来的自行车回到他的手里，又多了10元钱。现在他把他花40元买来的自行车以45元钱又卖了出去，这样他又赚了5元，前后加起来一共赚了15元。

但是，有一个人却认为：这个人以一辆价值50元的自行车开始，第二次卖出以后他有了55元，也就是说他只赚了5元钱。而50元卖一辆车是一次纯粹的交换，表明不赚也不赔；只有当他以40元买进而以45元卖出的时候，才赚了5元钱。

而另外一个人却认为：当他以50元卖出并以40元买进时，他显然是赚了10元钱；而当他以45元卖出时，则是纯粹的交换，不赚也不赔。所以他赚了10元钱。似乎每个人说的都有道理，但是答案却有3个，你认为哪一个才是正确的呢？

 13. 谁拿了我的雨伞【非常难】   限时 *70* 分钟

一天，甲、乙、丙、丁、戊5个人参加一个聚会。由于下雨，5个人各带了一把伞。聚会结束时，由于走得匆忙，大家到了家以后才发现，自己拿的并不是自己的伞。

现在已知：
(1) 甲拿走的伞不是乙的，也不是丁的；
(2) 乙拿走的伞不是丙的，也不是丁的；
(3) 丙拿走的伞不是乙的，也不是戊的；
(4) 丁拿走的伞不是丙的，也不是戊的；
(5) 戊拿走的伞不是甲的，也不是丁的。
另外，还发现没有两个人相互拿错了雨伞。
请问：这5个人拿走的雨伞分别是谁的？

假设思维法

14. 猜名字【非常难】 限时 35 分钟

老师在手上用圆珠笔写了 A、B、C、D 四个人中的一个人的名字,他握紧手,对他们四人说"你们猜猜我手中写了谁的名字?"

A 说:是 C 的名字。
B 说:不是我的名字。
C 说:不是我的名字。
D 说:是 A 的名字。

四人猜完后,老师说:"你们四人中只有一人猜对了,其他三人都猜错了。"
四人听了后,都很快猜出老师手中写的是谁的名字了。
你知道老师手中写的是谁的名字吗?

15. 猜数字【超级难】 限时 50 分钟

老师在一张纸上写了四个数字,对甲、乙、丙、丁四位同学说:"你们四位是班上最聪明,最会推理、演算的学生。今天,我出一道题考考你们。我手中的纸条上写了四个数字,这四个数字是 1、2、3、4、5、6、7、8 中的任意四个。你们先猜猜各是哪四个数字。"

甲说:2、3、4、5。
乙说:1、3、4、8。
丙说:1、2、7、8。
丁说:1、4、6、7。

听了四人猜的结果后,老师说:"甲和丙同学猜对了 2 个数字,乙和丁同学只猜对了 1 个数字。你们能推导出纸条上写了哪几个数吗?

16. 寻找果汁【超级难】 限时 45 分钟

有 4 个瓶子分别装有白酒、啤酒、可乐和果汁,每个瓶子上都有标签。但

是在装有果汁的瓶子上的标签是假的，其他的瓶子上的标签都是真的。根据下面的提示，你能知道每个瓶子里分别装的是什么东西吗？

甲瓶子上的标签是："乙瓶子里装的是白酒。"

乙瓶子上的标签是："丙瓶子里装的不是白酒。"

丙瓶子上的标签是："丁瓶子里装的是可乐。"

丁瓶子上的标签是："这个标签是最后贴上的。"

17. 没有出黑桃【超级难】 限时 70 分钟

爸爸和儿子二人玩一种纸牌游戏，规则如下：双方先后各出一张牌为一圈。后手在每一圈中都必须按先手出的花色出牌，除非手中没有相应的花色，而先手则可以随意出牌。每一圈的胜方即为下一圈的先手。其中一种花色是王牌，它可以：①在手中没有先手出的花色的情况下，出王牌——这样，一张王牌将击败其他三种花色中的任何牌；②与其他花色的牌一样作为先手出的牌。

开始的时候，双方手中各有四张牌，其花色分布是：

爸爸手中：黑桃—黑桃—红心—梅花；

儿子手中：方块—方块—红心—黑桃。

（1）双方都各做了两次先手；

（2）双方都各胜了两圈；

（3）在每一圈中先手出的花色都不一样；

（4）在每一圈中都出了两种不同的花色。

在打出的这四圈牌中，哪一圈没有出黑桃？

提示：从先手和胜方的可能序列中判定王牌的花色；然后判定在哪一圈时先手出了王牌并取胜。最后判定在哪一圈时出了黑桃。

18. 今天星期几【超级难】 限时 80 分钟

在非洲某地有两个奇怪的部落，一个部落的人在每周的一、三、五说谎，另一个部落的人在每周的二、四、六说谎，在其他日子他们都说实话。一天，一位探险家来到这里，见到两个人，向他们请教今天是星期几。两个人都没有明确告诉他,只是都说:"前天是我说谎的日子。"如果这两个人分别来自两个部落,那么今天应该是星期几?

19. 白色和黑色的纸片【超级难】 限时 90 分钟

甲、乙、丙、丁、戊五个人在玩一个游戏,他们的额头分别贴了一张纸片,纸片分黑色和白色两种。每个人都知道自己头上纸片的颜色,但是只能看到别人头上纸片的颜色。头上是白色纸片的人开始说真话,头上是黑色纸片的人开始说假话,他们是这么表达的:

甲说:"我看到三片白色的纸片和一片黑色的纸片。"
乙说:"我看到了四片黑色的纸片。"
丙说:"我看到了三片黑色的纸片和一片白色的纸片。"
戊说:"我看到了四片白色的纸片。"

由此,你能推断出丁头上贴的是什么颜色的纸片吗?

20. 不同部落间的婚姻【超级难】 限时 100 分钟

完美岛上有两个部落,其中一个叫诚实部落(总讲真话),另一个叫说谎部落(从不讲真话)。一个诚实部落的人同一个说谎部落的人结了婚,这段婚姻非常美满,夫妻双方在多年的生活中受到了对方性格的影响。诚实部落的人已习惯于每讲3句真话就讲1句假话,而说谎部落的人,则已习惯于每讲3句假话就要讲1句真话。他们生下了一个儿子,这个孩子当然具有两个部落的性格(真话假话交替着讲)。

另外,这一对家长同他们的儿子每人都有个部落号,号码各不相同。他们的名字分别叫阿尔法、贝塔、伽马。

三个人各说了4句话,但不知道是谁说的。诚实部落的人讲的是1句假话,3句真话;说谎部落的人讲的是1句真话,3句假话;孩子讲的是真、假话各两句,并且真假话交替。

他们讲的话如下:

A:

(1) 阿尔法的号码是三人中最大的；

(2) 我过去是诚实部落的；

(3) B 是我的妻子；

(4) 我的部落号比 B 的大 22。

B：

(1) A 是我的儿子；

(2) 我的名字是阿尔法；

(3) C 的部落号是 54 或 78 或 81；

(4) C 过去是说谎部落的。

C：

(1) 贝塔的部落号比伽马的大 10；

(2) A 是我的父亲；

(3) A 的部落号是 66 或 68 或 103；

(4) B 过去是诚实部落的。

找出 A、B、C 三个人中谁是父亲，谁是母亲，谁是儿子，以及他们各自的名字和部落号。

参考答案

01. 真真假假

A说B叫真真,这样,无论A说的是真话还是假话都说明A不会是真真。因为他要是说的是真话,那么B是真真;如果他说的是假话,那么说假话的不会是真真。

而B说自己不是真真,如果是真话,那么B不是真真,如果是假话,那么说假话的B当然也不是真真。

由此可见叫真真的只能是C了。

而C说B是假假,那么B一定就是假假了,所以A就只能是真假了。

02. 哪天说实话

如果第二天说的是真话,那么第一天和第三天的也都是真话了,矛盾,所以第二天肯定是谎话。

如果第一天说的是谎话,那么星期一和星期二两天里必然有一天是说真话的;同理,如果第三天说的是谎话,星期三和星期五两天里也必然有一天说真话。这样,第一天和第三天的两句话不可能都是谎话,说真话的那一天是第一天或第三天。

假设第一天是真话,因为第三天说的是谎话,所以第一天是星期三或星期五,第二天是星期四或星期六,这样就使得第二天说的也是真话了,矛盾。

所以第一天和第二天是谎话,第三天是真话。因为第一天说的是谎话,所以说真话的第三天是星期一或星期二,又因为第二天不能是星期日,所以第三天只能是星期二。

也就是第一天是星期日,第二天是星期一,第三天是星期二;A在星期二说真话。

03. 选择接班人

既然商人戴了红帽子，如果自己也戴的是红帽子，B 就马上可以猜到自己是戴黑帽子（因为红帽子只有 2 顶）；既然 B 没说，那就是说自己戴的是黑色帽子。

B 也是一样的，但是 B 却没说，可见，B 的反应太慢了。结果 A 做了接班人。

04. 猜帽子

学生甲、乙、丙三个人头上戴的都是白帽子，即甲、乙、丙睁开眼睛时看到另外两个人头上戴着的是白帽子，因为有 3 顶白帽两顶红帽，他们无法看到自己头上会戴着什么帽子。我们以甲为中心来进行推论：

甲想："假设我头上戴的是红帽子，那么乙会如此推测：'甲头上戴的是红帽子，如果我头上戴的是红帽子，那么丙立刻就会说出他头上戴的是白帽子。现在丙没有说他戴的是白帽子，则说明我头上戴的不是红帽子，即我头上戴的是白帽子。'那么乙现在就会说出他戴的是白帽子。但是乙并没有说，说明我头上戴的不是红帽子。"

乙、丙的想法与甲相同，所以最终的结果是 3 个人异口同声地说：我头上戴的是白帽子。

05. 两兄弟

$2×(1+2+3+4+5+6)X-N×X=1000$

N 为 2 兄弟所买件数，取值范围在 3～11 之间。42－N 的取值范围为 31～39 之间。

X 为兄弟所买单品价格，要求 1000/X 是个整数或者 2 位以内的有限小数。

解得 42－N=1000/X。

只有当 N 为 10 时，42－N=32。1000/X 符合条件。

而能等于 10 的只有 4＋6，也就是老四和老六是兄弟俩。

06. 谁有钱

老大、老四和老五有钱，说假话；老二和老三没钱，说真话。

从老五的话入手,"老大承认过他有钱",这句话一定是假话。因为如果老大有钱,他不会说自己有钱;如果老大没钱,他也不会承认自己有钱。所以老五说的是假话,老五有钱,老三没钱。

说实话的老三说:"老四说过,我们兄弟五个都没钱。"说明老四有钱。

老四说:"老大和老二都有钱。"说明老大和老二中至少有一个没钱的。

老大说:"老三说过,我的四个兄弟中,只有一个有钱。"现在已经确定老三说实话,而且老四、老五都有钱了,所以老大说的是假话,老大有钱,而老二没钱。

07. 猴子的谎言

(1) 假设小猴子的话是假的,那么小猴子摘的桃少于大猴子,大猴子就只有1个,这是矛盾的。所以,小猴子的话是真的,小猴子≥大猴子,大猴子摘的桃不可能是1个。

(2) 假设中猴子的话是假的,中猴子摘的桃少于小猴子,小猴子是2个,所以中猴子就是1个。那么,大猴子的话就成了假的,而且必须是大猴子摘的桃少于中猴子,这与(1)矛盾。所以,中猴子的话是真的,中猴子≥小猴子,小猴子摘的桃不可能是2个。

根据(1)、(2)可知,可能性有以下几种:

(3) 大猴子2个、小猴子3个、中猴子3个。

(4) 大猴子3个、小猴子3个、中猴子3个。

根据(4),大猴子和中猴子是同样的,但是,大猴子又撒了谎,这是不可能的。所以,(3)是正确答案。即大猴子2个、小猴子3个、中猴子3个。

08. 美丽的玫瑰花

因为4个人共得到10朵玫瑰花,如果:

乙+丙=5的话,丁+甲=5;

乙+丙≠5的话,丁+甲≠5;

所以,甲和丙或者是都说了实话,或者都撒了谎。

假设她们都说了实话,甲≠2,丙≠2。由于丙的发言是真实的,丁≠3。

假设乙的话是真的(乙≠2),由于丙+丁=5,可得乙+甲=5,丁的话是假的,所以丁=2。因此,丙=3,甲的话就变成假的了。

因此，乙的话是假的，乙=2。由于乙+甲≠4。所以丁的话是假的，丁=2。

由于甲的话是真的，所以丙=3。那么，丙+丁=5，就成了乙有2个却又说了真话，这是自相矛盾的。

由此推知，前面的假设是不成立的。

她们都撒了谎，即甲=2，丙=2。由丙的发言（假的）可知，丁不等于3。

所以，乙的发言是假的，乙=2，剩下的丁就是4个。

她们各自得到的玫瑰花数具体如下：

甲：2朵；

乙：2朵；

丙：2朵；

丁：4朵。

09. 谁是凶手

C是凶手。

如果说谎的是B的妻子，则右手边起顺序须为：

A—C—D—B—A

如果说谎的是C的妻子，则右手边起顺序须为：

A—C—B—D—A

如果D的妻子说谎，那么D坐在A的对面，那么B的妻子也说谎了，不符合。D的妻子没说谎，那么D要么坐在A的左边，要么右边。不可能坐在A的对面，那么可以证明B的妻子不可能说谎。

所以是C的妻子说谎了。凶手就是C。

10. 真话与假话

假设一：假设丙是小偷，即丙句句是假，则丙必不是学生，因为乙说丙是学生，那么乙也说了假话，则甲句句为真。

当甲句句为真时：

甲说乙为司机，丙也说乙为司机，丙也说了真话，矛盾。

所以，丙不是小偷。

假设二：假设乙为小偷，即乙句句是假，因乙说丙是学生，那么丙一定不

是学生；而丙自述自己是学生，那么丙说了假话，则甲句句为真。

当甲句句为真时：

甲自述是教师，乙说"他肯定说他是教师"乙说了真话，矛盾。

所以，乙不是小偷。

假设三：假设甲为小偷，即甲句句是假。

当丙是好人时，即丙句句是真时，乙便是司机，甲也说乙是司机，甲说了真话，矛盾。

当乙是好人时，即乙句句是真时，则丙半真半假。

甲句句是假，甲自述是教师，故甲不是教师。

乙句句是真，乙说："……他肯定说他是教师"。甲的确说谎了，乙没说谎，乙说了真话。而且句句是真。

结论是：甲是小偷，乙是好人，丙是从犯。

11. 谁是哥哥

现在是上午，胖的是哥哥。

假设：现在是上午，那么哥哥说实话，也就是较胖的是哥哥。

那么没有矛盾。成立。

假设：现在是下午，那么弟弟说实话，而两个人都说我是哥哥，显然弟弟在说谎话，所以矛盾。

12. 赚了多少钱

这个问题没有准确的答案，除非知道商人买这辆自行车时用了多少钱。也就是说在不知道自行车的确切价值的时候是不能确定答案的。这3个答案分别是按照自行车的价格为40元、50元、45元来计算的，所以答案才不一样。

13. 谁拿了我的雨伞

由已知条件可知：

甲拿走的雨伞只可能是丙或戊的；

乙拿走的雨伞只可能是甲或戊的；

丙拿走的雨伞只可能是甲或丁的；

丁拿走的雨伞只可能是甲或乙的；

戊拿走的雨伞只可能是乙或丙的。

假设甲拿走的是丙的,那么戊拿走的只能是乙的,丁拿走的只能是甲的,丙拿走丁的,乙拿走戊的。这样,乙和戊就相互拿了雨伞,于条件不符。

所以甲只有拿走了戊的,乙拿走了甲的,丙拿走了丁的,丁拿走了乙的,戊拿走了丙的。这样才符合条件。

14. 猜名字

是 B 的名字。很明显,A 与 C 两人之中必有一人是对,因为他俩的判断是矛盾的。如果 A 正确的话,那么 B 也是正确的,与老师说的"只有一人猜对了"矛盾。所以 A 必是错误的。这样,只有 C 是正确的。B 的判断是错的,那么他的相反判断就是正确的,即是 B 的名字是正确的,所以老师手上写的是 B 的名字。

15. 猜数字

能。这四个数字是 2、5、6、8。

先列出四人猜的情况。甲猜对了两个数,可能是 2、3,2、4,2、5,3、4,3、5,4、5。

乙猜对了一个数,可能是(1、3、4、8)中的 1 个数,他未猜的四个数(2、5、6、7)中有 3 个数是纸条上的数。

丙猜对了两个数,可能的组合为 1、2,1、7,1、8,2、7,2、8,7、8。

丁猜对了一个数,可能是(1、4、6、7)中的 1 个数,他未猜测的四个数(2、3、5、8)有 3 个数是纸条中的数。

8 个数字中,甲与丙两人都猜了的数字是 2,两人都没有猜的数字是 6。

8 个数字中,乙与丁两人都猜了的数字是 1、4,两人都没有猜的数字是 2、5。

我们先假设 2 不是纸条上的数。那么从乙未猜的数字中可得出 5、6、7 是纸条上的数字;同时从丁未猜的数字中可得出 3、5、8 是纸条上的数字;这样纸条上的数字就会有 5 个,分别是 3、5、6、7、8。显然,推论与题干中纸条上只有 4 个数字相矛盾,因此假设是错的,也就是说 2 是纸条上的数字。用同样的方法可推出 5 也在纸条上。

再假设 1 在纸条上,那么从乙猜的数字中可得出 3、4、8 不在纸条上。同时,从丁猜的数字中可得出 4、6、7 不在纸条上。这样不在纸条上的数字有 5

个，分别是 3、4、6、7、8，纸条上只能有 3 个数字，显然也不正确。所以假设错误，1 不在纸条上。用同样的方法，可推出 4 不在纸条上。

我们知道了 2、5 在纸条上，从甲猜测对了两个数字可知 3、4 不在纸条上。这样，在纸条上的数字可能是 2、5、6、7、8 中的 4 个。

最后，我们来看丙猜的情况，从他猜测的 4 个数可知 7 与 8 只能有一个数在纸条上。如 7 在纸条上，纸条上的数为 2、5、6、7。我们发现丁猜对了 6、7，显然与题干矛盾。再来检验 8，发现刚好能符合条件。

所以，只有一种可能，纸条上的数字是 2、5、6、8。

16. 寻找果汁

先确定哪个瓶子里装的是果汁。

假设甲装的是果汁，那么乙装的就不是白酒；根据乙和丙瓶子上的话可知，丙和丁装的也不是白酒，只有甲是白酒，矛盾。

假设乙是果汁，而甲说乙装的是白酒，矛盾。

假设丁装的是果汁，丙说的：丁装的是可乐，矛盾。

所以只有一种可能，就是丙装的是果汁。从而得到答案：

甲瓶子：可乐。

乙瓶子：白酒。

丙瓶子：果汁。

丁瓶子：啤酒。

17. 没有出黑桃

总共玩了四圈牌；因此，根据（3）和（4），必定在某一圈先手出的牌是王牌而且这圈是先手胜。于是，根据（1）和（2），先手和胜方的序列是以下二者之一：

Ⅰ

X 先手，X 胜；

X 先手，Y 胜；

Y 先手，Y 胜；

Y 先手，X 胜。

Ⅱ

X 先手，Y 胜；

Y先手，Y胜；
Y先手，X胜；
X先手，X胜。

不是先出牌而能取胜，表明他或她打的是一张王牌。因此，无论是Ⅰ或Ⅱ，都要求一方有两张王牌，而另一方有一张王牌。从而得出，黑桃是王牌。

假定Ⅰ是符合实际情况的序列，则根据（4）以及第一圈时Y手中必定有一张黑桃的事实，X在第一圈时不是先出了王牌黑桃而取胜的；根据（4）以及X在第四圈时必定要出黑桃的事实，Y在第三圈时也不是先出了黑桃而取胜的。这同我们开始时分析所得的结论矛盾。

所以Ⅱ是符合实际情况的序列。这样，根据（4）以及第二圈时X手中必定有一张黑桃的事实，Y在第二圈时不是先出了黑桃而取胜的。因此在第四圈时，X先出了黑桃并以之取胜。

根据上述推理，在第一、三、四圈都出了黑桃。因此，在第二圈中没有出黑桃。

其他的情况是：X在第一圈时先出的是Y手中所没有的花色。既然X手中应该有两张黑桃，那么X是爸爸，他在第一圈先出的是梅花。接着在第二圈时，爸爸出了红心。因此，根据（4），儿子在第二圈时先出了方块并以之取胜；根据（3），他在第三圈时先出了红心，在第四圈时出的是方块。

18. 今天星期几

设这两个人分别为A、B，分为以下四种情况讨论：

1. A、B说的都是真话。A、B在同一天说真话只能在星期日，但是星期日B成立，A不成立，所以这种情况不可能。

2. A、B说的都是谎话。但是在一周内A、B不可能同一天说谎话。所以这种情况不可能。

3. A说的是真话，B说的是谎话。A在每周二、四、六、日说真话，B在周二、四、六说谎话。A只有在周日说真话时，前天（周五）才是他说谎话的日子，但是这天B应该说真话。所以这种情况不可能。

4. A说的是谎话，B说的是真话。A在每周一、三、五说谎话，B在每周一、三、五、日说真话。在周三、五、日都不符合，因为在周三时B在说真话，而周三的前天（周一）在说真话，但是B对外地人用真话说自己周一说谎话，相互矛盾。同理，周五也矛盾。所以只有周一符合。周一时，B用真话对外地人说自己前天（周六）说的谎话，周六时 B 的确说的谎话。A 用谎话对外地人说自己前天（周六）说的谎话，其实周六时 A 在说真话，这时正是 A 在用谎话骗外地人说自己前天说谎话。

综上所述，这一天只能是周一。

19. 白色和黑色的纸片

假设戊说的是真话，"四片白纸片"，那甲、乙、丙都该说真话，矛盾，即戊说的是假话，他头上是黑纸片；

假设乙说的是真话，"四片黑纸片"，那么甲、丙、丁头上也是黑纸片，乙头上是白纸片，而丙说的"三黑一白"就成了真话，矛盾，所以乙也说的是假话，头上是黑纸片；

这样乙和戊头上是两张黑纸片了，甲也就在说假话，是黑纸片；

如果丙说的"三黑一白"是假话，因为甲乙戊已经是黑了，那丁就该也是黑，这样乙说的"四黑"就成真话了，矛盾，所以丙说的真话，头上是白纸片；

丙说的"三黑一白"是真话，甲、乙、戊又都是黑纸片，所以丁是白纸片。

20. 不同部落间的婚姻

A：妻子，诚实部落，阿尔法，部落号为 66；

B：丈夫，说谎部落，伽马，部落号为 44；

C：儿子，贝塔，部落号为 54。

首先确认 A 是丈夫还是妻子，是诚实还是说谎。

从 A 讲的话入手，组合方案有诚实丈夫、说谎丈夫、诚实妻子、说谎妻子和儿子。

如果 A 为诚实丈夫，C 的 2、4 句话不合条件。

如果 A 为说谎丈夫，B 的 1、3 句话不合条件。

如果 A 为诚实妻子，B 的 1、3 句话不合条件。

如为儿子，A 的 2、3 句话不合条件。

（这里的不合条件指确定的不符合真假话条件）

所以 A 只能是诚实妻子。

这样就可以得出结论了。

追踪思维法

步步深入，追问到底

【定义】

追踪思维法，也称因果思维法，是指按照原思路刨根寻底，穷追不舍，直至找出答案为止。

追踪思维要求你善于发现一些常被人忽视的地方，通过仔细观察与思考，在现有事物的基础上一步一步地向前探索，一步一步地思考，直到解决问题。

【方法应用】

任何事物都有其原因和结果、表象和本质。通过结果，可以探究出事物的原因；通过表象，可以发掘事物的本质。只要你善于发现一些不引人注意的线索，步步深入地追究下去，从未知到已知，从现实到可能地加以思考，最后就能产生创造性的成果。

【生活实践】

我是从哪里来的

"妈妈，我是从哪里来的？"

"你是妈妈生出来的。"

"那妈妈是哪里来的？"

"妈妈是妈妈的妈妈生出来的。"

"那妈妈的妈妈是哪里来的？"

"是妈妈的外婆生出来的。按照达尔文的进化论，最早的人类是从古类人猿演变而来的，然后，每个人都是他的妈妈生出来的。"

小时候，我们都向父母问过这样的问题，而且往往对他们的回答不满意，总是一直"为什么"地问下去。事实上，这种追问是每个孩子的天性，也是追踪思维的原型。

追问到底

日本丰田汽车公司是汽车行业中的佼佼者，该公司生产的汽车的外形、质量、性能都非常不错。在丰田，有一个奇怪的现象，那就是"追问到底"。对公司新近发生的每一件事情，丰田人都会采用追问到底的态度，以便找出最终的原因。例如：公司的某台机器突然停了，怎么办呢？针对这个问题，他们是这样追问的：

问:"机器为什么不转了?"
答:"因为保险丝断了。"
问:"为什么保险丝会断?"
答:"因为超负荷而造成电流太大。"
问:"为什么会超负荷?"
答:"因为轴承枯涩不够润滑。"
问:"为什么轴承枯涩不够润滑?"
答:"因为油泵吸不上来润滑油。"
问:"为什么油泵吸不上来润滑油?"
答:"因为抽油泵产生了严重磨损。"
问:"为什么抽油泵产生了严重磨损?"
答:"因为油泵未装过滤器而使铁屑混入。"

追问到这里时,最终的原因也就找到了。也就是说,要想使机器正常运转,只要给油泵装上过滤器,再换上保险丝就行了。

【思维训练场】

 01. 可以喝几瓶汽水【有点难】　　限时　*5*　分钟

一瓶汽水卖1元钱,喝完后两个空瓶换一瓶汽水,问:你有20元钱,最多可以喝到几瓶汽水?

 02. 找硬币【有点难】　　限时　*20*　分钟

3个孩子想合伙买一个玩具,他们把衣兜里所有的钱都掏出来,结果一共有3元2角钱硬币。其中有两枚硬币是1元的,两枚是5角的,两枚是1角的。每个孩子所带的硬币中没有两枚是相同面值的。而且,没带1元硬币的孩子也没带1角的硬币,没带5角硬币的孩子也没带1元的硬币。你知道这3个孩子原来各自带了面值是多少的硬币吗?

03. 张先生的一周行程【有点难】　限时　30　分钟

张先生平时工作很忙，他想休息一个星期，但是下个星期他还有一些活动必须安排：陪儿子参观博物馆；去税务所缴税；去医院陪妈妈做体检；还要去宾馆见一个朋友。住宾馆的朋友下周三外出办事，其他时间都在；税务所星期六休息；博物馆只有在周一、周三、周五开放；体检医生每逢周二、周五、周六值班。张先生想在一天之内完成所有的事，然后剩余时间休息。那么他应该在星期几做这些事情呢？

04. 今天星期几【有点难】　限时　25　分钟

一天，7个小朋友在一起讨论今天是星期几。
小红：我知道后天是星期二。
小华：不对，今天是星期三。
小江：你们都错了，明天是星期二。
小波：今天既不是星期一也不是星期二，更不是星期三。
小明：我确信昨天是星期四。
小芳：不对，明天是星期四。
小美：不管怎样，昨天不是星期六。
他们之中只有一个人讲对了，是哪一个呢？今天到底是星期几？

05. 胡萝卜在哪里【有点难】　限时　40　分钟

在下面表中有几只兔子，每只兔子都有1根胡萝卜，这根胡萝卜就在兔子的身旁（不在兔子的对角线位置）。同时，两根胡萝卜也不能相邻（也不允许在对角线位置）。位于每行和每列的胡萝卜数目已经标示在表格旁了，每只兔子的食物都在哪里呢？

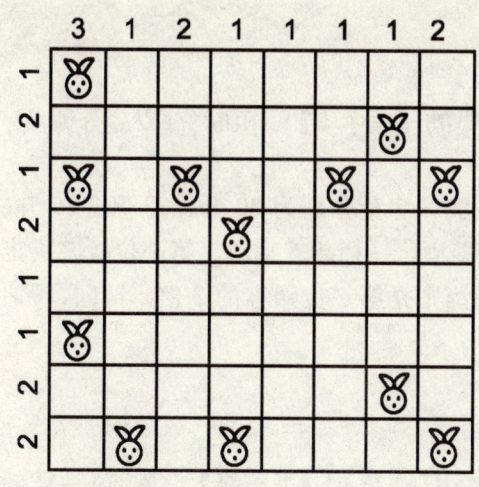

 06. 上升还是下降【非常难】　　限时 *30* 分钟

下面是一组齿轮、杠杆和转轮的组合，黑色的点是固定支点，白色的点是不固定支点。如果如图所示推一下不固定支点，终端的物体 A 和 B 会上升还是下降？

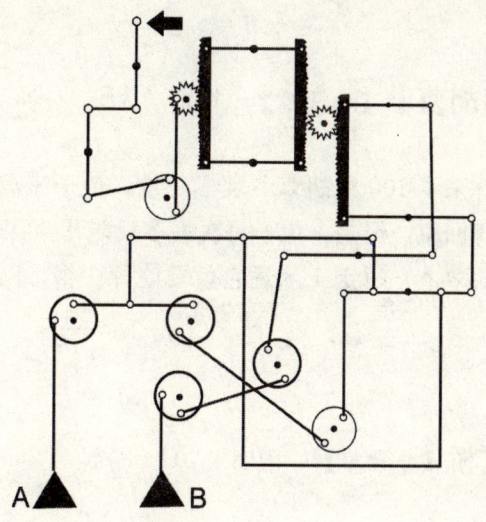

07. 哪桶是啤酒【非常难】　限时 50 分钟

一位酒商有六桶酒，容量分别为 30 升、32 升、36 升、38 升、40 升、62 升。其中五桶装着葡萄酒，一桶装着啤酒。第一位顾客买走了两桶葡萄酒；第二位顾客所买的葡萄酒则是第一位顾客的 2 倍。请问，哪一个桶装的是啤酒？（酒是要整桶出售的）

08. 托尔斯泰的算术题【非常难】　限时 40 分钟

俄国伟大的作家托尔斯泰曾出过这样一道题：一组割草人要把两块草地的草割完。大草地的面积是小草地的 2 倍，上午全部人都在大草地割草。下午一半人仍留在大草地上，到傍晚时把草割完。另一半人去割小草地的草，到傍晚还剩下一块，这一块由一个割草人再用一天时间刚好割完。问这组割草人共有多少人？（每个割草人的割草速度都相同）

09. 兔子背胡萝卜【非常难】　限时 45 分钟

有只兔子在树林采了 100 根胡萝卜堆成一堆，兔子家离胡萝卜堆 50 米远，兔子打算把胡萝卜背回家。但是，兔子每次最多只能背 50 根胡萝卜，而且兔子嘴馋，只要手上有胡萝卜，每走 1 米远它就要吃掉 1 根，问兔子最多能背几根胡萝卜回家？

10. 如何过桥【非常难】　限时 30 分钟

某天晚上，小明一家要过一座桥，如果没有手电筒的话谁也不敢过，而且只带了一个手电筒，桥又很窄，每次最多只能允许两个人通过，如果一个一个过的话小明要 1 秒、弟弟要 3 秒、爸爸要 6 秒、妈妈要 8 秒、爷爷要 12 秒。当

追踪思维法

两个人一起过桥时,过桥所用的时间只能按慢的那个人的时间计算。问小明一家怎样才能在30秒之内通过这座桥?(要写出过程来,而且要写出用了多少秒通过的)

 11. 猜年龄【非常难】 限时 *25* 分钟

一个经理有三个女儿,三个女儿的年龄加起来等于13,如相乘则等于经理自己的年龄,有一个下属知道经理的年龄,但仍不能确定经理三个女儿的年龄,这时经理说只有一个女儿在托儿所,然后这个下属就知道了经理三个女儿的年龄。请问经理三个女儿的年龄分别是多少?为什么?

 12. 谁没有输过【超级难】 限时 *70* 分钟

爸爸、妈妈和儿子三人一共玩了两盘纸牌游戏。其玩法是:游戏者轮流从别人手中抽牌,直到有一人手中只剩下1个单张,此人便是输者。在抽牌后配成了对子,便打出这对牌。如果一个人从第二个人手中抽了一张牌并打出一个对子之后,手中已经无牌,则轮到第三个人抽牌时就从第二个人手中抽。通过抽牌来配成对子,并且尽量避免手中只留下1个单张。

在每一盘接近尾声的时候:

(1) 爸爸只有1张牌,妈妈只有2张牌,儿子也只有2张牌;这5张牌包括2个对子和1个单张,但任何人手中都没有对子;

(2) 爸爸从妈妈手中抽了1张牌,但没能配成对;

(3) 妈妈从儿子手中抽了1张牌,随后儿子从爸爸手中抽了1张牌;

(4) 在任何一盘中,没有一人手中两次拿着同样的纸牌;

(5) 没有一人连输两盘。

在两盘游戏中,谁没有输过?

提示:判定三人手中纸牌的可能分布,然后判定一盘游戏该怎样进行才能做到没有一人手中两次拿着同样的纸牌。

13. 谁获得了第一名【超级难】 限时 90 分钟

阿伦、阿恩和阿林三个同学中,有一人获得了第一名。

阿伦如实地说:

(1) 如果我没有得到第一名,我的数学成绩就没有满分。

(2) 如果我得了第一名,我的语文成绩就是满分。

阿恩如实地说:

(3) 如果我没有得到第一名,我的语文成绩就不是满分。

(4) 如果我得了第一名,我的数学成绩就是满分。

阿林如实地说:

(5) 如果我没有得到第一名,我的数学成绩就没有满分。

(6) 如果我得了第一名,我的数学成绩就是满分。

同时

(7) 那位获得第一名的同学是唯一某一门课程考满分的人。

(8) 那位获得第一名的同学也是唯一某一门课程没有考满分的人。

这三人中谁获得了第一名?

14. 如何过河【超级难】 限时 50 分钟

已知:

(1) 两个女儿,两个儿子,一个爸爸,一个妈妈,一个管家,一只狗。

(2) 他们要过一条河,河上只有一条小船,小船每次只能乘坐两个人(狗也算一个位子),其中只有爸爸、妈妈和管家会划船。

(3) 妈妈不在的时候,爸爸会打女儿;爸爸不在的时候,妈妈会打儿子;而狗只要管家不在谁都会咬。

问:他们要怎样过河?

15. 是否交换【超级难】　限时　*70*　分钟

一个综艺节目举行抽奖游戏。他们准备了两个信封，里面有数额不等的钱，交给A、B两人。两人事先不知道信封里面钱的数额，只知道每个信封里的钱数为5元、10元、20元、40元、80元、160元中的任一个，并且其中一个信封的钱是另一个信封的2倍。也就是说，若A拿到的信封中是20元，则B拿到的信封中或为10元，或为40元。

A、B拿到信封后，各自看自己信封中钱的数额，但看不到对方信封中钱的数额。如果现在给他们一个与对方交换的机会，请问，他们如何判断是否交换？

 16. 密码破解【超级难】　限时　*90*　分钟

这是一道密码破解题，看看你有没有办法从下面的符号中找出答案！
^$$#*^!!! *^%@$$$&(#!! &
跟密码相对应的提示：
无须惊叹
我已身无分文
消失的第100个足迹
蓦然回首
发现答案就在脚下
提示：答案是由英文构成的一个人名。

 17. 洗牌【超级难】　限时　*100*　分钟

有一副牌52张，编号1～52。初始状态是1号到52号自下而上。现在开始洗牌。假如我洗牌技术一流，每次都均分成26/26两手，而且每次洗下来都左右各一张相间而下。这样，第一次洗牌后的状态是：1，27，2，28，3，29，……，26，52。

问：洗几次牌后又回到初始状态1，2，3，4，……，51，52？

18. 奇怪的大钟【超级难】　　限时　*120*　分钟

从我家的窗口往外看，可以看到镇上的大钟。每天，我都要将自己的闹钟按照大钟上所显示的时间校对一遍。通常情况下，两个钟上的时间是一样的，但有一天早上，发生了一件奇怪的事情：我的闹钟显示为差5分钟到9点；1分钟后显示为差4分钟到9点；但再过2分钟时，仍显示为差4分钟到9点；又过了1分钟，闹钟则显示为差5分钟到9点。

一直到了9点钟，我才突然醒悟过来，到底是哪里出了错。你知道是什么原因吗？

19. 白球黑球【超级难】　　限时　*100*　分钟

甲盒放有P个白球和Q个黑球，乙盒中放有足够的黑球。现每次从甲盒中任取两个球放在外面。当被取出的两个球同色时，需再从乙盒中取一个黑球放回甲盒；当取出的两球是异色时，将取出的白球再放回甲盒。最后，甲盒中只剩两个球，问剩下一黑一白的概率有多大？

20. 海盗分椰子【超级难】　　限时　*200*　分钟

一艘海盗船被天上砸下来的一块石头给击中了，5个倒霉的海盗只好逃难到一个孤岛，发现岛上空荡荡的，只有棵椰子树和一只猴子。

大家把椰子全部采摘下来放在一起，但是天已经很晚了，所以大家就决定先去睡觉。

晚上某个家伙起床悄悄地将椰子分成5份，结果发现多一个椰子，就顺手给了那只猴子，然后悄悄地藏了一份，把剩下的椰子混在一起放回原处后，悄悄地回去睡觉了。

过了一会儿，另一个家伙也起床悄悄地将剩下的椰子分成5份，结果发现多一个椰子，顺手又给了那只幸运的猴子，然后悄悄地藏了一份后把剩下的椰子混在一起放回原处后，悄悄地回去睡觉了。

又过了一会儿……

又过了一会……

总之5个家伙都起床过，都做了一样的事情。

早上大家都起床后，各自心怀鬼胎地分椰子了，这个猴子还真不是一般的幸运，因为这次把椰子分成5份后居然还是多一个椰子，只好又给了它。

问题来了，这堆椰子最少有多少个？

参考答案

01. 可以喝几瓶汽水

20＋10＋5＋2＋1＋1＋1＝40。

一开始 20 瓶没有问题，随后的 10 瓶和 5 瓶也都没有问题，接着把 5 瓶分成 4 瓶和 1 瓶，前 4 个空瓶再换 2 瓶，喝完 2 瓶后再换 1 瓶，此时喝完后手头上剩余的空瓶数为 2 个，把这 2 个瓶换 1 瓶继续喝，喝完后把这 1 个空瓶换 1 瓶汽水，喝完换来的那瓶再把瓶子还给人家即可，所以最多可以喝到的汽水数为 40 瓶。

我们再换一种思维方式，1 元钱 1 瓶汽水，2 个空瓶换 1 瓶汽水，那么说明每瓶汽水的水的价值是 0.5 元，所以 20 元可以买 20/0.5＝40 瓶。

02. 找硬币

每一个孩子所带的硬币中没有相同的，如果有一个孩子没带 1 元硬币，同时他拿了硬币，那他只能有一枚 5 角的硬币，那另外两个孩子必然会只有一个孩子有 5 角，剩下那个没有 5 角的硬币的孩子也没有 1 元硬币，只能有一枚 1 角的硬币。这样，剩下的那个孩子要有 2 枚 1 元的硬币，而这与条件不符。所以，那个没带 1 元硬币的孩子也不能有其他的硬币。所以 3 个孩子所带的硬币为：其中两个孩子带了 1 角、5 角、1 元的硬币各一枚，另外一个孩子没有硬币。

03. 张先生的一周行程

星期五。用排除法就可以了。

04. 今天星期几

7 个人的观点如下：小红：星期一；小华：星期三；小江：星期二；小波：星期四、五或者星期日；小明：星期五；小芳：星期三；小美：星期一、二、

三、四、五或六。

综上所知，除了星期日外，都不止一个人说到，因此，今天是星期日，小波所说正确。

05. 胡萝卜在哪里

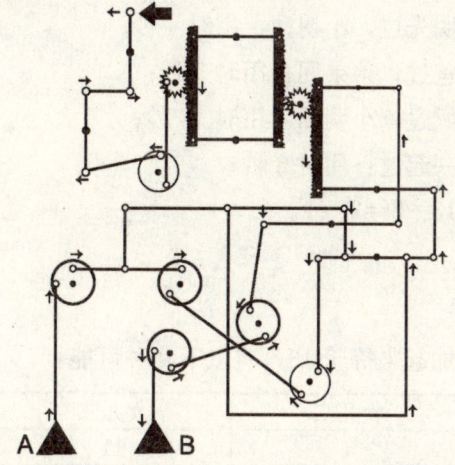

06. 上升还是下降

A会上升，B会下降。

07. 哪桶是啤酒

40升的桶装着啤酒。第一个顾客买走了一桶30升和一桶36升的葡萄酒，

一共是 66 升的葡萄酒。第二个顾客买了 132 升的葡萄酒——32 升、38 升和 62 升的桶。这样，现在就只剩下 40 升的桶原封不动，因此，它肯定装着啤酒。

08. 托尔斯泰的算术题

假设大草地的面积是 1，则小草地的面积是 1/2。

上午全部人割大草地，下午一半人割大草地，到傍晚全部割完，所以上午是全部人割了 2/3，下午是一半人割了 1/3；另一半人下午去割小草地，自然也是割了 1/3，还剩下 1/2－1/3＝1/6；

这 1/6 的草地需要一个人割一天，而全部人半天割了 2/3，所以人数是 [（2/3）×2] /（1/6）＝8（人）

09. 兔子背胡萝卜

先背 50 根到 25 米处，这时，吃了 25 根，还有 25 根，放下。回头再背剩下的 50 根，走到 25 米处时，又吃了 25 根，还有 25 根。再拿起地上的 25 根，一共 50 根，继续往家走，要吃 25 根，到家时剩下 25 根。

10. 如何过桥

第一次弟弟和小明先过，小明回：用时 4 秒；
第二次小明和爸爸过，弟弟回：用时 9 秒；
第三次爷爷和妈妈过，小明回：用时 13 秒；
最后小明和弟弟一起过：用时 3 秒；
总用时：4＋9＋13＋3＝29 秒。

11. 猜年龄

三个女儿的年龄加起来等于 13，有以下几种可能：

女儿一	女儿二	女儿三	年龄的积
1	1	11	11
1	2	10	20
1	3	9	27
1	4	8	32
1	5	7	35

女儿一	女儿二	女儿三	年龄的积
1	6	6	36
2	2	9	36
2	3	8	48
2	4	7	56
2	5	6	60
3	3	7	63
3	4	6	72
3	5	5	75
4	4	5	80

有一个下属已知道经理的年龄，但仍不能确定经理三个女儿的年龄，所以经理只能是36岁。

三个女儿的年龄分别为1、6、6或2、2、9。又因为经理说只有一个女儿在托儿所，所以只能是1、6、6了。

12. 谁没有输过

根据（1），以下三种情况必有其一（A 和 B 各代表一个对子中的一张牌，S 代表单张）：

爸爸手中	妈妈手中	儿子手中
A	AB	BS
A	BS	AB
S	AB	AB

然后，根据（2）、（3）和（4），抽牌只能按下列某一过程进行：
但是，过程（1）、（2）不能满足（4），因此加以排除。
根据（5），过程（2）必定在某一盘中出现，而过程（3）必定在另一盘中出现。于是，爸爸和儿子手中都剩下过单张。因此，只有妈妈手中没有剩下过单张，她没有输过。

13. 谁获得了第一名

如果阿伦获得了第一名，那么根据（2），他的语文成绩就是满分；而根据

(8),他的数学成绩就没有满分。如果阿伦没有获得第一名,那么根据(7),他的数学成绩就没有满分;而根据(8),他的语文成绩就是满分。

如果阿恩获得了第一名,那么根据(4),他的数学成绩就是满分;而根据(8),他的语文成绩就不是满分。如果阿恩没有获得第一名,那么根据(3),他的语文成绩就不是满分;而根据(8),他的数学成绩就是满分。

如果阿林获得了第一名,那么根据(6),他的数学成绩就是满分;而根据(8),他的语文成绩就不是满分。如果阿林没有获得第一名,那么根据(5),他的数学成绩就不是满分,而根据(8),他的语文成绩就是满分。

现在可以得到下表:

如果	那么他获得满分的科目为
阿伦获得了第一名	语文
阿伦没有获得第一名	语文
如果	那么他获得满分的科目为
阿恩获得了第一名	数学
阿恩没有获得第一名	数学
阿林获得了第一名	数学
阿林没有获得第一名	语文

阿伦不可能获得第一名,否则阿伦和阿林的语文成绩就都是满分,从而与(1)发生矛盾。

阿林也不可能获得第一名,否则阿恩和阿林的数学成绩就都是满分,从而与(1)发生矛盾。

如果阿恩获得了第一名,那他倒是唯一数学成绩满分的同学,与(1)相符合,他也是唯一语文没有满分的同学,与(2)相符合。因此,阿恩获得了第一名。

14. 如何过河

管家与狗先过,管家回;
管家与儿子1过,管家与狗回;
爸爸与儿子2过,爸爸回;
爸爸与妈妈过,妈妈回;

管家与狗过，爸爸回；
爸爸与妈妈过，妈妈回；
妈妈与女儿1过，管家与狗回；
管家与女儿2过，管家回；
管家与狗过，成功！

15. 是否交换

先看极端情况：

如果 A、B 有一人拿到 5 元的信封，该人肯定愿意换；

如果 A、B 有一人拿到 160 元的信封，该人肯定不愿意换；

但问题是 A、B 两个信封是一个组合；设 A 愿意换，则 B 不一定愿意换；反之亦然。

再看中间状况：

从期望收益来看，设若（A，B）信封组合实际为（20，40）：

设若 A 拿到信封，看到里面有 20 元，则他面对两种可能，即 B 信封里或为 10 元（若此，他不愿换），或为 40 元（若此，他愿意换）。但这两种可能性从概率上说是均等的，即各为 1/2（50%）。因此，他若愿意换，则其期望收益为：10×50%+40×50%=25 元，这比他"不交换"的所得（信封里的 20 元）多，因此，理性的 A 应当"愿意交换"。

而 B 拿到信封，看到里面有 40 元，则他面对两种可能，即 A 信封里或为 20 元（若此，他不愿换），或为 80 元（若此，他愿意换），但这两种可能性从概率上说是均等的，即各为 1/2（50%）。因此，他若愿意换，则其期望收益为：20×50%+80×50%=50 元，这比他"不交换"的所得（信封里的 40 元）多，因此，理性的 B 也应当"愿意交换"。

16. 密码破解

所谓无须惊叹就是去掉！

所谓身无分文就是去掉$

所谓消失的第 100 个足迹就是去掉%

此时得到 *^#*^*-*^@&（#&*

所谓蓦然回首就是把这些倒过来

得到 * & # (&@^*^* #^*

所谓就在脚下就是看键盘，在这些键的下面，找到对应的字母即可。

kudoushinichi

工藤新一。

17. 洗牌

假设原来排在第 x 张的牌经过一次洗牌后排在第 y 张，由题干可知：

当 x≤26 时，y=2x-1；

当 x≥27 时，y=2x-52。

跟踪每一张牌在各次洗牌后的位置，可以发现：

原来的第 1、第 52 的两张牌位置一直不变；

原来的第 18、第 35 的两张牌不停地互换位置；

其余的 48 张牌以 8 张为一组，各自在组内以 8 次洗牌为一个循环。

所以洗 8 次牌后回到初始状态。

18. 奇怪的大钟

因为我的闹钟是电子钟，那个分时数字右上角的那一竖坏了，所以可以正确显示 5，也可以正确显示 6，却不能正确显示 8，到了 59 分时，也只能显示 55。

19. 白球黑球

每一次往外拿出来两个球后，甲盆里的白球只会有两种结果：

(1) 少两个；

(2) 一个不少。

甲盆里的黑球也只会有两种结果：

(1) 少一个；

(2) 多一个。

根据以上可得知：如果一开始甲盒中的白球数量为单数，那么最后一个白球是永远拿不出去的，最后两球一黑一白的概率为 100%。

如果白球为双数：那么白球就会剩二个或一个不剩，最后两球一黑一白的概率为 0%。

20. 海盗分椰子

15621个。解答方法很多，下面是最容易理解的一种：

假设给这堆椰子增加4个，则每次刚好分完而无剩余。

解：设椰子总数为 $n-4$，天亮后每人分到的个数为 a。

$(1/5) \times (4/5) \times (4/5) \times (4/5) \times (4/5) \times (4/5) \times n = a$

$1024/15625 \times n = a$

因为 a 是整数，所以 n 最小为15625，则

$n - 4 = 15621$

还可以设最开始有 X 个椰子，天亮时每人分到 Y 个椰子，则可得：

$X = 5A + 1$

$4A = 5B + 1$

$4B = 5C + 1$

$4C = 5D + 1$

$4D = 5E + 1$

$4E = 5Y + 1$

化简以后得：$1024X = 15635Y + 11529$。

这是个不定方程，依照题目我们求最小正整数解。如果 X_1 是这个方程的解，则 $X_1 + 15625$（$5^6 = 15625$，因为椰子被连续6次分为5堆）也是该方程的解，那么用个取巧的方法来解，就是设 $Y = -1$，则 $X = -4$。如果最开始有 -4 个椰子，那么大家可以算一下，无论分多少次，都是符合题意的。所以把 -4 加上 15625 就是最小的正整数解了，答案是 15621 个。

类比思维法

寻找相似点，在比较中创新

【定义】

类比思维法是通过两个（或两类）对象的比较，找出它们在某一方面（特征、属性和关系）的类似点，从而把其中一个对象的其他有关性质，移植到另一个对象中去。因此，类比思维是从特殊到特殊的思维方法。

类比的双方可以是同类的，也可以是不同类的，甚至可以是毫无关联的，但在两种事物的交界边缘上可能会取得创造性的突破。通过类比思维，在类比中联想，从而升华思维，既有模仿又有创新。运用类比法常会产生新的发现和发明。

【方法应用】

类比思维主要有以下几种方法：

1. 形式类比

形式类比包括形象特征、结构特征和运动特征等几个方面的类比。

有一位日本母亲，她儿子生病了，看着儿子躺在床上无法使用笔直的吸管喝水，只能用勺子喂，心里十分难受。于是，她开始琢磨怎样能让儿子躺着也能喝到水。

一次偶然的机会，她在洗衣服的时候发现洗衣机的导水管是蛇皮形的，突然灵机一动，为什么不能把吸管也做成这样呢？于是，她将吸管中间的一段做成蛇皮形的，这样，她就发明了能弯曲的吸管。

2. 功能类比

功能类比是把一个事物的功能应用于其他事物上，从而得出新的思维结果。

近代发明家贝尔发明电话机的灵感就是来源于把人的鼓膜与电话膜片直接类比。每当人们问起他是如何应用类比思维技巧而获得成功的，他都不无自豪地说："我注意到，与控制耳骨的灵敏的鼓膜相比，人的耳骨的确很大。这使我想到，如果一种薄膜也是这样灵敏，它就能够摇动几倍于它的很大的骨状物。电话就这样被构想出来了。"

3. 原理类比

原理类比是指把一个事物的原理应用在其他事物上，从而产生积极结果的思维方法。

日本有家公司在铁路沿线的三个地方分别开设了三家药店，它们呈一条直

线。过了一段时间，销售额总是上不去，社长十分着急。

有一天，又急又恼的公司社长上了电车想回家。在电车上，他看见几个小学生，都把手指套在三角尺的窟窿里，用一只手转着玩。

他两眼盯着三角尺，忽然觉得心里一亮。此时，他想起以前看过的有关军队战略战术的书："这些直线排列的点，很容易被外力阻断运输线路，这正是失败的最大原因。为了和友军保持密切的合作，应该确保至少三足鼎立。"想到这里，他激动起来。

回到家里，他拿出地图，看着分布在一条直线上的三家药店，不觉恍然大悟："如果把三家药店呈三角形分布，那就取得了中间部分的面积，居住在三角形里的人也就都会来买我的药了。"

不久，他就调整了药店的位置，营业额果然逐渐上升，取得了很大的效益。

【生活实践】

哲学家的智慧

古希腊哲学家苏格拉底的妻子是个有名的悍妇，动辄对人大骂不已。有一次妻子大发雷霆，当头向苏格拉底泼了一盆脏水。苏格拉底无可奈何，诙谐地说："雷鸣之后免不了一场大雨。"别人嘲笑他说："你不是最有智慧的哲学家吗？怎么连老婆都挑不好？"他回答："善于驯马的人宁肯挑选悍马、烈马作为自己的训练对象。若能控制悍马、烈马，其他的马也就不在话下了。你们想，如果我能忍受她，还有什么人不能忍受的呢？"

面对嘲笑者的刁钻，苏格拉底机敏地应用类比手法，十分精彩地为自己作了辩白，展示了自己的语言表达技巧与智慧。

格罗培斯的难题

格罗培斯是世界著名建筑大师。他从事建筑研究40多年，攻克过无数建筑方面的难题，在世界各地留下了70多处精美的杰作。

格罗培斯在设计迪斯尼乐园时，花了很多心血。在迪斯尼乐园快要完成施工、对外开放时，各景点之间的道路该怎样铺设还没有具体的方案。

这可急坏了施工部。于是，施工部打电话给正在法国参加庆典的格罗培斯大师，请他赶快定稿，以便按计划竣工和开放。

格罗培斯大师对迪斯尼乐园的路径设计大伤脑筋，他已修改了50多次，没有一次是让他满意的。接到施工部的催促，格罗培斯更加着急了。巴黎的庆典一结束，他就让司机驾车带他去了地中海海滨。他想清醒一下，争取在回国前把方案定下来。

汽车在法国南部的乡间公路上奔驰,这里是法国著名的葡萄产区,漫山遍野都是当地农民的葡萄园。一路上,格罗培斯看到人们将无数的葡萄摘下来提到路边,向过往的车辆和行人吆喝,然而却很少有人停下来购买。

当他们的车子进入一个小山谷时,格罗培斯发现那里停着许多车子。原来这儿是一个无人看管的葡萄园,你只要在路边的箱子里投入5法郎就可以摘一篮葡萄上路。

据说这座葡萄园主是一位老太太,她因年迈无力料理而想出这个办法。起初她还担心这种办法能否卖出葡萄,谁知在这绵延百里的葡萄产区,总是她的葡萄最先卖完。

格罗培斯对老太太的这种给人自由、任其挑选的做法深有感触,他下车摘了一篮葡萄,就让司机调转车头,立即返回了巴黎。

回到住处,他给施工部发了一封电报:撒上草种提前开放。施工部按要求在乐园撒了草种,没多久,小草出来了,整个迪斯尼乐园的空地都被绿草覆盖。在迪斯尼乐园提前开放的半年里,草地被踩出许多小道,这些踩出的小道有宽有窄,优雅自然。

第二年,格罗培斯让人按这些踩出的痕迹铺设了人行道。1971年在伦敦国际园林建筑艺术研讨会上,迪斯尼乐园的路径设计被评为世界最佳设计。

【思维训练场】

 01. 扑克牌【有点难】 限时 5 分钟

王先生正在和朋友们一起玩扑克牌。王先生手上拿着13张牌,黑桃、红桃、梅花、方块都有,但是,每种花色的张数都不一样。黑桃跟红桃一共6张,黑桃跟方块一共5张。王先生手中有2张一样花色的扑克牌。

请问:哪种花色的牌有2张呢?

 02. 在风中飞行的飞机【有点难】 限时 10 分钟

一架飞机从A地沿直线飞往B地,然后从B地沿原航线返回A地。飞行途中,没有风,且飞机的发动机速度保持不变。现在的问题是:如果其他的条件保持不变,只是在全航程中从A地刮向B地有一定量的不变风速,那么,这架飞机往返航程所需的时间和原来无风时相比,是会更多、更少还是会保持不变?

03. 绕行太阳【有点难】　　限时　7　分钟

一个宇航员骄傲地对他的父亲说,他已经绕行地球20圈了。他父亲说:"这有什么稀奇,我还绕太阳50圈了呢!"你说,他的父亲是在吹牛吗?

04. 奇怪的问题【有点难】　　限时　5　分钟

试想你站在镜子前,为什么镜子能够颠倒左右,不能颠倒上下?

05. 特异功能【有点难】　　限时　7　分钟

小明每次装睡的时候都会被哥哥发现,小明觉得很奇怪,就问哥哥原因。哥哥说:"那是因为我有特异功能!"

真的是这样吗?

06. 分割立方体【有点难】　　限时　10　分钟

有一个长、宽、高都是3厘米的立方体,在它的6个表面上都涂上油漆。现在将它锯成27块长、宽、高都是1厘米的小立方体。请问:小立方体中,三面有油漆、两面有油漆、一面有油漆和没有油漆的立方体各有几个?

07. 未知的生物【有点难】　　限时　7　分钟

瓶子里有两种未知生物,开始的时候有1只X,20只Y。每1分钟,X要吃掉一只Y。同时,X和Y每分钟都要分裂成原来数目的2倍,问在第几分钟的时候,瓶子里的Y会被吃光?

08. 数字如何表示【非常难】   限时 6 分钟

如果6千，6百，6可以写成6606，那么11千，11百，11可以写成多少？

09. 隐含的规律【非常难】   限时 7 分钟

1、3、7、8
2、4、6
5、9
你能猜出这三组数字间有何种关系吗？
提示：每一组数字都有一个相同的条件。

10. 称量水果【非常难】   限时 20 分钟

在果园工作的送货员A，给一家罐头加工厂送了10箱桃子。每个桃子的重量是500克，每箱装20个。正当他送完了货要回果园的时候，接到了从果园打来的电话，说由于分类错误，这10箱桃子中有1箱装的是每个400克的桃子，要送货员把这箱桃子带回果园以便更换。但是，怎样从10箱桃子中找出到底哪一箱的分量不足呢？手边又没有秤。

正在这时，他忽然发现不远的路旁有一台自动称量体重的机器，投进去1元硬币就可以称一次重量。他的口袋里刚好有一枚1元硬币，当然也就只能量一次。那么他应该怎样充分利用这一次的机会，来找出那一箱不符合规格的产品呢？

11. 新手表【非常难】   限时 30 分钟

婧婧买了一个新手表。她与家中挂钟的时间作了对照，发现新手表每天比挂钟慢 3 分钟。她又将挂钟与电视上的标准时间作了对照,刚好挂钟每天比电视快 3 分钟。于是,他认为新手表的时间是标准的。下面几个评价中,哪一个是正确的?

A. 由于新手表比挂钟慢 3 分钟,而挂钟又比标准时间快 3 分钟,所以,婧婧的推断是正确的,她手表上的时间是标准的。

B. 新手表当然是标准的,因此,婧婧的推断也是正确的。

C. 婧婧不应该拿她的手表与挂钟对照,而应该直接与电视上的标准时间对照。所以,婧婧的推断是错误的。

D. 婧婧的新手表比挂钟慢 3 分钟,是不标准的 3 分钟;而挂钟比标准时间快 3 分钟,是标准的 3 分钟。这两种"3 分钟"不是一样的,因此,婧婧的推断是错误的。

E. 无法判断婧婧的推断正确与否。

 12. 怎么多了一块【非常难】 限时 *30* 分钟

有如下一块图形,为 8×8 的方格。现在按照图中黑线分成四部分,然后按下图方式拼成一个长方形。

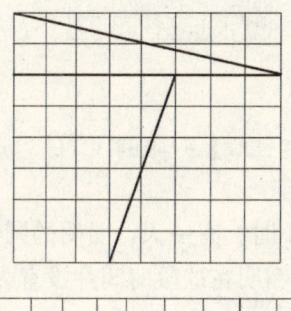

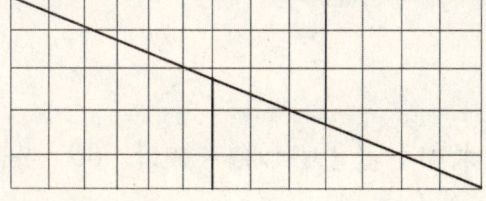

但是现在问题也出现了,原来的 8×8=64 个方格,现在变成 5×13=65 个

方格,为什么会多出一个呢?

13. 怎么又少了一块【非常难】 限时 *30* 分钟

在 10×12 的方格中有一个如图的三角形,把三角形按照如图的方式剪开,然后打乱次序。再排成下图的形式,你会发现中间有两个格没有排满。你知道这是为什么吗?

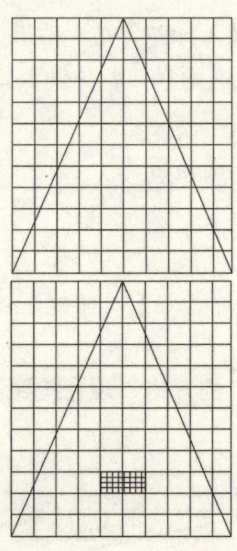

14. 钟表不慢了【超级难】 限时 *70* 分钟

明明家里的钟一天慢一小时。有一天,明明的同学看到这座钟,说:"接下来的几天它都不会再慢了。"明明在这段时间并没有去碰这座钟,这是怎么一回事?

15. 巧分大米和小麦【超级难】 限时 *60* 分钟

王阿姨去市场买了 10 斤大米,又替张奶奶买了 10 斤小麦。但是由于只带

了一个布袋,所以她将小麦放在了布袋里,然后扎紧,又将大米装在了上边。她准备回家以后把大米倒出来,然后用布袋把张奶奶的小麦送过去。可是就在王阿姨回家的路上,正好遇到了拿着布袋的张奶奶。

请问:在没有任何其他容器的情况下,怎样才能把各自的粮食装到自己的布袋里?

16. 转圆环【超级难】　　限时 *60* 分钟

两个圆环,半径分别是1和2,小圆在大圆内部绕大圆圆周转一圈,问小圆自身转了几圈?如果在大圆的外部,小圆自身转几圈?

17. 苏州街【超级难】　　限时 *80* 分钟

陈一婧住在苏州街,这条大街上的房子编号是从13号到1300号。龚宇华想知道陈一婧所住房子的号码。龚宇华问道:它小于500吗?陈一婧作了答复,但她讲了谎话。龚宇华问道:它是个平方数吗?陈一婧作了答复,也没有说实话。龚宇华问道:它是个立方数吗?陈一婧回答了并讲了真话。龚宇华又说道:如果我知道第二位数是否是1,我就能告诉你那所房子的号码。陈一婧告诉了他第二位数是否是1,龚宇华也讲了他所认为的号码。但是,龚宇华说错了。陈一婧住的房子是几号?

18. 称药【超级难】　　限时 *90* 分钟

共有三类药,分别重1克、2克、3克,放到若干个瓶子中,现在能确定每个瓶子中只有其中一种药,且每瓶中的药片足够多,能只称一次就知道各个瓶子中分别盛的哪类药吗?

如果有4类药呢?5类药呢?N类药呢(N可数)?

如果是共有m个瓶子盛着n类药呢(m,n为正整数,药的质量各不相同,但各种药的质量已知)?你能只称一次就知道每瓶的药是什么吗?

注：当然是有代价的，称过的药我们就不用了。

19. 有问题的钟【超级难】　限时　100　分钟

从前有一位老钟表匠，为火车站修理一只大钟。由于年老眼花，他不小心把长短针装反了。修完的时候是上午6点，他把短针指在"6"上，长针指在"12"上，钟表匠就回家去了。人们看这钟一会儿7点，过了不一会儿就8点了，都很奇怪，立刻去找老钟表匠。等老钟表匠赶到，已经是下午7点多钟。他掏出怀表一对，钟准确无误，怀疑大家是有意捉弄他，一生气就回去了。这钟还是8点、9点地跑，人们又去找钟表匠。这时老钟表匠已经休息了，于是第二天早晨8点多赶过去用怀表一对，时间仍旧准确无误。请你想一想，老钟表匠第一次对表的时候是7点几分？第二次对表又是8点几分？

20. 检验毒酒【超级难】　限时　120　分钟

一个国王有1000瓶红酒，并打算在他的六十大寿时打开来喝。不幸的是，其中一瓶红酒被人下了药，凡是沾到者大约20个小时后开始有异样并马上死亡（只沾到一滴就会死）。由于国王的大寿就在明天（假设离宴会开始只有24小时的时间），就算千分之一的可能国王也不想冒险，他要在宴会之前把有毒的酒找出来。所以，国王就吩咐侍卫用监牢里的死刑犯来检验酒。如果监牢里的死刑犯足够多，请问最少需要多少个死刑犯才能检验出毒酒呢？

参考答案

01. 扑克牌

红桃。

分别假设每种花色,然后推理是否有矛盾即可。

02. 在风中飞行的飞机

由于风速不变,因此,飞机在顺风时受到的推力和在逆风时受到的阻力是一样的。这使人容易得出结论:飞机在有风但风速不变的情况下,往返航程所需的时间和无风速时相比保持不变。

但这个结论是错误的。上述思考有一个重要的忽略,即飞机在顺风时飞完一半航程所需的时间比在逆风时飞完另一半航程所需的时间少。也就是说,在往返航程中,飞机有更多的时间是在逆风中航行,因此,飞机在有风但风速不大的情况下往返航程所需的时间比无风速时要更多。

解答思路为:设飞机的速度为 V,AB 之间的路程为 S,风速为 a,则无风时飞机往返所需时间为 $2S/V$。

有风时飞机往返所需时间为 $S/(V+a)+S/(V-a)$

$$S/(V+a)+S/(V-a)=[S(V-a)+S(V+a)]/(V+a)(V-a)$$
$$=2VS/V^2-a^2 \quad ①$$

$$2S/V=2VS/V^2 \quad ②$$

所以,只需比较 V^2-a^2 与 V^2 的大小。显而易见,$V^2>V^2-a^2$,分母越大,分数越小,所以无风时所用时间少于有风时所用时间。

03. 绕行太阳

没有。他父亲今年 50 岁,地球每年绕太阳一圈。

04. 奇怪的问题

因为左右是与人的朝向有关的。

05. 特异功能

不是的,哥哥没有特异功能。哥哥每次见到弟弟在睡觉的时候都会说:"你在装睡!"弟弟真的装睡的话,就会听见;而当弟弟真的睡觉的时候,他不会知道哥哥在说话。所以他知道的每一次都是对的,并不是哥哥有特异功能。

06. 分割立方体

三面有油漆的:8个(8个角);

两面有油漆的:12个(12条棱);

一面有油漆的:6个(6个面);

没有油漆的:1个(中心)。

07. 未知的生物

第20分钟。因为X、Y都以相同的速度分裂,所以每一只X只要负责吃掉和自己一同分裂出来的Y即可。

08. 数字如何表示

答案为:12111。

如果6千,6百,6可以写成6606,也就是:$6×1000+6×100+6=6606$,对于11千,11百,11则可写成$11×1000+11×100+11=12111$。

09. 隐含的规律

第一组数字发音都是第一声,第二组数字发音都是第四声,第三组数字发音都是第三声。

10. 称量水果

把10个箱子分别编号1~10,第1箱取1个,第2箱取2个……第10箱取

10个,放在秤上一起量。本来应该是 55×500 克,当混入每个 400 克的桃子时,总重量会减少。减少几百克,就说明有几个 400 克的桃子,也就知道几号箱子里装的是 400 克的桃子了。

11. 新手表

D 的评价是正确的。婧婧犯的正是"混淆概念"的错误,两个"3分钟"是不相同的,一个标准,一个不标准,因此,婧婧的推断是错误的。

12. 怎么多了一块

相似三角形求比的时候,你会发现小三角形和大三角形斜边的斜率是不一样的,也就是说中间的那条斜线并不是直线,也就是说有些部分是重叠的,而有些部分是空缺的。这就解释了为什么会多出一块来。

13. 怎么又少了一块

本题与上题相同,都是因为三角形的腰不是直线所致。

14. 钟表不慢了

因为这天时钟刚好比标准的时间慢 6 个小时。从这天以后,钟将比标准时间慢 7 个小时、8 个小时、9 个小时……但是它的显示却和标准时间接近了,也就是比时钟显示时间快了 5 个小时、4 个小时、3 个小时……。

15. 巧分大米和小麦

先把张奶奶的布袋翻过来,把王阿姨的大米倒入张奶奶的布袋里,扎上绳子。然后把张奶奶的布袋的上半截翻过来,倒入小麦。再解开张奶奶布袋的绳子,把下面装的大米倒入王阿姨的布袋里,就可以了。

16. 转圆环

1 圈,3 圈。

小圆的自转周数只和它本身圆心的运动轨迹半径有关。在大圆内部时,它的圆心运动轨迹是半径为 1 的圆,所以为 1 圈;而当在大圆外部时,它的圆心

的运动轨迹是半径为 3 的圆，所以为 3 圈。

17. 苏州街

很明显，想从陈一婧回答龚宇华提的前三个问题去寻找答案是毫无用处的。起始点应该是龚宇华说的"如果我知道第二位数是否是 1，我就能讲出你那所房子的号码"那句话。

分析一下龚宇华是怎么想的会对题目的解答很有用，尽管他的数字和结论是错误的。龚宇华的想法是他认为他已将可供挑选的号码数减少到了两个，其中一个号码的第二位数是 1。

如果龚宇华认为这个号码是个平方数而不是个立方数，那么供挑选的号码就太多了（从 4 到 22 各数的平方数都在 13～500 之间；而 23～36 之间各数的平方数在 500～1300 之间）。看来他一定认为这是个立方数。

有关的立方数是 27、64、125、216、343、512、729、1000（它们分别是 3、4、5、6、7、8、9、10 的立方）；其中 64 和 729 也是平方数（分别为 8 和 27 的平方）。

如果龚宇华认为这个号码是小于 500 的平方数和立方数，那么他便没有其他可选择的号码——只有 64。如果他认为这个号码是 500 以上的平方数和立方数，那一定是 729。如果他认为这个号码不是平方数而是 500 以下的立方数，那么就有四种可能性（27、125、216、343）；但如果他认为这个号码不是平方数而是 500 以上的立方数，那么只有两种可能性：512 和 1000，前一个号码的第二位数是 1。这个号码就是龚宇华所想到的。

但从某些方面来看他想得并不对。他认为这个号码不在 500 以内，而陈一婧在答复这一点时骗了他，所以它是在 500 以内。龚宇华认为这个号码不是个平方数，关于这一点，陈一婧又没有向他讲真话，所以它是个平方数。龚宇华认为这是个立方数，关于这一点陈一婧向他讲了真话，所以它是个立方数。所以陈一婧的门牌号是个 500 以下的平方数，也是个立方数（不是小于 13）。所以它只能是 64。

18. 称药

如果是三类药，我们第一瓶药取一颗，第二瓶药取 10 颗，第三瓶药取 100 颗，第四瓶药取 1000 颗，以此类推……

称得总重量，那么个位数上如果为1，就是第一瓶药为1克的药；如果为2，就是2克的药，十位数上的就是第二瓶药的种类……

对于四类药、五类药……只要药的规格没有大于10克都可以用这个方法。

但是考虑到代价的问题。就要先看最重的药是多重，比如上面例子是3克，就不要用10进制，改用3进制。如果m个瓶子盛着n类药，就用n进制。第一个瓶子里取n^0颗药，第二个瓶子取n^1颗药……第k个瓶子取$n^{(k-1)}$颗药。把最后算出来的重量从十进制变换成n进制，然后从最低位向高位就依次是各瓶药的规格了。

19. 有问题的钟

这个题的关键是要想明白，只有两针成一直线的时候，所指的时间才是准确的。在6点，两针成为一直线，这是老钟表匠装配的时间。以后，每增加1小时$\frac{60}{11}$分，两针再次成为一直线。7点之后，两针成为一直线的时间是7点$\frac{60}{11}$分；8点之后，两针成为一直线的时间是8点$\frac{120}{11}$分。

20. 检验毒酒

最少10个人就够了。

把10个人编号为1~10，再把1000瓶酒用二进制编号，分别为0000000000，0000000001……1111111111，一共有1024种组法。把每种组法对应一瓶酒，足够1000瓶酒。酒的编号中第几位为1，就把该酒喂给第几个人。最后看死了哪几个人，便可以判断出哪瓶酒有毒了。

求易思维法

剪去枝蔓,使复杂问题简单化

【定义】

求易思维就是把事情简单化。乍一听是贬义,其实在大多数情况下,简单化并没有错,不但不应否定,而且还值得充分肯定,因为这是最行之有效的一种思维方法。

从这个意义上说,人们能够将日常纷繁庞杂的现象和事物抽象化、简单化,概括成几句话或者几个字,既是一种方法,也是一种本领。

【方法应用】

为什么简单化是一种行之有效的好方法呢?这是由人们日常认知和实践行为的简单化决定的。人的大脑,精妙无比,可以储存千千万万细微复杂的海量信息。但是我们日常行动所需要的,或者说我们的大脑平时所遵从的,却只是简单明白的几个甚至一两个指令。这就需要对复杂信息进行加工处理,概括提炼,将其简单化为一两个明白清楚、可以立即判断遵从的信息。

【生活实践】

制度太多还不如没有

湖南有家造纸企业,因经营无方,多年亏损。新老总上任后,发现职员工作散漫,上班下班该干什么,不该干什么,没个标准。

真没标准吗?其实不是。办公室主任告诉老总,企业不但定有规章制度,而且非常详细。说着,抱出一堆管理条例。老总一看,好家伙,厚厚五大本,足有几斤重!

老总翻了翻说,这么复杂的东西,谁看?怎么记得住?于是,亲自主持制定了两项管理制度,一项叫做"四无",一项叫做"五不走"。"四无"即车间必须做到:无垃圾、无杂物、无闲坐闲聊人员、无乱放成品半成品;"五不走"即工人下班必须做到:设备不擦净不走、材料不放整齐不走、工具不清点好不走、记录不填好不走、现场不清扫不走。

两项制度,一共九条,简单清楚,人人明白。

自此以后,工厂管理大有起色,人人都夸老总"英明"。

以上故事,说明一个道理——简单化常常是解决问题的最佳方法。

由此联想到日常工作,在我们身边,有多少条条款款、规章制度,规范着大家的职业行为,但是又有多少是能够认真执行,确实起了作用的呢?

什么原因?深究起来,固然与有令不行、执行规章制度不严格、不认真有

求易思维法

关，但规章制度太庞杂太烦琐，人们根本记不住因而也实行不了，监督不了，是不是也是一个重要原因呢？

与其伤其十指，不如断其一指。那就化繁为简，制定简单明了的几条，只有人人都记得住，才实行得了。

灯泡的容积

发明家爱迪生曾经有个名叫阿普顿的助手，他毕业于普林斯顿大学数学系，又在德国深造了一年，自以为天资聪明，头脑灵活，甚至觉得比爱迪生还强很多，处处卖弄自己的学问。

有一次，爱迪生把一只梨形的玻璃灯泡交给了阿普顿，请他算算容积是多少。阿普顿拿着那个玻璃灯泡，轻蔑地一笑，心想："想用这个难住我，也太小看我了！"

他拿出尺子上上下下量了又量，还依照灯泡的式样画了一张草图，列出一道道算式，数字、符号写了一大堆。他算得非常认真，脸上都渗出了细细的汗珠。

过了一个多钟头，爱迪生问他算好了没有。他边擦汗边说："办法有了，已经算了一半多了。"

爱迪生走过来一看，在阿普顿面前放着许多草稿纸，上面写满了密密麻麻的等式。爱迪生微笑着说："何必这么复杂呢？还是换个别的方法吧。"

阿普顿仍然固执地说："不用换，我这个方法是最好最简便的。"

又过了一个多钟头，阿普顿还低着头列算式。爱迪生有些不耐烦了，他拿着玻璃灯泡，倒满了水，然后交给阿普顿说："去，把灯泡里的水倒到量筒里量量，这就是我们需要的答案。"

阿普顿这才恍然大悟，爱迪生的办法非常简单而精确。自此，他非常佩服爱迪生的能力。

经验有时候确实可以帮助我们进行思维，但是，许多经验却会限制思维的广度和灵活性。当思维受阻时，就需要跳出思维的框框，从结果导向去思考问题。

最简单的方法往往最有效

传说在古罗马时代，一位预言家在一座城市内设下了一个奇特难解的结，并且预言："将来解开这个结的人必定是亚细亚的统治者。这个结引来了许多人，大家都想打开这个结，以表明自己的实力可以统治亚细亚。但是，这个被称为Gordian的结长久以来却无人能解开。

当时身为马其顿将军的亚历山大也听说了有关这个结的预言，于是专门跑到这个城市，想去打开这个结。

但是，亚历山大用尽了各种方法都无法打开这个结，他想，我打不开这个结，也不能让别人打开，于是，他抽出了身上的佩剑，一剑将"结"劈成了两半。

这个神秘的结就这样被亚历山大打开了，亚历山大终于明白："要打开结的方法其实很简单，但人们却容易被思维定势所限制住。"

果然，亚历山大最终成为了亚细亚的统治者。成为统治者的亚历山大一直以这个结来警戒自己，在思考问题的时候，千万不要被思维定势所限制。

【思维训练场】

01. 把鸡蛋立起来【有点难】　限时　5　分钟

有一次在吃晚餐时，爸爸拿起盘子里的一个煮鸡蛋说："儿子，你能把这个鸡蛋立在桌子上吗？"儿子左立右立，怎么也立不起来，只好向爸爸求教。而爸爸轻而易举地就把鸡蛋立起来了。你知道怎样才能做到吗？

02. 孔变大还是变小【有点难】　限时　7　分钟

一枚硬币中间钻了一个孔，如果将硬币加热，孔径是变大还是变小？有人说："金属受热后膨胀，就把有孔的地方挤小了。"他说得对吗？

03. 分放宝石【有点难】　限时　10　分钟

从前有一个外国使者，想难为一下年轻的王子，他拿出了30颗硕大的宝石和两个分别是蓝色、红色的盒子。使者对王子说："我们来做一个游戏，在开始的时候，要让你蒙上眼睛，我把这30颗宝石分别往这两个盒子里面放。如果我要往红盒子里放，每次放1颗；如果我往蓝盒子里放，就每次放2颗。我每放一次，我旁边的同伴就会拍一次掌，当我放完后，你要说出有多少个宝石在红盒子里。如果猜对的话，这些宝石就全是你的；如果猜错了，你要给我和这些宝石相等价值的宝物。可以吗？"王子同意了。于是按要求去做，王子听到21

次拍掌。他很快就说出了红盒子里宝石的数量，结果他赢得了宝石。请问，红盒子里有多少颗宝石？

04. 往返旅行【有点难】　限时 12 分钟

某人进行一次 C 和 D 之间往返旅行，希望在整个旅行中能够达到 60 千米/小时的平均速度，但是当他从 C 到达 D 的时候发现平均速度只有 30 千米/小时，问他应当怎么做才能够使这次往返旅行的平均速度达到 60 千米/小时。

05. 画三角形【有点难】　限时 10 分钟

一个人用毛笔画了如下图的大三角形，

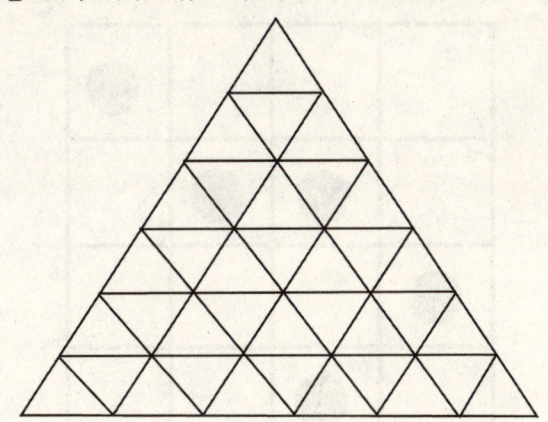

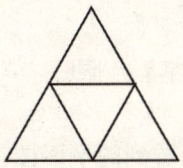

已知他每画一个如上图样子的小三角形，需要重新蘸一次墨水，问他画完整个图形需要蘸几次墨水？

06. 水有一半吗【有点难】   限时 17 分钟

一个规则的立方体盒子里有一些水。

甲说："盒子里的水超过一半。"

乙说："盒子里的水不到一半。"

在不把水倒出来的前提下，你如何知道水有没有一半呢？

07. 都对称【有点难】   限时 20 分钟

下图是围棋盘的一部分，上面已摆下 5 枚棋子。如果要将它变成一个上下左右都对称的图形，最少要摆几枚棋子？

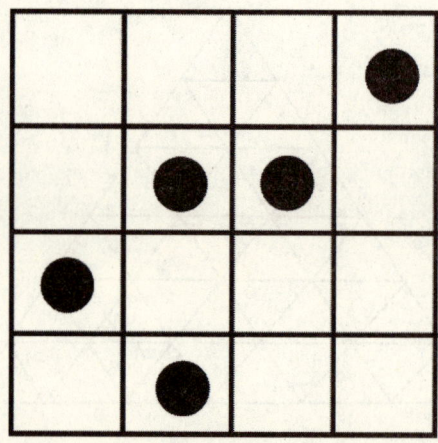

08. 如何通过【有点难】   限时 30 分钟

这是一幅从办公室上方所看到的平面图。你能只转向 2 次就通过所有的房间吗？

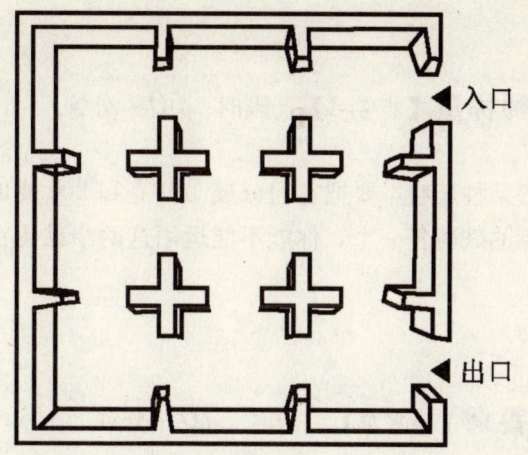

 09. 各行了多少公里【非常难】　限时　30　分钟

常先生的车行了10 000公里，为了使包括备用轮胎在内的5个轮胎的磨损程度相同，他轮流使用这5个轮胎。那么，你知道每个轮胎行了多少公里吗?

 10. 称重【非常难】　限时　35　分钟

有一个两臂不一样长却处于平衡状态的天平，给你2个500克的砝码，如何称出1千克的糖?

11. 分牛【非常难】　限时　40　分钟

一位农场主的遗书中写道：妻子分全部牛的半数加半头，长子分剩下牛的半数加半头，次子分再剩下牛的半数加半头，三子分最后剩下牛的半数加半头。结果一头牛没杀，一头牛没剩，正好分完。农场主留下几头牛?

12. 药剂师称重【非常难】　限时　50　分钟

现有 300 克的某种药粉,要把它们分成 100 克和 200 克的两份,如果天平只有 30 克和 35 克的砝码各一个,你能不能运用这两个砝码在称两次的情况下把药粉分开?

13. 四人餐桌【非常难】　限时　70　分钟

一家四口人要一起吃晚饭,他们的晚饭是炸小黄鱼和炸土豆丝,其中父亲要吃 7 条炸 6 分钟的鱼和炸 2 分钟的土豆丝;母亲要吃 4 条炸 10 分钟的鱼和炸 4 分钟的土豆丝;姐姐要吃 3 条炸 12 分钟的鱼和炸 5 分钟的土豆丝;弟弟要吃 5 条炸 14 分钟的鱼和炸 4 分钟的土豆丝。如果这家人只有一个炸锅,那么,做这顿饭至少需要多长时间?

14. 掷骰子【非常难】　限时　70　分钟

一颗骰子是一个六面体,六个面上分别刻有 1~6 六个点。

小李打赌说,如果连续掷骰子四次,那么,这四次中必定有一次是 1 点(即一个点的面向上)。

小王则认为:连续掷四次,要么一次 1 点也没有,要么 1 点出现的次数多于 1。

他们二人谁有更大的可能性获胜?

15. 可乐多少钱【非常难】　限时　60　分钟

阿聪和阿傻到公园去玩,他俩想买一瓶可乐喝,阿聪差 1 元,阿傻差 1 分。把他俩的钱合起来,钱还是不够。请问一瓶可乐多少钱?

求易思维法

16. 分药片【超级难】　限时 100 分钟

你一个人在一座孤岛上，救援人员十天后才能到达（今天是第 0 天）。你有 A 和 B 两种药片，每种 10 粒。每天你必须各吃 1 粒才能活到第二天。但是你不小心把两种药片混在一起无法分辨了。你会怎么办？

17. 史上最难的概率题【超级难】　限时 200 分钟

A，B，C，D 四个人说真话的概率都是 1/3。假如 A 声称 B 否认 C 说 D 是说谎了，那么 D 说的那句话是真话的概率是多少？

18. 平衡还是不平衡【超级难】　限时 160 分钟

毕达哥拉斯是古希腊著名的数学家，他门下弟子众多。在一次讲课中，他拿出四架天平，分别在两边放上一些几何物体，同种形状的物体大小、重量都相等。毕达哥拉斯问众弟子："你们谁能告诉我，根据前三架天平的状态来看，第四架天平是不是平衡？"众弟子面面相觑，无人能答。你能解答这个问题吗？

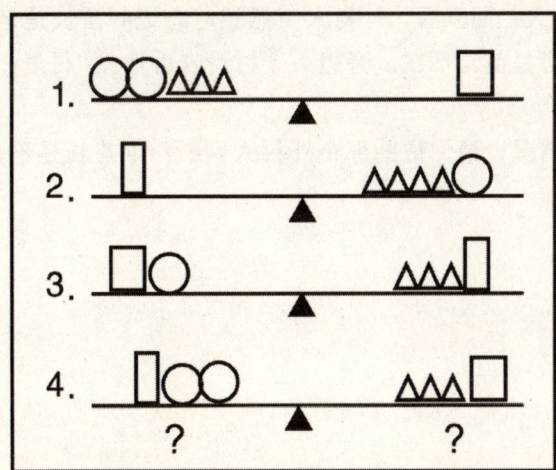

 19. 房间分配【超级难】　　限时　*100*　分钟

有一个"狄利克雷房间分配法"的故事:

有一家旅店,共有 12 个房间,依次为 1 号、2 号、3 号……12 号。一天,来了 13 位客人,要求各自单独住一间房间。旅店老板思索了一番,想出一个满足大家要求的办法:他先让两个客人暂时住进 1 号房间里,然后把其余的客人按顺序依次分配。于是 1 号房间住进了两个人;3 号客人住在 2 号房间;4 号客人住在 3 号房间;5 号客人住在 4 号房间……12 号客人住在 11 号房间。最后,再把最先安排的 13 号客人从 1 号房间转到还空着的 12 号房间里。于是皆大欢喜,13 位客人都满意地单独住进了 12 个房间里了。

这样的安排可能吗?

 20. 骗子村【超级难】　　限时　*120*　分钟

一个村子里有两种人:一种只说真话的老实人,一种只说假话的骗子。一个外村人来到该村,想知道这个村子有几个骗子。中午吃饭的时候,全村的人都围坐在一个大大的餐桌旁,外村人向每个人都问了一个同样的问题:"你左边的那个人是不是骗子?"每个人都回答:"是。"外村人又问酋长村子一共有多少人,酋长说有 25 人。回家后,外村人突然想起忘记问酋长是老实人还是骗子,急忙过去询问。可是酋长不在,旁边一个村民告诉他:"村里一共有 36 人,我们酋长是骗子。"

根据上面的情况,请你帮助那个外村人判断一下酋长是不是骗子,这个村子一共有多少人。

参考答案

01. 把鸡蛋立起来

只要拿起鸡蛋往桌上一磕，把下面的蛋壳磕破了，就能把鸡蛋稳稳地立在桌面上。

02. 孔变大还是变小

说得不对，加热后孔将变大。这是因为，孔外面的金属可以看成是由一个条形的材料弯成的圈。加热的时候，金属条伸长，所以原来的孔变大了。轮子加热后套入轴，就是利用这个道理。瓶盖太紧拧不开的时候，把它放在热水里加热就能拧开。

03. 分放宝石

红盒子里宝石的数量是12颗。因为拍掌的次数是21次，所以30颗宝石不会全放在红盒子里。如果21次都往蓝盒子里放宝石，那么一共要放42颗宝石。42颗宝石比总宝石数多了12颗，所以30颗宝石不是都放在蓝盒子里的，而是有一部分放在了红盒子里。每往红盒子里放一颗宝石，也要拍掌一次，这样拍掌的数量不会变化。但放的宝石数量比放在蓝盒子里要少一颗。所以往红盒子里放的宝石数量是：（42－30）÷（2－1）＝12（颗）。

04. 往返旅行

他从C到D的平均速度为30千米/小时，而他想让全程的平均速度达到60千米/小时，也就是2倍的30千米/小时，那么也就是说，他从D返回C的时候不能用时间，这是不可能的。所以，怎么做也做不到使全程的平均速度为60千米/小时。

05. 画三角形

这道题看似麻烦,其实很简单。只要我们把这个图形拆开,成为若干个小三角形,你就会发现,大图是由 21 个三角形组成(包含 3 条边,且不重复),小图是由 3 个三角形组成。也就是说每画 3 个三角形就要蘸一次墨水,所以画完全图需要蘸 7 次墨水。另外,本题也可以按边数计算。

06. 水有一半吗

把盒子倾斜,使水面刚好到达边缘,看盒子底下的边缘在水面之上还是之下。

07. 都对称

11 枚,必须摆满才能上下左右都对称。

08. 如何通过

如图所示,撞到墙后再转弯。

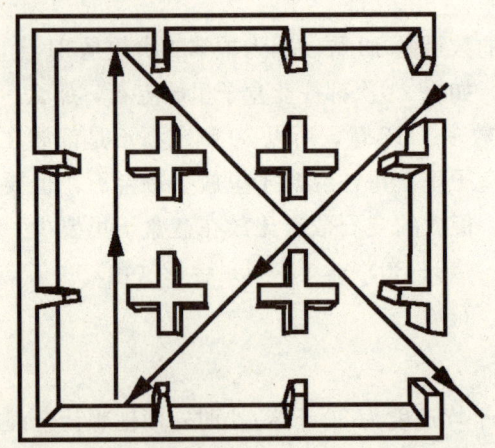

09. 各行了多少公里

8000 公里。车行驶时用 4 个轮子,也就是 4 个轮子各行了 10 000 公里,共行了 40 000 公里。如果 5 个轮胎均匀使用,即 40 000/5=8000 公里。

10. 称重

两个砝码放左边,右边放糖,平衡后把左边的砝码换成糖,左边应该是 1 千克的。

11. 分牛

妻子分:8 头;

长子分:4 头;

次子分:2 头;

三子分:1 头。

农场主留下 15 头牛。

12. 药剂师称重

最简单的方法是:第一次,把 30 克和 35 克的砝码放在天平的一端,称出 65 克药粉;第二次,再用 35 克的砝码称出 35 克的药粉。剩下的药粉即为 200 克,65 克药粉和 35 克药粉即为 100 克。

13. 四人餐桌

需要 14 分钟,把 19 条鱼和足量的土豆丝一起炸,在各人希望的时间里捞出各人要吃的量即可。

14. 掷骰子

小李说的情况出现的概率是 $4 \times 1/6 \times 5/6 \times 5/6 \times 5/6 = 500/1296$;小王说的情况出现的概率是 $1 - 500/1296 = 796/1296$。所以小王获胜的可能性大。

15. 可乐多少钱

1 元,阿聪没有钱。

列方程很容易:设可乐 x 元,阿聪有 x−1 元,阿傻有 x−0.01 元。$x-1+x-0.01 < x$ 且 $x-1 \geq 0$,$x-0.01 \geq 0$

解得 $1 \leq x < 1.01$,所以只有 $x = 1$。

16. 分药片

把药片全部碎成粉末，搅匀后平均分成10份，一天吃一份。

17. 史上最难的概率题

"A声称B否认C说D是说谎了"＝"A声称B认为C说D是说真话"

这个条件可以有如下的几种可能：

D真C真B真A真，概率1/81；
D真C假B假A真，概率4/81；
D真C假B真A假，概率4/81；
D真C真B假A假，概率4/81；
D假C假B真A真，概率4/81；
D假C真B假A真，概率4/81；
D假C真B真A假，概率4/81；
D假C假B假A假，概率16/81。

这样，D说了真话的概率是：（1＋4＋4＋4）／（1＋4＋4＋4＋4＋4＋4＋16）＝13/41。

18. 平衡还是不平衡

第四架天平平衡。

设球＝A，三角形＝B，长方体＝C，正方体＝D，由图中情况可得：

2A＋3B＝D ①
C＝4B＋A ②
D＋A＝3B＋C ③

①＋②得：2A＋3B＋C＝A＋4B＋D
即 A＋C＝B＋D ④

③＋④得：2A＋C＋D＝4B＋C＋D
即 A＝2B ⑤

④＋⑤得：2A＋C＝3B＋D ⑥

由⑥可知第四架天平平衡。

求易思维法

19. 房间分配

不可能。将2号客人与13号客人相混了。

20. 骗子村

酋长是骗子，全村共有36人。

全村的人都围在餐桌旁吃饭，并且都说左边的人是骗子。也就是说骗子说自己左边的人是骗子，骗子的左边必为老实人；老实人说自己的左边是骗子，那老实人的左边就是骗子。所以一定是老实人和骗子交叉着坐的，那么村子里的人数就应该是偶数。那么那个村民的话就应该是对的，村里共有36人，酋长是个骗子。

系统思维法

整体把握,着眼于系统

【定义】

系统思维,就是根据对象的特征,从整体出发,着眼于系统的整体与部分、部分与部分、系统与环境的相互联系和相互作用关系,采用系统分析方法,以期获得系统目标最优化。

系统思维能极大地简化人们对事物的认知,给我们带来整体观。

【方法应用】

系统思维方法:

1. 整体法

是在分析和处理问题的过程中,始终从整体来考虑,把整体放在第一位,而不是让任何部分的东西凌驾于整体之上。

2. 结构法

进行系统思维时,注意系统内部结构的合理性。系统由各部分组成,部分与部分之间组合是否合理,对系统有很大影响。

3. 要素法

每一个系统都由各种各样的因素构成,其中相对具有重要意义的因素称之为构成要素。要使整个系统正常运转并发挥最好的作用或处于最佳状态,必须对各要素考察周全和充分,充分发挥各要素的作用。

4. 功能法

为了使一个系统呈现出最佳态势,需要从大局出发来调整或是改变系统内部各部分的功能与作用。在此过程中,可能是使所有部分都向更好的方面改变,从而使系统状态更佳,也可能为了求得系统的全局利益,以降低系统某部分的功能为代价。

【生活实践】

有一个小故事是这样讲的:

三位泥瓦匠正在砌砖墙。

路人问:"你们在做什么?"

泥瓦匠甲说:"我在砌墙。"

乙说:"我在赚钱养家。"

丙说:"我在建造一座宏伟的大厦。"

10年后,甲乙二人仍是泥瓦匠,而丙成了建筑设计师。第三个人的思考方法就是系统思维法。

丁谓修皇宫

宋代大中祥符年间,皇宫中发生火灾,烧毁了大量房屋。大火过后,要进行皇宫修复工程。当时需要解决"取土"、"外地材料的运送"、"被烧坏皇宫的瓦砾处理"三大问题。

主管该工程的是大臣丁谓。他下令在皇宫前的大街上挖沟取土,免去到很远的地方取土的麻烦;很快,路就挖成了大沟,而后,他又使汴河决口,将水引进壕沟。于是各地运来的竹木都被编成筏子,连同船运来的各种材料,都通过这条水路运了进来。皇宫修复后,他又让大家将拆下来的碎砖瓦连同火烧过的灰,都填进沟里,重新修成大路。经过这一番处理,不仅节约了大量时间,还节省了上亿的经费。丁谓智修皇宫,就是充分把握要素之间的相生关系,使系统往有序和互相促进的方向发展,同时又把握了系统要素的相克性质,促使其向反面演化,最终达到最理想的效果。

【思维训练场】

 01. 一共住几天【有点难】　限时　**10**　分钟

去年暑假,小明有几天住在外婆家,这期间的天气是时晴时雨,具体来说:
(1) 上午或下午下雨的情况有 7 次;
(2) 凡是下午下雨的那天上午总是晴天;
(3) 有 5 个下午是晴天;
(4) 有 6 个上午是晴天。
想一想,小明在外婆家一共住了几天?

 02. 同一数字【有点难】　限时　**5**　分钟

如下图所示,如果 3 个空格里是同一个数(一位数)的话,该是哪个数呢?

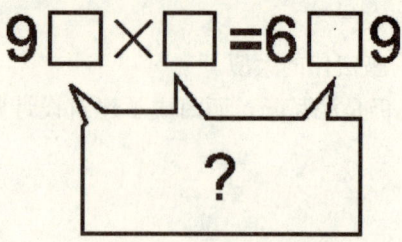

 03. 三子同行【有点难】　　限时　7　分钟

把 18 枚棋子摆放在 6×6 的围棋盘上，每格只能放一枚，要是每列、每行都有 3 枚棋子。应该如何排列？

 04. 家庭时光【有点难】　　限时　10　分钟

傍晚，一家四口人都待在屋子里面，有一个人在做饭，有一个人在看电视，有一个人在整理房间，有一个人在打电话。现在知道：

(1) 父亲没有在打电话，也没有在整理房间；
(2) 母亲没有在看电视，也没有在打电话；
(3) 儿子没有在打电话，也没有在整理房间；
(4) 如果父亲不在看电视，女儿也不在打电话。

由此你能判断出他们分别在做什么吗？

 05. 考试名次【有点难】 限时 **15** 分钟

一场测验，A、B、C、D、E、F、G、H 八个人的名次关系如下：B、C、D 三人中 B 最高，D 最低，但不是第八名；F 的名次为 A、C 名次的平均数；F 比 E 高四个名次；G 第四名；A 比 C 的名次高。那么，你可以判断他们分别是第几名吗？

 06. 老朋友聚会【非常难】 限时 **20** 分钟

甲、乙、丙、丁四个人上大学的时候在一个宿舍住，毕业 10 年后他们又约好回校相聚。老朋友相见分外热情和热闹。四个人聊起来，知道了这么一些情况：只有三个人有自己的车；只有两个人有自己喜欢的工作；只有一个人有了自己的别墅；每个人至少具备一样条件；甲和乙对自己的工作条件感觉一样；乙和丙的车是同一牌子的；丙和丁中只有一个人有车。如果有一个人三种条件都具备，那么，你知道他是谁吗？

07. 最后一名【非常难】 限时 **30** 分钟

在一场百米赛跑中，明明得了倒数第一名，他告诉妈妈这样的情况：
（1）丙没有获得第一名；
（2）戊比丁高了两个名次，但戊不是第二名；
（3）甲不是第一名也不是最后一名；
（4）丙比乙高了一个名次。
你能判断出，在甲、乙、丙、丁、戊中谁是明明吗？

08. 四兄弟分家【非常难】 限时 40 分钟

在一块正方形的土地上，住了兄弟四人，刚好这块土地上有四棵大树。怎样才能把土地分成大小和形状都相同的四块，兄弟四人每人一块，而且每人的土地上都有一棵树呢？

 09. 两数之差【非常难】 限时 30 分钟

请大家在图中的八个圆圈里填上1～8这八个数字，规定由线段联系的两个相邻圆圈中两数之差不能为1。例如，顶上一圈填了5，那么4与6都不能放在第二行的某圆圈内。

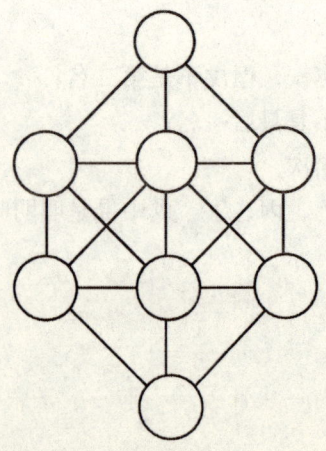

系统思维法

10. 蜂窝数字【非常难】 限时 *50* 分钟

请将22～40共19个数,分别填进图中的19个空格内,使六个由三格组成的横、斜线里数字的和相等;六个由四格组成的横、斜线里数字的和相等;三个由五格组成的横、斜线里数字的和相等。

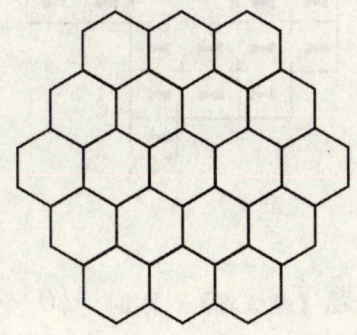

11. 筷子搭桥【非常难】 限时 *20* 分钟

三根筷子三个碗,每两个碗之间的距离都大于筷子的长度,三个碗之间怎样才能用筷子连起来?

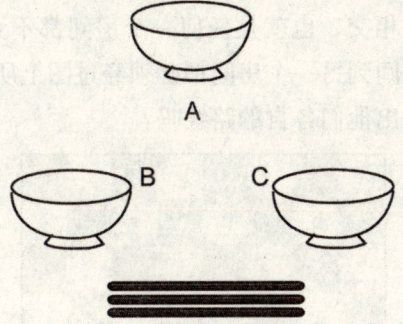

12. 寻找骨头【超级难】 限时 *15* 分钟

如下图:每间房里都有一块骨头。小狗一次吃完所有的骨头后,从A门出

来。请问小狗从 1~8 中的哪扇门进去，才不走重复路线（每间房只允许进出各一次，并且不许从同一扇门进出）？帮小狗想一想该怎么走。

提示：从唯一的出口 A 门倒着向前寻找路线，这样成功率就大一点。

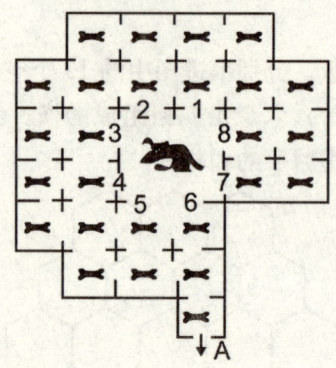

 13. 宫殿巡逻问题【超级难】　限时 *40* 分钟

下图是宫殿的平面图，上面标明了有 8×8 共 64 个房间，A、B、C、D、E 是 5 个巡逻队员的位置。每天下午 6 点整，钟楼的钟声会敲响，A 就得穿过房间从 a 出口出去，同样，B 从 b 出口出去，C 从 c 出口出去，D 从 d 出口出去，然后 E 需要从目前的位置走到 F 标记的房间。

上面的规定说不上有什么道理，但是自作聪明的巡逻队长还要求 5 个巡逻队员走的路线绝对不准相交，也就是任何一个房间都不允许有一条以上路线穿过，巡逻队员从一个房间到另一个房间都必须经过图上所标识的门。

你能帮巡逻队员找出他们各自的路线吗？

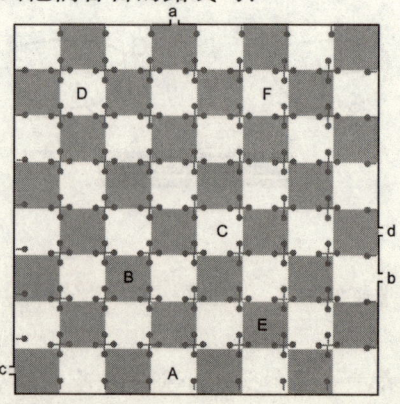

系统思维法

14. 猫捉鱼【超级难】　限时 **30** 分钟

这只是一个游戏，鱼是不会动的，但猫要拿到所有的鱼也不是那么简单的。如下图，猫从1号鱼的位置出发，沿黑线一直跑到另一条鱼的位置，最终把鱼全部拿到，一条也不留，而且同一个地方不能去第二次。它该怎么走？

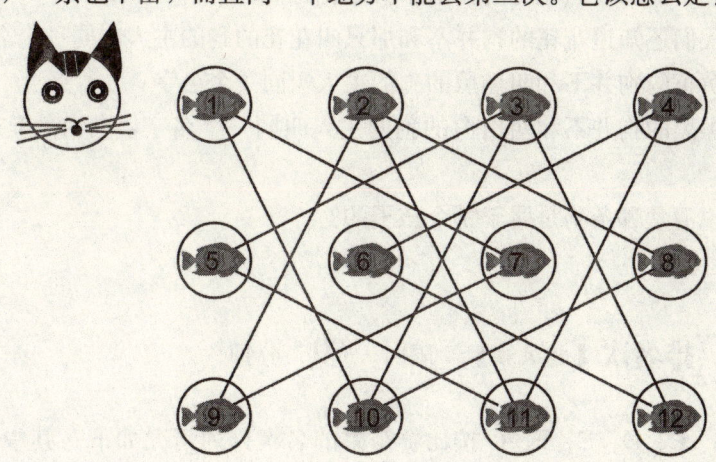

15. 火中逃生【超级难】　限时 **70** 分钟

美国有一种火灾救生器，其实就是在滑轮两边用绳索吊着两个大篮子。把一个篮子放下去的时候，另一个篮子就会升上来，如果在其中的一个篮子里放一件东西作为平衡物，则另一个较重的物体就可以放在另外的篮子里往下送。假如一个篮子空着，另一个篮子里放的东西不超过30磅，则下降时可保证安全。假如两个篮子里都放着重物，则它们的重量之差也不得超过30磅。

一天夜里，威尼的家里突然发生火灾。除了重90磅的威尼和重210磅的妻子之外，他还有一个重30磅的孩子和一只重60磅的宠物狗。

现在知道每个篮子都大得足以装进3个人和一只狗，但别的东西都不能放在篮子里。而且狗和孩子如果没有威尼或他的妻子的帮助，自己不会爬进或爬出篮子。

你能想出好办法尽快使这3个人和一只狗安全地从火中逃生吗？

16. 谁的狗【超级难】 限时 80 分钟

有四个孩子,他们分别叫黄黄、花花、黑黑和白白。他们每个人都养了一条狗,狗的名字也叫黄黄、花花、黑黑和白白。当然一个人决不能与他的狗叫同一个名字,例如,叫花花的狗决不会是花花的。

(1) 我们还知道花花的狗并不和那只叫花花的狗的主人叫同一个名字;
(2) 黄黄的狗并不和叫黑黑的狗的主人叫同一个名字;
(3) 黑黑的狗并不和叫白白的狗的主人叫同一个名字,白白的狗也不叫花花。

谁能说清楚哪条狗是属于哪个孩子的?

17. 排名次【超级难】 限时 60 分钟

A、B、C、D、E、F、G按比赛结果的名次排列情况如下(其中没有相同名次):

(1) E得第二名或第三名;
(2) C没有比E高四个名次;
(3) A比B低;
(4) B不比G低两个名次;
(5) B不是第一名;
(6) D没有比E低三个名次;
(7) A不比F高六个名次。

上述说明只有两句话是真实的,是哪两句话呢?
试列出七人的名次顺序。

18. 如何卖酱油【超级难】 限时 100 分钟

卖酱油的人有两桶满满的酱油,每桶10千克,准备出售。这时,来了两个

人想买酱油,一个人带了一个4千克的容器,另一个人带了一个5千克的容器。两个人都想买2千克酱油,卖酱油的人没有其他的测量工具,但是这个聪明的商人用两名顾客的容器倒来倒去,还是把酱油卖给了他们,请问他是怎么做到的?

 19. 是不是【超级难】　限时　*150*　分钟

（1）是不是不是是不是不是是不是是

（2）是是不是不是是是不是不是是

（3）不是是不是是不是是不是是不是不是是

用标点分隔开,使之符合逻辑。

参考答案

01. 一共住几天

根据（3）、（4）可知，下午下雨的日子比上午下雨的日子多一天，而且上午或下午下雨的情况有 7 次，所以上午下雨 3 次，下午下雨 4 次。一共住了 4+5=9 天。

02. 同一数字

由于左边两数字的个位是相同的，而且右边的个位数是 9，因此两个相同的数字相乘的结果，个位数是 9 的只能是 3 或 7。

把这两个数分别试一下也不麻烦。

93×3=279（不等于目标数值）。

97×7=679（符合条件）。

03. 三子同行

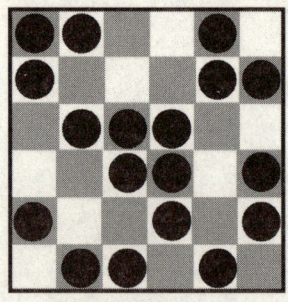

04. 家庭时光

父亲没有在打电话，也没有在整理房间。假设父亲在做饭，则母亲在整理房间，儿子在看电视，女儿在打电话。这样与（4）矛盾。

所以可以判断出父亲在看电视，那么儿子在做饭，母亲在整理房间，女儿在打电话。

05. 考试名次

根据已知条件可以画出下表。

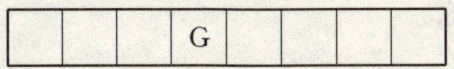

因为B、C、D三人中B最高，D最低，但不是第八名，C应该大于第七名。F的名次为A、C名次的平均数，且B、C、D中，C在中间，所以C前面至少有A、B、F三个，也就是说C的位置只可能在第五或者第六。假设C在第六，D只能在第七；F比E高四个名次，只能F在第一，E在第五；这与F为A、C平均数矛盾。所以C只能在第五位。F是A、C的平均数，则F在第三位，A在第一位；F比E高四个名次，E在第七位；D不在最后，D在第六位；B在第二位，最后剩下H在最后。

所以名次顺序为：A、B、F、G、C、D、E、H。

06. 老朋友聚会

"乙和丙的车是同一牌子的；丙和丁中只有一个人有车"，说明甲、乙、丙三个人有车，丁没有车。

因为"有一个人三种条件都具备"，而"只有一个人有了自己的别墅"，所以有别墅只能是有车的甲、乙、丙三人中的一个。

这样丁就没有车也没有别墅了，因为"每个人至少具备一样条件"，所以丁有喜欢的工作。

因为"甲和乙对自己的工作条件感觉一样"，而"只有两个人有自己喜欢的工作"，所以丙和丁一样，有喜欢的工作。

既有车又有喜欢的工作的只有丙，那么他就是三种条件都具备的人了。

07. 最后一名

"丙没有获得第一名"；"戊比丁高了两个名次"，则丁不是第一名；"甲不是第一名"；"丙比乙高了一个名次"，则乙不是第一名。这样第一名就只能是戊，丁是第三名。

"丙比乙高了一个名次",两人名次连续,只能是第四、第五名了。剩下甲就是第二名了。

所以,乙是明明。

08. 四兄弟分家

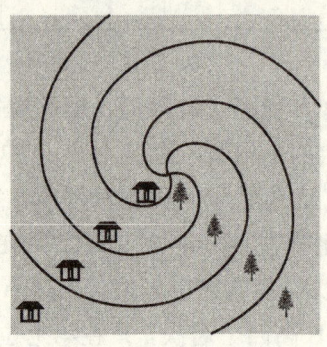

09. 两数之差

在1~8这八个数中,只有1与8各只有一个相邻数(分别是2与7),其他六个数都各有两个相邻数。图中的C圆圈,它只与H不相连,因此如果C填上了2~7中任一个数,那么只有H这一个格子可以填进它的邻数,这显然不可能,于是C内只能填1(或8)。同理,F内只能填8(或1),A只能填7(或2),H只能填2(或7),再填其他四个数就方便了。

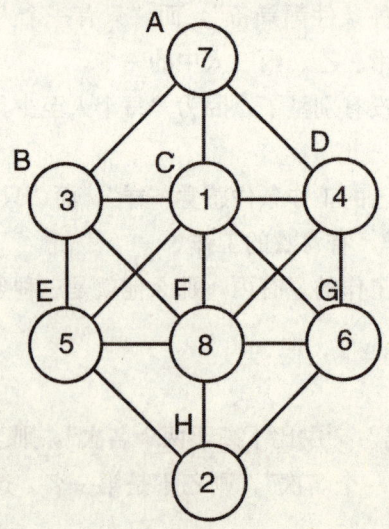

10. 蜂窝数字

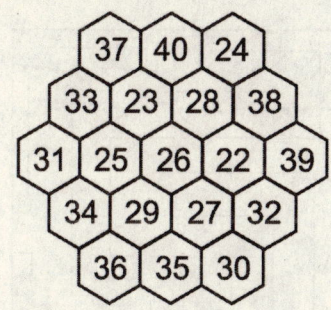

11. 筷子搭桥

试一试，让三根筷子互相利用，跷起来就搭成一座桥把三个碗连起来了。a 筷在 c 筷下，压着 b 筷；b 筷在 a 筷下，压着 c 筷；c 筷在 b 筷下，压着 a 筷。

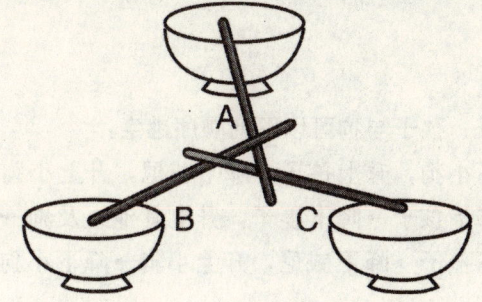

12. 寻找骨头

小狗从第 8 扇门进去，这样就能一次吃完所有的骨头且路线不重复。

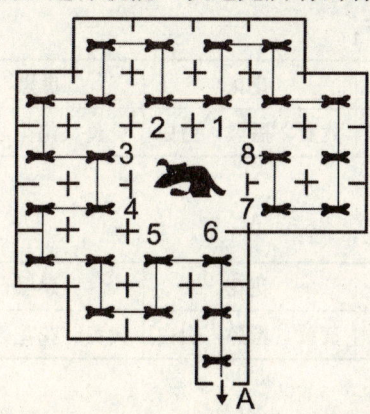

13. 宫殿巡逻问题

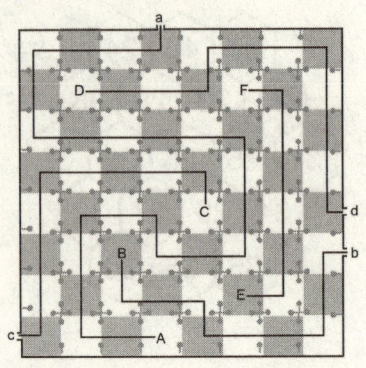

14. 猫捉鱼

猫的路线是：1，7，9，2，8，10，3，5，11，4，6，12。

15. 火中逃生

威尼、他的妻子、孩子与狗可以下列顺序逃生：

降下孩子→降下小狗，升上孩子→降下威尼，升上小狗→降下孩子→降下小狗，升上孩子→降下孩子→降下妻子，升上其他人及狗→降下孩子→降下小狗，升上孩子→降下孩子→降下威尼，升上小狗→降下小狗，升上孩子→降下孩子。

16. 谁的狗

主人及狗的名字如下：

主人	黄黄	花花	黑黑	白白
狗	花花，黑黑，白白	黄黄，黑黑，白白	黄黄，花花，白白	黄黄，花花，黑黑

由白白的狗不叫花花，得：

主人	黄黄	花花	黑黑	白白
狗	花花，黑黑，白白	黄黄，黑黑，白白	黄黄，花花，白白	黄黄，黑黑

(1) 若白白的狗叫黄黄，则：

主人	黄黄	花花	黑黑	白白
狗	花花，黑黑，白白	黑黑，白白	花花，白白	黄黄

如果黑黑的狗叫花花，由（3）可知白白的主人是黄黄，这样花花的狗是黑黑，和条件（1）矛盾。

如果黑黑的狗叫白白，则花花的狗叫黑黑，黄黄的狗叫花花，和条件（2）矛盾。

(2) 若白白→黑黑，则：

主人	黄黄	花花	黑黑	白白
狗	花花，白白	黄黄，白白	黄黄，花花，白白	黑黑

由黄黄的狗并不和叫黑黑的狗的主人叫同一个名字，得：

主人	黄黄	花花	黑黑	白白
狗	花花	黄黄，白白	黄黄，白白	黑黑

由黑黑的狗并不和叫白白的狗的主人叫同一个名字，得：

主人	黄黄	花花	黑黑	白白
狗	花花	白白	黄黄	黑黑

所以，黄黄的狗叫花花，花花的狗叫白白，黑黑的狗叫黄黄，白白的狗叫黑黑。

17. 排名次

假设：(1)、(2) 是真实的。

那么：(3)、(4)、(5)、(6)、(7) 是假的。

因为：

E 得第二名或第三名，C 没有比 E 高四个名次，A 比 B 高，B 比 G 低两个名次。

B是第一名,D比E低三个名次,A比F高六个名次。

(1)和(2)冲突,(3)和(5)冲突,(4)和(5)冲突,(5)和(7)冲突。

得出:(5)是真实的,(1)和(2)至多一个是真实的。

假设:(1)、(5)是真实的。

那么:(2)、(3)、(4)、(6)、(7)是假的。

因为:E得第二名或第三名,C比E高四个名次,A比B高,B比G低两个名次。

B不是第一名,D比E低三个名次,A比F高六个名次。

(1)和(2)冲突。

得出:排除(1)是真实的可能性。

假设:(2)和(5)是真实的。

那么:(1)、(3)、(4)、(6)、(7)是假的。

因为:E没有得第二名或第三名,C没有比E高四个名次,A比B高,B比G低两个名次,B不是第一名,D比E低三个名次,A比F高六个名次。

(2)和(1)、(6)冲突。

得出:(2)也不可能是真实的。

假设:(3)和(5)是真实的。

那么:(1)、(2)、(4)、(6)、(7)是假的。

因为:E没有得第二名或第三名,C比E高四个名次,A比B低,B比G低两个名次,B不是第一名,D比E低三个名次,A比F高六个名次。

(2)和(6)冲突。

得出:(3)也不是真实的,(6)才是真实的。

假设:(5)和(6)是真实的。

那么:(1)、(2)、(3)、(4)、(7)是假的。

因为:E没有得第二名或第三名,C比E高四个名次,A比B高,B比G低两个名次,B不是第一名,D没有比E低三个名次,A比F高六个名次。

得出:A、C、G、D、B、E、F。

与所给命题没有冲突。

综上:七人的名次分别为A、C、G、D、B、E、F。

18. 如何卖酱油

10千克	10千克	5千克	4千克
10	10	0	0
5	10	5	0
5	10	1	4
9	10	1	0
9	10	0	1
4	10	5	1
4	10	2	4
8	10	2	0
8	6	2	4
10	6	2	2

19. 是不是

(1)

"是'不是'?"

"不,是'是'。"

"不是'不是',是不是?"

"是。"

或者:

"是不是?"

"不是。"

"是不是?!"

"不是……"

"是不是!!"

"是……"

(2)

"是'是',不是'不是'。"

"不是'是',是'不是'!"
"不,是'是'!"
(3)
"不是'是'。"
"不,是'是'。"
"不是'是',是'不是'!是不是?!"
"不,是'是'。"

组合思维法

优势互补,有效组合

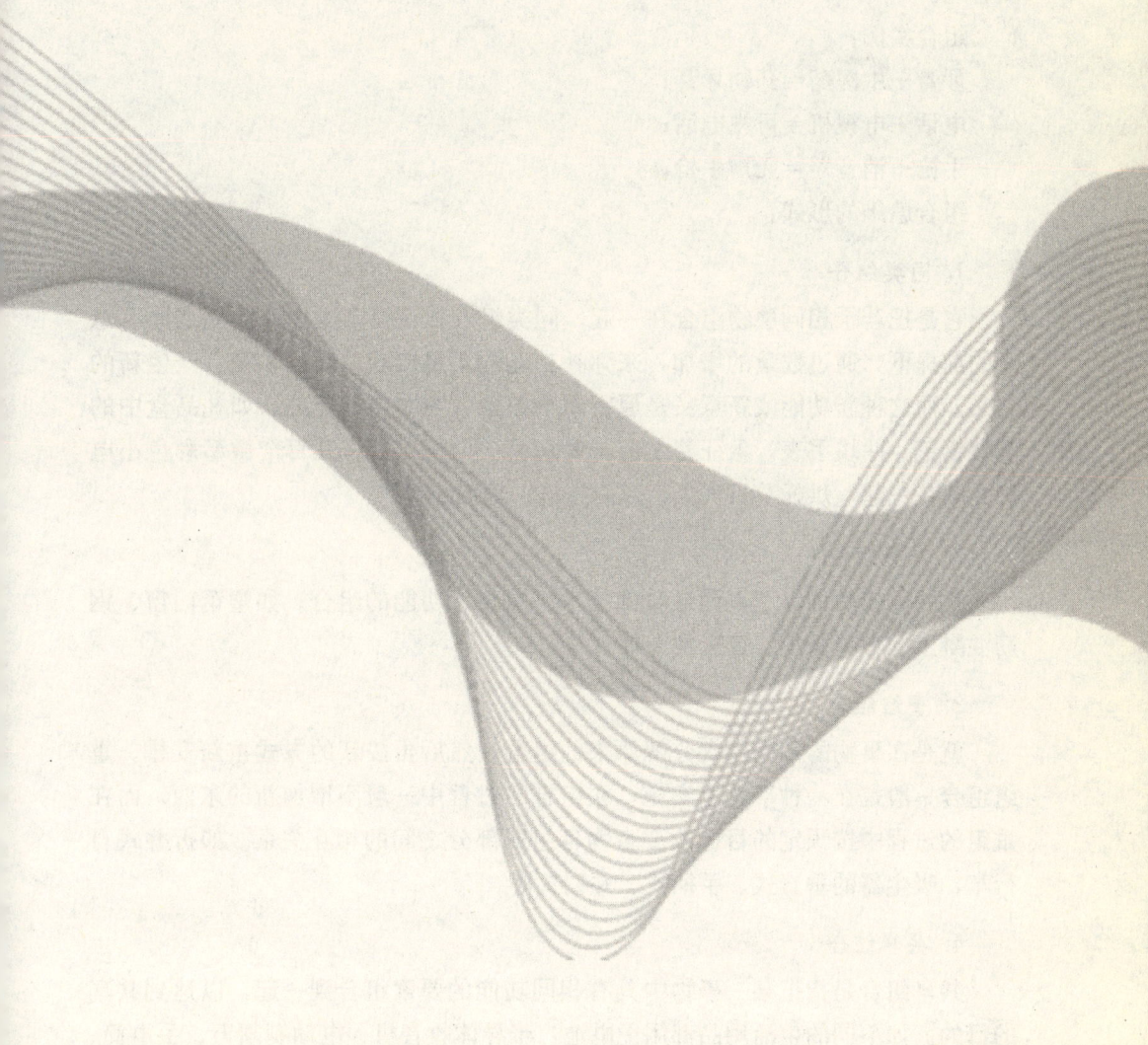

【定义】

组合思维是指把多项貌似不相关的事物通过想象加以连接,从而使之变成彼此不可分割的新的整体。它把我们日常熟悉的东西组合起来构成一个未知的、富有新意的事物。这种思维方法往往可以创造出新的事物,它虽然很简单,却很有效。

组合实例:

牙膏+中医药=药物牙膏;

电话+电视机=可视电话;

手枪+消音器=无声手枪;

组合思维的形式:

1. 同类组合

它是把若干相同事物组合在一起。同类组合在保持事物原有功能或原有意义的前提下,通过数量的增加,来弥补功能的不足或获取新的功能、产生新的意义。而这种新功能或新意义是原有事物单独存在时所缺乏的。如礼品盒中的两枝钢笔、两块手表,象征着友谊与爱情;子母灯以及将几百个微型彩色小电灯并联在一起,烘托节日气氛;双向拉链、情侣装等。

2. 异类组合

是两种或两种以上不同领域的技术、思想、功能的组合。如塑钢门窗、钢筋混凝土、香味橡皮、音乐贺卡等。

3. 重组组合

就是在事物的不同层次分解原来的组合,然后再按新的方式重新安排。重组组合一般是在一种事物上实施,在组合的过程中一般不增加新的东西,而在重组的过程中按预定的目标改变事物各组成部分之间的相互关系。如折叠式自行车,吸尘器的垂直式、手柄式、并列式等。

4. 共享组合

共享组合是指把某一事物中具有相同功能的要素组合到一起,以达到共享的目的。如不同的生活用品都用干电池;半导体收音机、电动剃须刀、手电筒、石英表等。

5. 补代组合

补代组合是通过对某一事物的要素进行摒弃、补充和替代，形成一种在性能上更为先进、新颖、实用的新事物。如门锁的演变：挂锁、暗锁、弹子门锁、单保险锁、双保险锁、声控锁、指纹锁等。

6. 概念组合

就是以词类或命题进行组合。

7. 综合

是各类组合的集大成者，它具有系统性、完整性、全面性和严密性。如阿波罗登月计划。

【方法应用】

组合思维的方法：

1. 主体附加法

它是指以某一特定的对象为主体，通过置换或插入其他技术，或增加新的附件而使发明或创新诞生的方法。

2. 二元坐标法

它是借用平面直角坐标系在两条数轴上的元素，按序进行两两组合，然后选出有意义的组合创新方法。

3. 焦点法

它是以一预定事物为焦点，依次与罗列的各个元素构成联想点，寻求新产品、新技术、新思想的推广应用和对某一问题的解决途径。

4. 形态分析法

它是通过对研究对象相关形态要素的分列和重新组合，全面寻求各种解决问题的方案。

【生活实践】

组合就是财富

海曼是美国佛罗里达州的一名画家。他画技虽然不高，但是非常用功。

有一天，海曼正在画画，画着画着，他觉得有个地方需要修改一下，于是赶紧用橡皮擦掉修改。刚擦完，发现铅笔不见了，海曼很恼火。后来他找到铅笔后就把它与橡皮绑在一起,可是,没过几天,橡皮就掉下来了。

海曼又把它们绑起来,可过几天还是掉下来了。几次以后,海曼索性连画也不画了,专门想办法来固定铅笔上的橡皮。

最后,海曼终于想出了用薄铁皮将橡皮固定在铅笔尾部的好办法。

后来,海曼将这个小发明申请了专利。著名的 RABAR 铅笔公司知道后,用 55 万美元买下了这一专利。就这样,海曼由一个穷画家变成了大富翁。

二加五等于一万

有一次,闻一多先生给学生上课,他走上讲台,先在黑板上写了一道算术题:2+5=? 问道:"大家谁知道二加五等于几?"

学生们有点疑惑不解地回答:"等于七嘛!"

闻先生说:"不错,在数学领域里,2+5=7,这是天经地义的。但是,在艺术领域里,2+5=10000 也是可能的。"

说到这里,他拿出一幅题为《万里驰骋》的国画由学生们欣赏。

只见画面上突出地画了两匹奔马,在这两匹奔马后面又错落有致、大小不一地画了五匹马,这五匹马后面便是许多影影绰绰的黑点点了。

闻先生指着画说:"从整个画面的形象看,只有前后七匹马,然而,凡是看过这幅画的人,都会说这里有万马奔腾,这难道不是 2+5=10000 吗?"

由此可见,组合的力量是无穷的。组合思维法就是把对象的各个部分、各个方面或者各种要素拼凑起来进行思维的方法。组合思维法是创造发明最常用的方法之一。

【思维训练场】

01. 免费打气【有点难】　　限时　5　分钟

有一位老者在某工厂门口摆摊卖香烟。一天,他突然在摊位上挂了个打气筒,并挂出"免费为自行车打气"的招牌。你知道老者为什么要这样做吗?

02. 有多少个答案【有点难】　　限时　40　分钟

在下面的数字中间添上加、减运算符号,使得结果等于 100。你能找到多少个填法？

1 2 3 4 5 6 7 8 9＝100

03. 如何换轮胎【有点难】   限时 30 分钟

在第二次世界大战时，一个上尉要把一车物资运到前线去，行程大约要5万公里。他用做运输的是军用三轮车，因为道路的缘故，预计每个轮胎的寿命只有2万公里，上尉有5个备用轮胎。那么，上尉如何利用这8个轮胎，把物资运到前线呢？

04. 集体照【有点难】   限时 40 分钟

去年冬天，皮皮和一些同学去哈尔滨看雪雕时照了一张合影。照片上，同学们分别戴着帽子、系着围巾和戴着手套。只戴着帽子、只系着围巾和只戴着手套的人数相等；只有4人没戴帽子；戴帽子和系围巾，但没有戴手套的有5人；只戴帽子的人数是只系围巾的人的2倍；未戴手套的有8人，未系围巾的有7人；三样都有的人比只戴帽子的人多1人。

现在考一考你：

(1) 三样都有的人有多少？

(2) 只戴手套的人有多少？

(3) 照片上有多少人？

(4) 戴手套的有多少人？

05. 巧分苹果【有点难】   限时 40 分钟

明明过生日时，家里来了11位同学。明明的爸爸想用苹果来招待这12位小朋友，可是家里只有7个苹果。怎么办呢？不分给谁也不好，应该每个人都有份。那就只好把苹果切开了，可是又不好切成碎块，明明的爸爸希望每个苹果最多切成4块。

应该怎么分苹果才合理呢?

06. 幸运的孩子【有点难】　限时　50　分钟

一个猎人在森林中打猎时,分别从3只凶猛的野兽口中救出3个孩子。现在只知道:

(1) 被救出的孩子分别是毛毛、农夫的儿子和从狮子口中救出来的孩子;

(2) 牛牛不是樵夫的儿子,壮壮也不是渔夫的儿子;

(3) 从老虎口中救出来的不是樵夫的儿子;

(4) 从狗熊口中救出来的不是牛牛;

(5) 从老虎口中救出来的不是壮壮。

根据上面的条件,说说这3个孩子分别来自哪儿?又是从哪个野兽口中救出来的?

07. 避暑山庄【非常难】　限时　50　分钟

甲、乙、丙、丁四人分别在上个月不同时间入住到避暑山庄,又在不同的时间分别退了房。现在只知道:

(1) 滞留时间(比如从7日入住,8日离开,滞留时间为2天)最短的是甲,最长的是丁,乙和丙滞留的时间相同;

(2) 丁不是8日离开的;

(3) 丁入住的那天,丙已经住在那里了。

入住时间是:1日、2日、3日、4日。

离开时间是:5日、6日、7日、8日。

根据以上条件,你知道他们四人分别的入住时间和离开时间吗?

08. 菠萝为什么卖亏了【非常难】　限时　40　分钟

一箱菠萝有10斤重,卖1元钱一斤。

有个买菠萝的人说:"我全都买了,做罐头,麻烦你帮我把皮削下来,里面部分7角钱一斤,另外,不会让你亏的,皮我也要,算3角钱一斤。这样加起来还是1元,对不对?"

卖菠萝的人一想,7角加3角正好等于1元,没错,就同意了。

他把菠萝皮削了下来,里面部分一共8斤,皮2斤,加起来10斤,8斤里面的部分是5.6元,2斤皮6角钱,共计6.2元。

事后,卖菠萝的人越想越不对,原来算好的,10斤菠萝明明可以卖10元,怎么只卖了6.2元呢?到底哪里算错了呢?

 09. 八颗棋子【非常难】 限时 *30* 分钟

有一个8×8的方格,被分割成四部分白色的区域(如下图所示)。

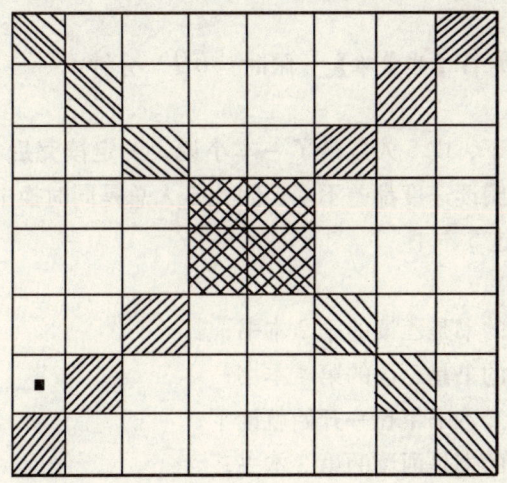

现在要求,在每个白色区域上各放2颗棋子。但是不允许有2颗棋子处于同一行或同一列上,也不允许在同一个对角线上。现在已经放上了1颗棋子,你知道其余的棋子都放在哪里吗?

10. 彩旗的排列【非常难】 限时 60 分钟

路边插着一排彩旗,白色旗子和紫色旗子分别位于两端;红色旗子在黑色旗子的旁边,并且与蓝色旗子之间隔了两面旗子;黄色旗子在蓝色旗子旁边,并且与紫色旗子的距离比与白色旗子之间的距离更近;银色旗子在红色旗子旁边;绿色旗子与蓝色旗子之间隔着4面旗子;黑色旗子在绿色旗子旁边。

(1) 银色旗子和红色旗子中,哪面旗子离紫色旗子较近?
(2) 哪种颜色的旗子与白色旗子之间隔着两面旗子?
(3) 哪种颜色的旗子在紫色旗子旁边?
(4) 哪种颜色的旗子位于银色旗子和蓝色旗子之间?

11. 五人读书【非常难】 限时 60 分钟

甲、乙、丙、丁、戊5人各借了一本小说,约定读完后相互交换。这5本书的厚度和他们的阅读速度都差不多,因此5人总是同时换书。经数次交换后,5人每人都读完了这5本书。

现已知:
(1) 甲最后读的书是乙读的第2本书;
(2) 丙最后读的书是乙读的第4本书;
(3) 丙读的第2本书甲在一开始就读了;
(4) 丁最后读的书是丙读的第3本书;
(5) 乙读的第4本书是戊读的第3本书;
(6) 丁第三次读的书是丙一开始读的那一本。

根据以上情况,按甲读书的顺序是12345,推出其他人的读书次序。

12. 实习员工的一星期【非常难】 限时 80 分钟

有三位实习员工,他们在同一家公司实习。

(1) 一星期中只有一天三位实习员工同时值班；
(2) 没有一位实习员工连续三天值班；
(3) 任两位实习员工在一星期中同一天休假的情况不超过一次；
(4) 第一位实习员工在星期日、星期二和星期四休假；
(5) 第二位实习员工在星期四和星期六休假；
(6) 第三位实习员工在星期日休假。

三位实习员工星期几同时值班？

提示：判定星期日、星期二和星期四是谁值班；然后判定在题目中没有提到的三天中分别是谁休假。

 13. 多少只小动物【非常难】　限时　*80*　分钟

一条巷子里住着5户人家，家家都爱养小动物。

每户至少有1只兔子、1只猫和1只狗，但所养的任何一种动物都不会超过5只，而且没有任何两家所养动物的总数一样，就是连每一种的数量也各不相同。

其中：
(1) 李家养了2只兔子，动物总数名列第三；
(2) 王家养猫最多，有5只，罗家养了3只猫，狗和兔子更多；
(3) 刘家养的兔子和狗要比曾家养的兔子和王家养的狗更多。

问题：每家养的动物各有多少？

 14. 六个兄弟【非常难】　限时　*90*　分钟

一家中有六个兄弟，他们的排行从上到下分别是老大、老二、老三、老四、老五、老六，每个人都和与他年龄最近的人关系不好。例如，老三与老二、老四关系不好。他们围着一个圆形的桌子吃饭，一定不与和自己关系不好的人相邻而坐。现在又出了点事情，老三和老五因为一点小事吵了起来，这回排座位就更难了。你能帮助他们排一下座位吗？

15. 哪一天一起营业【超级难】　限时　100　分钟

某个地区有一家超市、一家银行、一家商场,其中有一天是一起营业的。
已知:
(1) 这三家单位一周都工作四天;
(2) 星期天都休息;
(3) 不会连续三天营业;
(4) 有人连续做了六天的观察:
第一天,商场关门;
第二天,超市关门;
第三天,银行关门;
第四天,超市关门;
第五天,商场关门;
第六天,银行关门。
问:哪一天三家单位一起营业?

 16. 他们都在做什么【超级难】　限时　80　分钟

今天周末,寝室里 A、B、C、D 四个同学分别在做不同的事情。他们当中有一个人在玩游戏,一个人在写作业,一个人上网聊天,还有一个人在看书。
(1) A 没有在玩游戏,也没有在看书;
(2) B 没有上网聊天,也没有在玩游戏;
(3) 如果 A 没有上网聊天,那么 D 没有在玩游戏;
(4) C 既没有在看书,也没有在玩游戏;
(5) D 没有在看书,也没有上网聊天。
他们各自在做什么呢?

组合思维法

17. 指认罪犯【超级难】　限时　*120*　分钟

　　警察叫四个男人排成一行,然后让一位目击者从这四个人中辨认出一个罪犯。目击者寻找的男人,长得不高,不白,不瘦,也不漂亮,尽管这些特征中的任何一个都可能让人拿不准。在这一排人之中:
　　(1) 四个男人每人身旁都至少站着一个高个子;
　　(2) 恰有三个男人每人身旁至少站着一个皮肤白皙的人;
　　(3) 恰有两个男人每人身旁至少站着一个骨瘦如柴的人;
　　(4) 恰有一个男人身旁至少站着一个长相漂亮的人。
　　在这四个男人中:
　　(5) 第一个皮肤白皙,第二个骨瘦如柴,第三个身高过人,第四个长相漂亮;
　　(6) 没有两个男人具有一个以上的共同特征(即高个、白皙、消瘦、漂亮);
　　(7) 只有一个男人具有两个以上的寻找特征(即不高、不白、不瘦、不漂亮)。此人便是目击者指认的罪犯。
　　目击者指认的罪犯是哪一个人——第一个、第二个、第三个还是第四个?
　　提示:判定在四个人排成的一行中,高个、白皙、消瘦、漂亮者的可能位置。然后判定每个男人的全部可能特征。最后,辨认出具备高个、白皙、消瘦、漂亮这四个特征中的一个男人。

18. 应聘【超级难】　限时　*70*　分钟

　　王长江、龚宇华、陈一婧、李娜四人应聘一个职务,此职务的要求条件是:
　　研究生毕业;
　　至少两年的工作经验;
　　会用 office 软件;
　　具有英语六级证书;
　　谁满足的条件最多,谁就被雇用。

(1) 把上面4个要求条件两两配对,可配成6对。每对条件都恰有1人符合;

(2) 王长江和龚宇华具有同样的学历;

(3) 陈一婧和李娜具有同样的工作年限;

(4) 龚宇华和陈一婧都会用 office 软件;

(5) 李娜具有六级证书。

谁被雇用了?

19. 谁养鱼【超级难】 限时 200 分钟

此题源于1981年柏林的德国逻辑思考学院,98%的测验者无法解答此题。有五间房屋排成一列;所有房屋的外表颜色都不一样;所有的屋主来自不同的国家;所有的屋主都养不同的宠物,喝不同的饮料,抽不同的香烟。

(1) 英国人住在红色房屋里;

(2) 瑞典人养了一只狗;

(3) 丹麦人喝茶;

(4) 绿色的房子在白色的房子的左边;

(5) 绿色房屋的屋主喝咖啡;

(6) 吸 PallMall 香烟的屋主养鸟;

(7) 黄色屋主吸 Dunhill 香烟;

(8) 位于最中间的屋主喝牛奶;

(9) 挪威人住在第一间房屋里;

(10) 吸 Blend 香烟的人住在养猫人家的隔壁;

(11) 养马的屋主在吸 Dunhill 香烟的人家的隔壁;

(12) 吸 BlueMaster 香烟的屋主喝啤酒;

(13) 德国人吸 Prince 香烟;

(14) 挪威人住在蓝色房子隔壁;

(15) 只喝矿泉水的人住在吸 Blend 香烟的人的隔壁。

问:谁养鱼?

参考答案

01. 免费打气

免费打气服务吸引了不少骑自行车的工人，他们在打完气后往往会在老者那儿买包烟，这样，老者的生意就好起来了。

02. 有多少个答案

1＋2＋3－4＋5＋6＋78＋9＝100
1＋2＋34－5＋67－8＋9＝100
1＋23－4＋5＋6＋78－9＝100
1＋23－4＋56＋7＋8＋9＝100
12＋3＋4＋5－6－7＋89＝100
12－3－4＋5－6＋7＋89＝100
12＋3－4＋5＋67＋8＋9＝100
123－4－5－6－7＋8－9＝100
123＋45－67＋8－9＝100
123－45－67＋89＝100
……

03. 如何换轮胎

算上车子上的 3 个轮胎和 5 个备用轮胎，把这 8 个轮胎编上号码，每过 5000 公里，就换一次轮胎，这样所有轮胎可以使用 4 次。换轮胎的顺序如下：123，124，134，234，456，567，568，578，678。这样，正好可以行使 5 万公里。

04. 集体照

用 A 表示戴帽子，B 表示戴手套，C 表示系围巾，画一幅图来分析三者的

关系。

(1) 3人。(2) 1人。(3) 18人。(4) 10人。

05. 巧分苹果

把3个苹果各切成4份,把这12个四分之一块分给每人1块。另4个苹果每个切成3等份,这12个三分之一也分给每人1块。于是,每个孩子都得到了一个四分之一块和一个三分之一块,也就是说,12个孩子都平均分配到了苹果。

06. 幸运的孩子

先针对其中一个孩子,比如牛牛,可以列出如下组合:
(1) 牛牛、农夫的儿子、老虎;
(2) 牛牛、渔夫的儿子、老虎;
(3) 牛牛、渔夫的儿子、狮子。
同样,也可以根据条件对毛毛和壮壮进行组合。
然后综合一下,就可得出正确结果:
牛牛是农夫的儿子,被猎人从老虎口中救出来的;毛毛是渔夫的儿子,被猎人从狗熊口中救出来的;壮壮是樵夫的儿子,被猎人从狮子口中救出来的。

07. 避暑山庄

四人的滞留时间之和是20天。

根据(1)得知,最长时间是丁,日数在6天(根据(2)、(3)来看,丁虽然入住时间最长,也是从2日到7日离开的)。

假设乙和丙分别滞留了4天以下,因为丁是6天以下,甲若是6天以上,就不是最短的,所以乙和丙都是5天。

根据(3)可知,丙是从1日入住到5日。如果乙是从3日入住的话,7日离开,那就与丁重合了,所以乙是从4日入住到8日。剩下的甲就是从3日到6日(滞留了4日)。

因此,甲是3日入住6日离开的;乙是4日入住8日离开的;丙是1日入住5日离开的;丁是2日入住7日离开的。

08. 菠萝为什么卖亏了

要知道，菠萝原本是1元钱一斤，也就是说，不管是里面部分还是皮都是1元钱一斤。而分开后，里面部分只卖7角，皮只卖3角，当然要赔钱了。

09. 八颗棋子

题目的答案只有一个，如下图所示：

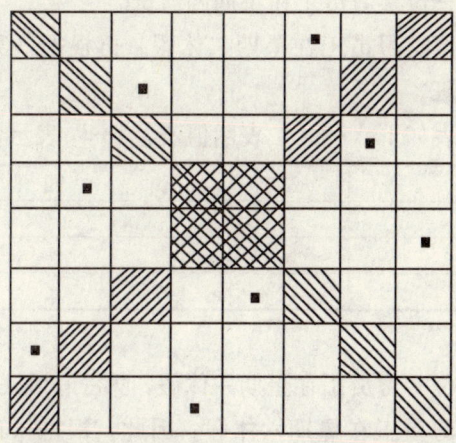

为了避免在试答案的时候毫无头绪，可以用排除法，把确定棋子的横排、竖排和对角线都划掉，这样就清晰很多了。然后再分别试验，直至全部放下或者没有地方放。

10. 彩旗的排列

顺序依次是：紫，蓝，黄，银，红，黑，绿，白。
(1) 银色的旗子离紫色旗子较近；
(2) 红色旗子与白色旗子隔两面旗子；
(3) 蓝色旗子在紫色旗子边上；
(4) 黄色旗子在银色旗子与蓝色旗子之间。

11. 五人读书

甲：1，2，3，4，5。
乙：4，5，1，2，3。

丙：5，1，4，3，2。

丁：2，3，5，1，4。

戊：3，4，2，5，1。

12. 实习员工的一星期

根据（4）和（5），第一位和第二位实习员工在星期四休假；根据（4）和（6），第一位和第三位实习员工在星期日休假。因此，根据（3），第二位实习员工在星期日值班，第三位实习员工在星期四值班。

根据（4），第一位实习员工在星期二休假。再根据（3），第二位和第三位实习员工在星期二值班。

上述信息可以列表如下（"×"表示值班，"—"表示休假）：

星期	日	一	二	三	四	五	六
第一位	—		—		—		
第二位	×		×		—		—
第三位	—		×		×		

根据（2），第二位实习员工在星期一休假，第三位实习员工在星期三休假。根据（5），第二位实习员工在星期六休假。因此，根据（1），三位实习员工在星期五同时值班。

一星期中其余三天的安排，可以按下述推理来完成。根据（2），第三位实习员工在星期六休假。根据（3），第一位实习员工在星期一、星期三和星期六值班；第二位实习员工在星期三值班；第三位实习员工在星期一值班。

13. 多少只小动物

	兔	猫	狗
李	2	4	3
王	1	5	2
罗	5	3	4
刘	4	1	5
曾	3	2	1

组合思维法

14. 六个兄弟

以老三为例,他旁边不能坐老二、老四和老五,所以只好坐老大和老六了。也就是说已经有三个人的位置固定了。还剩下老二、老四和老五,老四和老五是不能相邻的,所以一定要由老二隔开。挨着老六那边坐老四,挨着老大那边坐老五。这样就可以了。

15. 哪一天一起营业

先根据题意列出表格(×代表该天休息,√代表该天营业。):

	第一天	第二天	第三天	第四天	第五天	第六天	第七天
商场	×					×	√
超市		×		×			√
银行			×			×	√

现在来判断第七天是星期几。

根据(3),不会有连续三天营业,根据(1),每周工作四天,可以推出商场在第二、三、四天中一定有一天休息;超市第六天休息;银行第一、二天一定有一天休息。其他时间都是营业的。可得下表:

	第一天	第二天	第三天	第四天	第五天	第六天	第七天
商场	×				×	√	√
超市	√	×	√	×	√	×	√
银行			×	√	√	×	√

第一天到第六天中,有一天是星期天。由上表可知,星期天只可能在第二天。所以第七天是星期五。也就是说星期五三家单位一起营业。

16. 他们都在做什么

解法一:可用排除法求解

由(1)、(2)、(4)、(5)可知,A、B没有在玩游戏,C也没有在玩游戏,因此玩游戏的只能是D,但这与(3)的结论相矛盾,所以(3)的前提肯定不

成立,即A应该是上网聊天;从(4)中可知C既没有在看书又没有在玩游戏,由前面分析,C不可能在上网聊天,所以C在写作业;而B则是在看书。

解法二:我们可以画出4×4的矩阵,然后消元。

	A	B	C	D
玩游戏	−	−	−	+
写作业	−	−	+	−
上网聊天	+	−	−	−
看书	−	+	−	−

注意:每行每列只能取一个,一旦取定,同行同列都要涂掉。我们用"−"表示某人对应的此项被涂掉,"+"表示某人在做这件事。

1. 根据题目中的(1)、(2)、(4)、(5)我们可以在上述矩阵中涂掉相应项,用"−"表示。可知D在玩游戏,B是在看书。

2. 题目中的解为A≠"上网聊天",则D≠"玩游戏",那么其逆否命题为:若D="玩游戏",则A="上网聊天"。由(1)可知,A应该是"上网聊天",所以在"上网聊天"的对应项处画上"+"

3. 现在观察(1)、(2)所得矩阵情况,考察A、B、C、D各列的纵向情况,可是在"写作业"一项所对应的行中,只能在相应的C处画"+",即C在写作业。

至此,此矩阵完成。我们可由此表得出判断。

17. 指认罪犯

用u代表不能确定的人。

根据(1),高个男人必定站成下列形式之一(t代表高个男人):tttt 或 tttu 或 uttt 或 uttu;

根据(2),白皙男人必定站成下列形式之一(f代表白皙男人):ffuu 或 uuff 或 fuff 或 ffuf;

根据(3),消瘦男人必定站成下列形式之一(s代表消瘦男人):suus 或 susu 或 usus 或 usuu 或 uusu;

根据(4),漂亮男人必定站成下列形式之一(g代表漂亮男人):guuu 或 uuug;

根据(5),并根据(1),上述特征中的一部分可以给这四个男人分派如下:

第一个男人	第二个男人	第三个男人	第四个男人
白皙	消瘦	高个	漂亮
	高个		

接着,根据(2),部分特征的分布必定是下列三种情况之一:

Ⅰ

白皙	消瘦	高个	漂亮
	高个		
	白皙		

Ⅱ

白皙	消瘦	高个	漂亮
	高个		白皙
	白皙		

Ⅲ

白皙	消瘦	高个	漂亮
	高个	白皙	白皙

然后,根据(3)和(6),只有在Ⅰ和Ⅲ中,第四个男人可能还是消瘦的;而且在Ⅰ、Ⅱ和Ⅲ中,不会再有其他男人是消瘦的。再根据(1)和(6),只有在Ⅰ中,第四个男人可能还是高个子,而且只有当第四个男人不是消瘦的时候这种情况才能发生;而且在Ⅰ、Ⅱ和Ⅲ中,不会再有其他男人是高个子。此外,根据(4),不会再有其他男人是漂亮的。

因此,完整的特征分布必定是下列情况之一:

Ⅰa

白皙	消瘦	高个	漂亮
	高个		

白皙	消瘦	高个	漂亮
	白皙		

Ⅰb

白皙	消瘦	高个	漂亮
	高个		消瘦
	白皙		

Ⅰc

白皙	消瘦	高个	漂亮
	高个		高个
	白皙		

Ⅱ

白皙	消瘦	高个	漂亮
	高个		白皙
	白皙		

Ⅲa

白皙	消瘦	高个	漂亮
	高个	白皙	白皙

Ⅲb

白皙	消瘦	高个	漂亮
	高个	白皙	白皙
			消瘦

根据（7），可排除Ⅰa、Ⅰb、Ⅰc和Ⅱ。

Ⅲa和Ⅲb显示：目击者指认第一个男人是罪犯。

18. 应聘

在以下各表中，A代表王长江，B代表龚宇华，C代表陈一婧，D代表李娜，G代表研究生学历，W代表至少两年的工作经验，V代表会用office软件，R代表有符合要求的证书，X代表满足要求，O代表不满足要求。

根据（4）和（5）可以得到下面的结果。

	A	B	C	D
G				
W				
V		X	X	
R				X

接着，根据（2）和（3），得到下列填好了一部分的四张表。

Ⅰ

	A	B	C	D
G	X	X		
W			X	X
V		X	X	
R				X

Ⅱ

	A	B	C	D
G	X	X		
W			O	O
V		X	X	
R				X

Ⅲ

	A	B	C	D
G	O	O		
W			X	X
V		X	X	
R				X

Ⅳ

	A	B	C	D
G	O	O		
W			O	O
V		X	X	
R				X

在Ⅳ中，没人能同时满足 G 和 W 这两项要求；所以根据（1），把表Ⅳ排除。

根据（1），可在表Ⅰ、Ⅱ和Ⅲ中填上一些 O，从而得到：

Ⅰ

	A	B	C	D
G	X	X	O	
W		O	X	X
V	O	X	X	O
R			O	X

Ⅱ

	A	B	C	D
G	X	X	O	
W			O	O
V	O	X	X	
R				X

Ⅲ

	A	B	C	D
G	O	O		
W		O	X	X
V		X	X	O
R			O	X

还是根据(1),在表Ⅰ、Ⅱ和Ⅲ中,都可以各填上一个X,其余的位置填O,从而得到:

Ⅰ

	A	B	C	D
G	X	X	O	O
W	X	O	X	X
V	O	X	X	O
R	O	X	O	X

Ⅱ

	A	B	C	D
G	X	X	O	O
W	O	X	O	O
V	O	X	X	O
R	O	X	O	X

Ⅲ

	A	B	C	D
G	O	O	X	
W		O	X	X
V		X	X	O
R			O	X

根据（1），由于在表Ⅲ中没人能同时满足 G 和 V 这两项要求，所以把表Ⅲ排除。

Ⅰ

	A	B	C	D
G	X	X	O	O
W	X	O	X	X
V	O	X	X	O
R	O	X	O	X

Ⅱ

	A	B	C	D
G	X	X	O	O
W	O	X	O	O
V	O	X	X	O
R	O	X	O	X

至此，已可看出，只有龚宇华能比其他三人满足更多的要求，所以被雇用的是龚宇华。

19. 谁养鱼

首先确定：

房子颜色：红、黄、绿、白、蓝→Color：C_1、C_2、C_3、C_4、C_5

国籍：英、瑞、丹、挪、德→Nationality：N_1、N_2、N_3、N_4、N_5

饮料：茶、咖啡、牛奶、啤酒、矿泉水→Drink：D_1、D_2、D_3、D_4、D_5

烟：PM、DH、BM、PR、混合烟→Tobacco：T_1、T_2、T_3、T_4、T_5

宠物：狗、鸟、马、猫、鱼→Pet：P_1、P_2、P_3、P_4、P_5

然后有：

由（9）→N_1＝挪威

由（14）→C_2＝蓝

由（4）→如 C3＝绿，C4＝白，则 8 和 5 矛盾，所以 C4＝绿，C5＝白
剩下红黄只能为 C1，C3
由（1）→C3＝红，N3＝英国，C1＝黄
由（8）→D3＝牛奶
由（5）→D4＝咖啡
由（7）→T1＝DH
由（11）→P2＝马

那么：

挪威	?	英国	?	?
黄	蓝	红	绿	白
?	?	牛奶	咖啡	?
DH	?	?	?	?
?	马	?	?	?

由（12）→啤酒只能为 D2 或 D5，BM 只能为 T2 或 T5→D1＝矿泉水
由（3）→茶只能为 D2 或 D5，丹麦只能为 N2 或 N5
由（15）→T2＝混合烟→BM＝T5，
所以剩下啤酒＝D5，茶＝T2→丹麦＝D2

然后：

挪威	丹麦	英国	?	?
黄	蓝	红	绿	白
矿泉水	茶	牛奶	咖啡	啤酒
DH	混合烟	?	?	BM
?	马	?	?	?

由（13）→德国＝N4，PR＝T4
所以，瑞典＝N5，PM＝T3
由（2）→狗＝P5
由（6）→鸟＝P3
由（10）→猫＝P1

得到：

挪威	丹麦	英国	德国	瑞典
黄	蓝	红	绿	白
矿泉水	茶	牛奶	咖啡	啤酒
DH	混合烟	PM	PR	BM
猫	马	鸟	?	狗

所以，最后鱼只能是德国人养了。

共变思维法

其他不变时,此变就是彼变的原因

共变思维法

【定义】

共变思维法是通过对某一现象发生变化的若干场合进行考察，寻找与之有共变关系的相关情况，以确定该现象的原因的思维方法。在其他条件不变的情况下，如果一个现象发生变化，另一个现象就随之发生变化，那么，前一现象就是后一现象的原因或部分原因。比如，气温上升了，放置在器皿中的水银体积就膨胀了；气温下降了，水银体积就缩小了。根据气温与水银体积的共变关系，我们就可推断：气温的升降是水银体积膨胀或收缩的原因。

【方法应用】

应用共变法时要注意两个问题。第一，只有在其他因素保持不变时，两种现象才能说明因果联系；第二，两种现象的共变是有一定限度的，超过这个限度，就不再有共变关系。

【生活实践】

太阳黑子出现与磁暴的关系

地球磁场发生磁暴的周期性经常与太阳黑子的周期一致。随着太阳黑子数目的增加，磁暴的强度也跟着增大。当太阳黑子的数目减少时，磁暴的强度也相应降低。所以科学家推测，太阳黑子的出现可能是产生磁暴的原因。

洪灾产生与森林破坏

在20世纪50年代，我国森林覆盖率为19％，60年代为11％，70年代为6％，80年代不到4％。随着森林覆盖率的逐年减少，植被大量破坏，削弱了土地对雨水的储蓄作用。一下暴雨，水卷泥沙滚滚而下，使洪涝灾害逐年严重。可见，森林资源的破坏，是酿成洪灾的原因。这就是共变思维法。

【思维训练场】

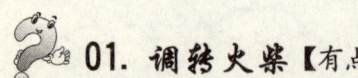

01. 调转火柴 【有点难】　限时 **10** 分钟

取9根火柴，将其排成1行，其中只有1根头朝上。现要求每次任意调动7

根,到第4次时所有的火柴头都要朝上。试试看,你能做到吗?

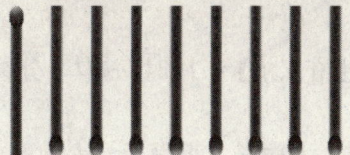

02. 二等分【有点难】 限时 15 分钟

你能将下面图形分成大小、外形完全相同的两个小图形吗?

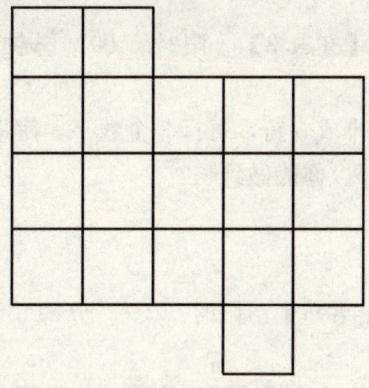

03. 连动齿轮【有点难】 限时 10 分钟

5个组合的连动齿轮,每个齿轮的齿目都标在旁边。如果你转动1号齿轮两圈,5号齿轮会转动几圈?

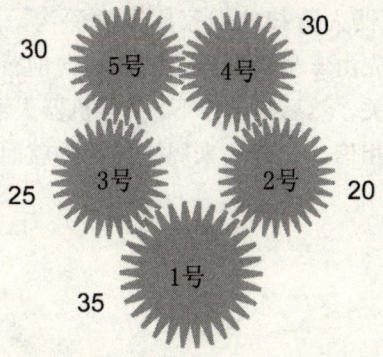

04. 动物过河【有点难】　限时　30　分钟

现有大老虎、小老虎、大狮子、小狮子、大狗熊、小狗熊,其中任何一种小动物少了自己同类大动物的保护,都会被别的大动物吃掉;6个动物之中,只有大老虎、小老虎、大狮子、大狗熊会划船。而今只有一条船,一次准坐2个,怎么样才能保证6个动物顺利到达彼岸而不被别的动物吃掉?

 05. 九宫之法【有点难】　限时　15　分钟

将1~9这9个数字排成3行,每行3个数字,使每行每列及两个对角线的3个数字相加的和都是15。你能做到吗?

 06. 四四图【非常难】　限时　20　分钟

以1~16这16个数字依次排成四行四列,使得每行每列和对角线四个数字的和都为34。怎么排?

07. 机器人清洁工【非常难】　限时　10　分钟

机器人专家想用机器人清扫他们家周围的深沟,所以,他按图示安装了1~4号4台机器人,首先由1号机器人边清扫边向前行走,到达下个拐角处由它打开2号机器人的开关,然后自己停下。2号机器人清扫另一边,然后启动3号机器人的开关……他相信,这样一来周围的深沟就时刻有机器人在清扫,不会留下落叶和垃圾。

果真如此吗?

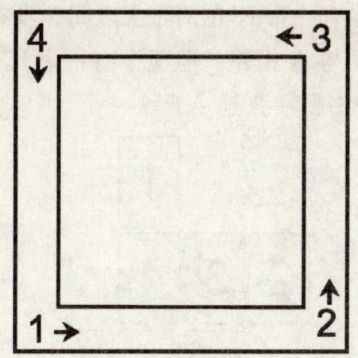

 08. 商人卖酒【非常难】　限时 *40* 分钟

有一个商人用一个大桶装了 12 升酒到市场上去卖，两个酒鬼分别拿了 5 升和 9 升的小桶，其中一个要买 1 升，另一个要买 5 升。这时，又来了一个人，什么也没拿，说剩下的 6 升酒连同桶在内他都要了。奇怪的是他们之间的交易没有用任何其他的称量工具，只是用这三个桶倒来倒去就完成了。你知道他们是怎么做的吗？

 09. 谁在前面，谁在后面【非常难】　限时 *30* 分钟

甲、乙、丙、丁、戊、己 6 个人排成一排开始训练。己没有排在最后，而且他和最后一个人之间还有两个人；戊不是最后一个人；在甲的前面至少还有四个人，但他没有排在最后；丁没有排在第一位，但他前后至少都有两个人；丙没有排在最前面，也没有排在最后。

请问：他们 6 个人的顺序是怎么排的？

 10. 猜扑克牌【非常难】　限时 *60* 分钟

桌上有 8 张已经编号的纸牌扣在上面，它们的位置如图所示：
在这 8 张牌中，只有 K、Q、J 和 A 这四种牌。其中至少有一张是 Q，每张

Q 都在两张 K 之间,至少有一张 K 在两张 J 之间。没有一张 J 与 Q 相邻;其中只有一张 A,没有一张 K 与 A 相邻,但至少有一张 K 和另一张 K 相邻。

你能找出这 8 张纸牌中哪一张是 A 吗?

 11. 有多少个 7 字【非常难】　限时　15　分钟

你能算出 0 到 99 的 100 个数字中,共有多少个 7 字吗?

 12. 钟表慢几分【非常难】　限时　30　分钟

把每小时慢 10 分钟的表在 12 点时校对了时间。当这个表再次指向 12 点时,标准时间是多少?

13. 拔河比赛【超级难】　限时　50　分钟

明明一家八口人举行拔河比赛。其中三场比赛的结果如下:

第一场:父亲为一方,五个孩子(两男三女)为另一方进行比赛,父亲输了;

第二场:母亲为一方,五个孩子(一男四女)为另一方进行比赛,母亲赢了;

共变思维法

第三场：父亲加一个儿子为一方，母亲加三个孩子（三女）为另一方进行比赛，父亲的一方赢了。

问：母亲加两个男孩与父亲加三个女孩进行拔河比赛，结果将会怎样？

14. 猴子和桃【超级难】　限时　70　分钟

4只猴子手中拿着桃，每只猴子的桃子的数量不同，在4个到7个之间。然后，4只猴子都吃掉了1个或2个桃子，结果剩下的桃子数量还是各不相同。

4只猴子吃过桃以后，说了如下的话。其中，吃了2个桃子的猴子说了谎话，吃了1个桃子的猴子说了实话。

猴子甲："我吃过红色的桃。"

猴子乙："猴子甲现在手里有4个桃。"

猴子丙："我和猴子丁共吃了3个桃。"

猴子丁："猴子乙吃了2个桃。猴子丙现在拿着的桃数量不是3个。"

请问最初每只猴子有几个桃，吃了几个，剩下了几个？

15. 拿纸牌【超级难】　限时　100　分钟

有9张纸牌，分别为1至9。A、B、C、D四人取牌，每人取两张。现已知A取的两张牌之和是10；B取的两张牌之差是1；C取的两张牌之积是24；D取的两张牌之商是3。请说出他们四人各拿了哪两张纸牌，剩下的一张又是什么牌？

16. 周游的骑士【超级难】　限时　150　分钟

"周游的骑士"是一道很有名的数学谜题。

"骑士"这个棋子的走法，只能往前后左右移动一格后，再往斜方向移动一格（如下图）。

用"骑士"将8×8国际象棋棋盘上的每一格都恰好走过一次，然后回到原

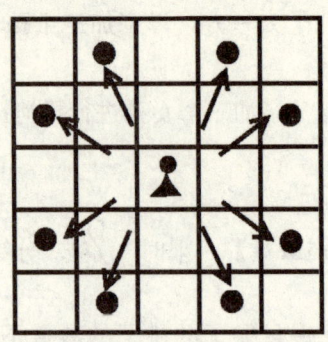

地。同一格不可停留两次。怎么走?

17. 填空题目【超级难】 限时 200 分钟

本题共 10 小题,分为是非题和数字题两种。(是非题:要求回答是或非;数字题:要求回答一个整数。)

1. 包括这道题在内,所有数字题答案的总和为:_____(整数)
2. 所有是非题里,几个题的答案是"是"?:_____(整数)
3. 第一题的答案是所有数字题答案里最大的?_____(是/非)
4. 包括这道题在内,有几道题的答案和本题的答案是相同的?_____(整数)
5. 所有数字题的答案都是正数?_____(是/非)
6. 包括这道题在内,所有数字题答案的平均值为:_____(整数)
7. 第四题的答案大于第二题的答案?_____(是/非)
8. 第一题的答案除以第八题的答案,等于:_____(整数)
9. 第六题的答案等于第二第四题答案的差,减去第四、第八题答案的积?_____(是/非)
10. 本题的答案为:_____(此题可能是是非题,也可能是数字题)

18. 奇妙的选项【超级难】 限时 200 分钟

1. 第一个答案是 b 的问题是哪一个?( )

A. 2　　B. 3　　C. 4　　D. 5　　E. 6

2. 唯一的连续两个具有相同答案的问题是（　）

A. 2，3　　B. 3，4　　C. 4，5　　D. 5，6　　E. 6，7

3. 本问题答案和哪一个问题的答案相同（　）

A. 1　　B. 2　　C. 4　　D. 7　　E. 6

4. 答案是 a 的问题的个数是（　）

A. 0　　B. 1　　C. 2　　D. 3　　E. 4

5. 本问题答案和哪一个问题的答案相同（　）

A. 10　　B. 9　　C. 8　　D. 7　　E. 6

6. 答案是 a 的问题的个数和答案是什么的问题的个数相同（　）

A. b　　B. c　　C. d　　D. e　　E. 以上都不是

7. 按照字母顺序，本问题的答案和下一个问题的答案相差几个字母（注：a 和 b 相差一个字母）（　）

A. 4　　B. 3　　C. 2　　D. 1　　E. 0

8. 答案是元音字母的问题的个数是（注：a 和 e 是元音字母）（　）

A. 2　　B. 3　　C. 4　　D. 5　　E. 6

9. 答案是辅音字母的问题的个数是（　）

A. 一个质数　　B. 一个阶乘数　　C. 一个平方数　　D. 一个立方数

E. 5 的倍数

10. 本问题的答案是（　）

A. a　　B. b　　C. c　　D. d　　E. e

 19. 世界上最难的 10 道题【超级难】 限时 *30* 分钟

1. 百年战争（英法）打了多久？

2. 巴拿马帽（Panama hat）是哪个国家制造的？

3. 猫肠（Cat guts）是从哪种动物身上来的？

4. 俄国人在哪一个月庆祝十月革命？

5. 骆驼毛刷（Camel's hair brush）是用什么毛造的？

6. 太平洋的金丝雀群岛（Canary Islands）是以什么动物命名的？

7. 英皇乔治五世（King George Ⅵ）的名字是什么？

8. 紫织布鸟（Purple finch）是什么颜色的？

9. 中国醋栗（Chinese gooseberry）是在哪里出产的？

10. 客机上的黑匣子（Black box）是什么颜色的？

 20. 精灵的语言【超级难】　　限时　*200*　分钟

有A、B、C三个精灵，其中一个只说真话，另外一个只说假话，还有一个随机地决定何时说真话，何时说假话。你可以向这三个精灵发问三条是非题，而你的任务是从它们的答案中找出谁说真话，谁说假话，谁是随机答话。你每次可选择任何一个精灵问话，问的问题可以取决于上一题的答案。这个难题困难的地方是这些精灵会以"Da"或"Ja"回答，但你并不知道它们的意思，只知道其中一个字代表"对"，另外一个字代表"错"。你应该问哪三个问题呢？

参考答案

01. 调转火柴

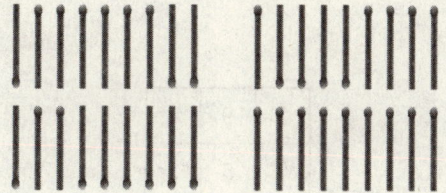

02. 二等分

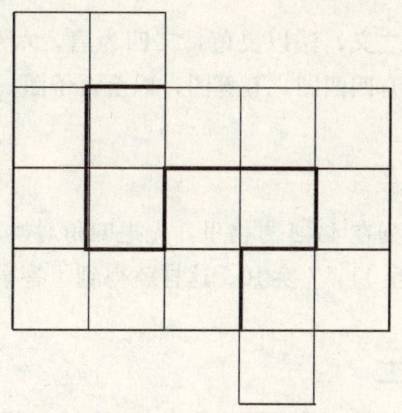

03. 连动齿轮

如果你找到了答案,你会发现,无论你向哪个方向转动,最后传递回来的都是相反的力量,所以答案是一圈也转不了。

04. 动物过河

把动物都用字母表示,分别为 A、a、B、b、C、c。其中 A、a、B、C 会划船。

ab→, a←, =b;
ac→, a←, =bc;
BC→, Bb←, =Cc;
Aa→, Cc←, =Aa;
BC→, a←, =ABC;
ab→, a←, =ABbC;
ac→, =AaBbCc。

05. 九宫之法

2	9	4
7	5	3
6	1	8

有歌诀传世：九宫之义，法以灵龟，二四为肩，六八为足，左七右三，戴九履一，五居中央。亦有四四图，五五图，以至百子图。

06. 四四图

把1～16按顺序排列在4×4方格里，先把四角对换，1换16，4换13，然后再把内四角对换，6换11，7换10。这样就得到了答案，你来试试看！

07. 机器人清洁工

遗憾的是，当4号机器人到达下个拐角处时，1号机器人并不在那里。

08. 商人卖酒

先从大桶中倒出5升酒到5升的桶里，然后将其倒入9升桶里，再从大桶里倒出5升酒到5升的桶里，然后用5升桶里的酒将9升的桶灌满。现在，大桶里剩有2升酒，9升的桶已装满，5升的桶里有1升酒。再将9升桶里的酒全部倒回大桶里，大桶里有了11升酒。把5升桶里的1升酒倒进9升桶里，再从大桶里倒出5升酒，现在大桶里有6升酒，而另外6升酒也被分成了1升和5升两份。

09. 谁在前面，谁在后面

首先根据：己没有排在最后，而且他和最后一个人之间还有两个人，可以确定己在倒数第四位；根据：在甲的前面至少还有四个人，但他没有排在最后，可以确定甲在倒数第二；根据：丁没有排在第一位，但他前后至少都有两个人，可以确定丁在第四位；根据丙没有排在最前面，也没有排在最后，可以确定丙在第二位；根据戊不是最后一个人，可以确定，戊在第一位；剩下一个乙在最后。所以他们的顺序依次是戊、丙、己、丁、甲、乙。

10. 猜扑克牌

所有纸牌的情况如下：

11. 有多少个 7 字

共有 20 个。要注意 70 到 79 的范围内就有 11 个 7 字。

12. 钟表慢几分

每小时慢 10 分钟，即 50 分钟相当于标准时间的 1 个小时。这个表的 12 个小时相当于标准时间的 12×60/50＝14.4 小时，所以慢了 2.4 个小时，此时的标准时间为 14：24。

13. 拔河比赛

设父亲为 A，母亲为 B，儿子为 C，女儿为 D。由题意可知：

A＜2C＋3D ①

B＞C＋4D ②

A＋C＞B＋3D ③

求 A＋3D 与 B＋2C 的大小关系。

由②③可知，A＞7D

带入①可得 C＞2D

所以

B＋2C＞3C＋4D＞A＋C＋D＞A＋3D

所以母亲一方胜利。

14. 猴子和桃

猴子丙说："我和猴子丁共吃了 3 个桃"，如果丁吃了 1 个的话，丙无论吃了 1 个还是 2 个都不会说这句话，所以丁吃了 2 个桃，并且说了谎话；

由猴子丁说的两句谎话可以知道：猴子乙吃了 1 个桃，说了真话；猴子丙剩下 3 个桃；

由猴子乙说的真话知道：猴子甲剩下 4 个桃；

原来四个猴子分别有 4、5、6、7 个桃子，在每个猴子吃掉 1 个或 2 个后，剩下的桃子数还是各自不同，因为已经确定乙吃了 1 个，丁吃了 2 个，所以剩下的桃子数只有两种可能：2、4、5、6 和 2、3、4、6；

因为猴子丙剩下了 3 个桃子，所以排除"2、4、5、6"，得到答案。

猴子甲最初有 6 个桃子，吃了 2 个，剩下了 4 个；

猴子乙最初有 7 个桃子，吃了 1 个，剩下了 6 个；

猴子丙最初有 5 个桃子，吃了 2 个，剩下了 3 个；

猴子丁最初有 4 个桃子，吃了 2 个，剩下了 2 个。

15. 拿纸牌

积是 24 有 2 种情况：3、8；4、6。

商是 3 的只可能有 3 种情况：1、3；2、6；3、9。

综合起来只有一种情况可能：A 拿的两张牌是 1、9；B 为 4、5；C 为 3、8；D 为 6、2。剩下的那张牌是 7。

16. 周游的骑士

这是一道超难的题！除了图中的答案外还有许多走法，即便你没有回到原地，也算你正确！

17. 填空题目

1. 包括这道题在内，所有数字题答案的总和为：144（整数）

2. 所有是非题里，几个题的答案是：2（整数）

3. 第一题的答案是所有数字题答案里最大的？是（是/非）

4. 包括这道题在内，有几道题的答案和本题的答案是相同的？2（整数）

5. 所有数字题的答案都是正数？非（是/非）

6. 包括这道题在内，所有数字题答案的平均值为：24（整数）

7. 第四题的答案大于第二题的答案？非（是/非）

8. 第一题的答案除以第八题的答案，等于：—12（整数）

9. 第六题的答案等于第二第四题答案的差，减去第四第八题答案的积？是（是/非）

10. 本题的答案为：—16（此题可能是是非题，也可能是整数题）

18. 奇妙的选项

先跳过前六道题，考虑第七题和第八题的关系。如果第八题选 a（简写成 8a），则只能 7c；如果 8c，则只能 7d；如果 8e，第七题可以任意；第八题不能选 b 和 d，不然第七题没有选项可以满足条件。再看第八题和第九题，因为总

共是 10 道题，所以两题的答案也是关联的，根据刚才的推理，第八题的答案只有三种可能，所以第九题也只有对应的三种情况，即 8a9d、8c9b 或 8e9c。这样第七、第八、第九这三道题的答案只可能是 7c8a9d、7d8c9b 或 7?8e9c。下面逐个进行进一步分析：

（1）如果是 7c8a9d，则第五题不可能是 b、c 或 d 了。但无论是 5a10a 还是 5e6e，都会使得元音答案个数变成三个，和假设中的 8a 矛盾。

（2）如果是 7?8e9c，考虑第二题。

①2a→3a→1a，这样第一、第二题同为 a，和 2a 矛盾。

②2b→1a。再看第三、第四题：3a4a 本身矛盾；3b 和 2b 矛盾；3d→7d，和 8e 矛盾；3e4e 和 8e 矛盾；只可能是 3c4c 了。此时已经有 2b3c4c9c 四个辅音答案了，根据 8e9c，剩下的都应该是元音答案。考察第五题，如果 5a→10a，则一共有三个 a，和 4c 矛盾；如果 5e→6e，则 2b 矛盾。

③2c。考虑第一题，很明显 a、b、c 都不能选，如果 1d→5b 和 9c 矛盾；如果 1e→6b，因为 8e9c 限制了一共有四个辅音答案，而现在已经有了 2c6b9c 三个辅音答案，所以第四、第五两题必须都是元音答案，因为 6b 所以第四题不能选 a，只能是 4e5e，和 6b 矛盾。

④2d。考虑第一题，很明显 a、b、d 不能选，如果 1e→6b→5b，矛盾；只能是 1c→4b。再看第三题，显然 a、b、c 都不能选，如果 3d，则和 2d 矛盾，所以只能是 3e→6e→5e。这时 1c2d4b9c 四个辅音已经满了，b 和 d 都只有一个，这样 4b 和 6e 矛盾。

⑤2e。考虑第一题，很明显 a、b、e 不能选，如果 1c→4b→3d→7d→6d，因为已经有了 2e8e 两个 e，4b 和 6d 矛盾；那么只能是 1d→5b→9b，亦矛盾。

（3）这样就只可能是 7d8c9b 了，重新考虑第二题。

①2a→3a→1a，矛盾。

②2b→1a。再看第三、第四题：3a4a 本身矛盾；3b 和 2b 矛盾；3e4e 和 8c 矛盾；只能是 3c4c 或 3d4d 了。此时已经有 2b3c（d）4c（d）7d8c9b 六个辅音答案了，根据 8c9b，剩下的都应该是元音答案。再来看第五题，如果 5a→10a，则确定有了三个 a，两个 b，c 和 d 中有一个是三个，这样第六题无法选择；如果 5e→6e，则和 2b 的"唯一连续"矛盾。

③2c。考虑第一题：很明显，a、b、c 三个选项都不能选，如果是 1d→5b→4b，和 1b 矛盾；如果是 1e→6b，则有了五个辅音答案，故第四、第五同时为元音，若 4a 则自身矛盾，若 4e 则和 8c 矛盾。

④2e→6d。因为 6d8c，所以 a 和 e 各两个，即 4c→1d→5b。这样就有 1d4c5b6d7d8c9b 共七个辅音答案了，矛盾。

⑤只能是 2d 了。考虑第一题：很明显，a、b、d 三个选项都不能选，如果是 1e→6b→5b，则一共有 1e2d5b6b7d8c9b 七个辅音答案，与 8c 矛盾。这样就必须是 1c→4b，有 1c2d4b7d8c9b 共六个辅音答案，剩下的只能是元音答案。3a 与 1c 矛盾，所以是 3e→6e→5e，又由 4b 可知 10a。此时答案 a 有 1 个，答案 b、c、d 各有 2 个，答案 e 有 3 个，和第六题不矛盾。

所以最终答案是：1. c；2. d；3. e；4. b；5. e；6. e；7. d；8. c；9. b；10. a。

19. 世界上最难的 10 道题

1. 100 年

2. 巴拿马

3. 猫

4. 10 月

5. 骆驼

6. 金丝雀

7. George

8. 紫色

9. 中国

10. 黑色

你的答案跟我的一样吗？如果是的话，那你就全错了！！

正确答案是：

1. 116 年

2. 厄瓜多尔（Ecuador）

3. 羊和马

4. 11 月

5. 松鼠毛

6. 狗

7. Albert

8. 深红色

9. 纽西兰（NewZealand）

10. 橙色

20. 精灵的语言

如果我问你以下两个问题:"Da 表示'对'吗?"和"如果我问你以下两个问题:'你说真话吗'和'B 随机答话吗',你的回答是一样的,对吗?",你的回答是一样的,对吗?

如果 A 说真话或说假话并且回答是 Da,那么 B 是随机答话的,从而 C 是说真话或说假话;

如果 A 是说真话或说假话并且回答是 Ja,那么 B 不是随机答话的,从而 B 是说真话或说假话;

如果 A 是随机答话的,那么 B 和 C 都不是随机答话的!

所以无论 A 是谁,如果他的答案是 Da,C 说真话或说假话;如果他的答案是 Ja,B 说真话或说假话。

不妨设 B 是说真话或说假话。

向 B 问第二个问题:

如果我问你以下两个问题:"Da 表示'对'吗?"和"罗马在意大利吗?",你的回答是一样的,对吗?

如果 B 是说真话的,他会回答 Da;如果 B 是说假话的,他会回答 Ja。从而我们可以确认 B 是说真话的还是说假话的。

向 B 问第三个问题:

如果我问你以下两个问题:"Da 表示'对'吗?"和"A 是随机回答吗?",你的回答是一样的,对吗?

假设 B 是说真话的,如果他的回答是 Da,那么 A 是随机回答的,从而 C 是说假话的;如果他的回答是 Ja,那么 C 是随机回答的,从而 A 是说假话的。

假设 B 是说假话的,如果他的回答是 Da,那么 A 是不是随机回答的,从而 C 是随机回答,A 是说真话的;如果他的回答是 Ja,那么 A 是随机回答的,从而 C 是说真话的。